Gary Inrig — Wahre Freundschaft

D1719613

Gary Inrig

WAHRE FREUNDSCHAFT

David und Jonathan

Christliche
Verlagsgesellschaft
Dillenburg

CIP-Titelaufnahme der Deutschen Bibliothek

Inrig, Gary:
Wahre Freundschaft; Gary Inrig
(Übers.: Brunhilde Kucher; Überarb.: Dietmar Klose, Dieter Boddenberg)
Dillenburg: Christliche Verlagsgesellschaft

Einheitssacht.: Quality Friendship < dt. >

ISBN 3-921 292-73-5

Originaltitel: Quality Friendship
© Copyright 1981, by Moody Bible Institute, Chicago, USA
© Copyright 1988 der deutschsprachigen Ausgabe:
Christliche Verlagsgesellschaft, Dillenburg
2. Auflage 1991
Übersetzung: Brunhilde Kucher
Überarbeitung: Dietmar Klose, Wien: Dieter Boddenberg, Mettmann
Umschlaggestaltung: Eberhard Platte, Wuppertal
Umschlagfoto: Friedhelm Keune,
                 Teil der Jerusalemer Stadtmauer
Druck: Druckhaus Gummersbach
Printed in West-Germany

Inhalt

Vorwort des Autors

Ein kluger Mensch beschäftigt sich sein Leben lang mit der Herausforderung, Freundschaften aufzubauen. Als Teenager ist unser Interesse an Freundschaften von großer Dringlichkeit gekennzeichnet. Gegen Mitte unseres Lebens, wenn wir mehr und mehr in feste Gesellschaftskreise eingebunden werden, mag sich eine gewisse Gleichgültigkeit gegenüber Freundschaften einstellen. Unsere Not ist aber nicht weniger groß als zuvor. Die Zeit als reife Erwachsene ist für viele eine Blütezeit des Genusses von Freundschaften. Im Alter, wenn Jahre und Menschen vorbeigezogen sind, kann es sein, daß wir machtlos zusehen müssen, wie unser Freundeskreis immer mehr schrumpft, und doch eröffnet gerade diese Zeit des Lebens viele neue Gelegenheiten für Freundschaften. In jedem Lebensabschnitt brauchen wir Anregung und Bereicherung durch neue Freunde, die den Horizont unseres Lebens erweitern. Ebenso benötigen wir die ungezwungene Freude, die Anerkennung, Beständigkeit und Sicherheit dauerhafter und langwährender Freundschaften, die gut gepflegt werden müssen.

Zwar würden nur wenige Menschen das Bedürfnis nach festen Freundschaften leugnen, doch weisen zahlreiche Studien darauf hin, daß sie in unserer Gesellschaft im Begriff sind auszusterben. Die steigende Scheidungsrate ist nur ein Anzeichen unter vielen, daß wir wesentlich mehr von Technologie verstehen, als von der schwierigen Kunst, tiefe Beziehungen zu schaffen, die durch die Jahre hindurch nicht nur bestehen bleiben, sondern dabei auch an Sinn und Bedeutung zunehmen. Durch den Druck des modernen Lebens ist es nur wenigen von uns gegönnt, sich in der Kindheit mit Freunden zu umgeben, die uns bis ans Lebensende begleiten. Dafür haben wir die Möglichkeit, unser Leben ständig durch neue Freundschaften zu bereichern, während wir alte bewahren.

Freundschaften aufzubauen gehört zu den größten Vorrechten und Herausforderungen des Lebens. Doch wie können wir Freundschaften von hohem Wert aufbauen — Freundschaften, die über das Oberflächliche hinausgehen, um nicht nur gemeinsame Interessen zu pflegen, sondern auch unzerbrechliche Ketten zu schmieden, die uns zu Menschen werden lassen, wie Gott uns haben möchte? Bekanntschaften und lockere Freundschaften sind leicht zu schließen und leicht aufrecht zu erhalten; tiefe Freundschaften findet man hingegen selten; sie kosten viel, haben aber unschätzbaren Wert.

Das Wort Gottes hat uns sehr viel über wahre Freundschaften zu sagen. Wir finden dort Muster und Beispiele von solchen Beziehungen, damit wir uns vorstellen können, was sie bieten und fordern. Wir können auch Gottes Prinzipien für wahre Freundschaft entdecken, am deutlichsten in der Person der Herrn Jesus Christus, Prinzipien, die für unser Leben im 20. Jahrhundert von enormer Bedeutung sind. Ebenso werden uns Gottes Richtlinien für Freundschaft mitgeteilt, direkte Aussprüche der Weisheit Gottes, die vor allem im Buch der Sprüche und in den Briefen des Neuen Testamentes zu finden sind. Das Wort Gottes ist tatsächlich ein Schatz von Wahrheiten über *Wahre Freundschaft*. Im vorliegenden

Buch wollen wir diesen Schatz untersuchen, um Grundsätze zu finden, die wir in unseren Freundschaften anwenden können, in welcher Phase unseres Lebens wir uns auch befinden mögen.

Ein Buch über Freundschaften zu schreiben, ist eine äußerst demütigende Sache. Demütigend, weil ich ganz neu schätzen lernte, wie gütig Gott während all der Jahre zu mir gewesen ist, in denen Er mir Freunde schenkte, denen ich weit mehr verdanke, als ich heute ermessen kann, und ich werde meine Dankbarkeit für sie und meinen Dank an sie niemals in rechter Weise ausdrücken können. Demütigend auch, weil ich mir ständig bewußt wurde, daß die Prinzipien Gottes für Freundschaft einen Maßstab festlegen, der weit über dem liegt, was ich je verwirklicht habe. Immer und immer wieder hat mir der Herr gezeigt, wie oft ich mich mit dem Mittelmäßigen zufriedengegeben hatte. Jedes Kapitel dieser Arbeit hat in mir ganz neu den Vorsatz und die Herausforderung geweckt, meinen Freunden ein Freund im Herrn zu sein. Sollte der Herr dieses Buch dazu verwenden, um Dich einen Bruchteil davon zu lehren, was Er mich lehren mußte, wirst Du meine tiefe Dankbarkeit teilen und eine neue und befreiende Tiefe in Deinen Beziehungen erfahren.

Es wäre unpassend, dieses Buch zu veröffentlichen, ohne ein Wort des Dankes für die vielen, die mir eine besondere Ermutigung waren. Die Gläubigen der Bethany Chapel in Calgary haben sich immer wieder als meine Freunde im Herrn erwiesen, und dieses Buch hätte ohne ihre Ermutigung und ohne ihr Verständnis nie geschrieben werden können. Ebensowenig hätte es ohne Dave Cameron geschrieben werden können, der mir in einer sehr wichtigen Zeit meines Lebens ein Freund im Herrn gewesen ist.

Ein besonderes Wort des Dankes gilt meiner Sekretärin, Frau Val Muncs, die das Manuspkript mit viel Geschick und Tüchtigkeit erstellt hat.

Niemand ist mir ein wertvollerer Freund als meine Frau Elisabeth. David sagte von Jonathan: »Wunderbar war mir deine Liebe, mehr als Frauenliebe!« (2. Samuel 1,26). Ich bin ein reicherer Mann als David, denn der Herr hat mir eine Frau gegeben, die nicht nur ein liebender Freund ist, sondern auch mein engster Freund. Der Herr hat unser Leben unermeßlich bereichert durch Seine Liebesgaben an uns: Janice, Stephen und Heather. Ihre Liebe, Ermutigung und Unterstützung haben dazu beigetragen, daß dieses Buch Wirklichkeit wurde. Über all dem ist mein Herz erfüllt mit Lobpreis für den Freund aller Freunde, der mich liebt und sich für mich hingegeben hat. »Ihm sei die Herrlichkeit, sowohl jetzt als auch bis zum Tag der Ewigkeit! Amen.« (2. Petrus 3,18).

1
Jeder braucht einen Freund

»Nach nichts sehne ich mich mehr, als nach einem echten Freund. Ich diene eifrig dem Herrn. Wir haben eine großartige Ehe, ich kenne viele Leute und werde von ihnen geschätzt. Aber manchmal fühle ich mich hier in der Gemeinde sehr allein und sehne mich nach einem Menschen, der mir ein wirklicher Freund im Herrn ist.«

»Bevor ich gläubig wurde, hatte ich viele Zechkumpanen, und wir hatten vieles gemeinsam, obwohl mir bewußt ist, daß vieles davon recht negativ war. Aber seit ich Christ bin, habe ich niemanden gefunden, der mir wirklich ein vertrauter Freund ist.«

»Gary, ich fühle mich so allein. Ich habe Angst davor, einen engen Freund zu haben.«

»Weißt du, ich bin davon überzeugt, daß John vor allem einen guten, festen Freund braucht; jemanden, der ihm nahekommt und ihn unterstützt.«

Die Welt ist voll von einsamen Leuten, und es gibt auch viele Christen, die zu dieser Gruppe zählen. Wir sind umgeben von Menschen, die wir zwar kennen, von denen wir jedoch nicht viele wirklich als gute Freunde betrachten könnten. Dieses Problem ist nicht nur auf eine bestimmte Altersgruppe beschränkt. Jugendliche ringen mit dem Problem der Freundschaft ebenso wie junge Ehepaare, Erwachsene um die Vierzig und Senioren. Tatsächlich mußte ich mit Erstaunen feststellen, wieviele äußerst erfolgreiche Geschäftsleute keine wahren Freundschaften besitzen. Wir sollten in jedem Abschnitt unseres Lebens imstande sein, feste Freundschaften aufzubauen.

Manche Stimmen haben Einsamkeit als das vorherrschende und wichtigste Problem des zwanzigsten Jahrhunderts bezeichnet. Nur schwer wird man die Schlußfolgerung des amerikanischen Schriftstellers Thomas Wolfe bestreiten können: »Meine ganze Lebensüberzeugung beruht nunmehr auf der Ansicht, daß Einsamkeit, weit davon entfernt, nur eine seltene und seltsame Erscheinung zu sein, die nur mich und wenige andere einsame Menschen betrifft, die zentrale und unentrinnbare Tatsache menschlicher Existenz ist.«[1] Man berichtet, daß der große Dichter Alfred Lord Tennyson nach einem Besuch bei Königin Victoria im Königspalast folgende Bemerkung machte: »Dort oben, in all ihrer Pracht und Herrlichkeit, war sie einsam.« Nichts, ob es königlicher Stand ist, Reichtum, öffentlicher Erfolg oder sprühende Geschäftigkeit, nichts kann unser Bedürfnis nach Gemeinschaft mit anderen Menschen beseitigen.

Woher kommt es, daß Einsamkeit und das Bedürfnis nach Freundschaft solch universelle Probleme sind? Die Antwort findet man im Wort Gottes. Der Liederdichter sagt uns: »Menschen, die andere Menschen brauchen, sind die glücklichsten Leute auf der Welt.« In Wahrheit gibt es *nur* solche Menschen auf dieser Welt. Die erste schriftliche Aussage des Herrn über Sein Geschöpf, den Menschen, lautet: *»Es ist nicht gut, daß der*

Mensch allein sei« (1. Mose 2,18). Er schuf uns für Beziehungen, für Freundschaften, für Gesellschaft. Aber der Mensch ist ein gefallenes Wesen, und als Adam und Eva sündigten, wandten sie sich nicht nur von Gott, sondern auch voneinander ab. Wir alle irrten umher wie Schafe, wir wandten uns jeder auf *seinen (eigenen) Weg*« (Jes. 53,6).

Da wir zur Gemeinschaft sowohl mit Gott als auch mit Menschen geschaffen wurden, die Sünde uns aber von beiden entfremdete, ist es nicht verwunderlich, daß wir uns mit unseren Beziehungen oft abmühen. In unserem Irrtum denken wir manchmal, Gott sei nur um geistliche Dinge besorgt und nicht auch um so praktische Fragen wie Freundschaft und Einsamkeit. In Wirklichkeit ist der Herr Jesus nicht nur gestorben, um unsere Beziehung zum dreieinigen Gott in Ordnung zu bringen, sondern auch um unsere Beziehungen zu anderen Menschen zu heilen. Das Wort Gottes spricht genausoviel über zwischenmenschliche Beziehungen wie über Theologie und Lehre, ja es ist geradezu die Absicht des Herrn, Sein Volk in eine neue Dimension von Beziehungen hineinzuführen.

Freundschaft erlangt innerhalb der Gemeinde des Herrn eine neue Bedeutung, wenn wir lernen, einander zu dienen und miteinander umzugehen, wie es dem neuen Gebot unseres Heilandes entspricht: *»damit, wie ich euch geliebt habe, auch ihr einander liebt«* (Joh. 13,34).

Solche Liebe, sagt der Herr, ist das Kennzeichen von Jüngerschaft, das wir vor den Augen der Welt tragen, ein sichtbarer Beweis dafür, daß wir zum Herrn Jesus gehören. Die hohe Qualität unserer Beziehungen mit anderen Christen ist nicht nur ein Segen des neuen Lebens, sondern auch ein Beweis dafür.

Es ist eine ebenso bemerkenswerte wie bezeichnende Entdeckung, zu sehen, welch große Rolle Freundschaft im Leben jener Männer gespielt hat, die Gott in der Schrift gebraucht hatte. Mose hatte Aaron und Josua als Stütze; David war ständig umgeben von treuen Freunden, wovon Jonathan der bedeutendste war; Daniel lebte ein vorbildhaftes Glaubensleben, von seinen drei Freunden unterstützt, der Herr Jesus selbst verband sein Leben mit dem von zwölf Männern; Johannes und Paulus schmiedeten ein mächtiges Team in Jerusalem; Paulus verkehrte ständig in einem engeren Freundeskreis. Als er den Tod durch Nero zu erwarten hatte, drängte er Timotheus: *»Beeile dich, bald zu mir zu kommen... Lukas ist allein bei mir«* (2. Tim. 4,9.11). Die Tatsache, daß solche Glaubenshelden andere brauchten, unterstreicht das Grundbedürfnis aller Menschen, feste und erfüllende Freundschaften zu schließen, die nicht nur unsere eigenen Bedürfnisse zufriedenstellen, sondern uns auch dazu ausrüsten, die Bedürfnisse anderer zufriedenzustellen. Der Schreiber des apokryphen Buches Sirach sprach ein wahres Wort, als er schrieb: »Ein treuer Freund ist wie ein festes Zelt: wer einen solchen findet, hat einen Schatz gefunden. Für einen treuen Freund gibt es keinen Preis, nichts wiegt seinen Wert auf.«[2]

Dennoch wird eine wirklich lohnende Freundschaft nicht einfach »gefunden«. Sie muß aufgebaut werden, und die Qualität der Bausteine, die wir verwenden, bestimmt die Qualität der Freundschaft. Es kann sein, daß zwei Christen eine Freundschaft aufbauen, die sehr wenig davon an sich hat, was wirklich christlich ist. Wenn das der Fall ist, wird sie wahrscheinlich sogar destruktiv sein, im allerbesten Fall oberflächlich. Gottes Gedanken über Freundschaft sind viel tiefschürfender als alles, was menschliche Weisheit anbieten könnte. Wir müssen biblische Freundschaften aufbauen, Freundschaften, die nach den Prinzipien des Wortes Gottes geschlossen werden.

Der wahre Freund

Zunächst wollen wir uns natürlich mit der Lehre unseres Herrn Jesus beschäftigen. Nur in einem Abschnitt in den Evangelien spricht Er eingehend über Freundschaft. Von dieser Stelle stammen viele Lieder, die Christen gern singen: »Welch ein Freund ist unser Jesus«, oder »Jesus welch ein Freund der Sünder«, und viele, viele andere. Joh. 15,12-17 ist zwar eine kurze und prägnante Stelle, wir können aber dennoch einige bemerkenswerte Einblicke in die Freundschaft des Herrn zu uns und die Verantwortung, die diese Freundschaft mit sich bringt, gewinnen:

»Dies ist mein Gebot, daß ihr einander liebt, wie ich euch geliebt habe. Größere Liebe hat niemand als die, daß er sein Leben hingibt für seine Freunde. Ihr seid meine Freunde, wenn ihr tut, was ich euch gebiete. Ich nenne euch nicht mehr Sklaven, denn der Sklave weiß nicht, was sein Herr tut; euch aber habe ich Freunde genannt, weil ich alles, was ich von meinem Vater gehört, euch kundgetan habe. Ihr habt nicht mich gewählt, sondern ich habe euch gewählt und gesetzt, daß ihr hingeht und Frucht bringt und eure Frucht bleibe, damit, was ihr den Vater bitten werdet in meinem Namen, er euch gebe. Dies gebiete ich euch, daß ihr einander liebt!«

Es beginnt mit einem Befehl

In den ersten elf Versen von Johannes Kapitel 15 beschreibt der Herr Jesus das wesentliche Merkmal des christlichen Lebens. So wie eine Rebe ihr Leben vom Weinstock bezieht, soll ich mein Leben vom Herrn Jesus beziehen. Meine Verantwortung ist es dabei, ihm zu gestatten, in mir und durch mich zu leben. Laut Bischof Ryle, der diesen Gedanken in eigenen Worten ausdrückt, ruft uns der Herr Jesus zu: *»Bleibt in mir! Klammert euch an mich! Hängt mir an! Lebt ein Leben von enger und inniger Gemeinschaft mit mir! Kommt näher und näher zu mir! Wälzt jede Last auf mich ab! Gebt den Halt, den ihr in mir habt, niemals auch nur für einen Augenblick auf!«*[3]

Aber dieses Leben der Verbundenheit und der Gemeinschaft mit dem Herrn Jesus Christus wird mich niemals von Menschen isolieren, und meine Abhängigkeit von Ihm wird mich von anderen nicht unabhängig machen. Im Gegenteil, der Herr befiehlt denen, die in Ihm bleiben, daß sie Beziehungen eingehen sollen. Er macht dies sehr deutlich in den Versen, die unmittelbar an Seine großartige Beschreibung des Weinstockes anschließen. Die Verse 12 bis 17 bilden einen kurzen Abschnitt, der sehr treffend mit einem Sandwich aus zwei Scheiben Brot und einem Stück Fleisch dazwischen verglichen werden kann. Auf beiden Seiten, in Vers 12 und in Vers 17 befindet sich das Gebot »liebet einander«. In der Mitte finden wir das »Fleisch« des Sandwichs, die Verkörperung und Illustration der Liebe in der Person unseres Herrn Jesus Christus.

Der Herr hätte es nicht deutlicher erklären können. Als Christ muß ich ein Leben voll Liebe zu anderen leben. Das Gebot in Vers 12 ist eine ständige Aufforderung: »daß ihr einander anhaltend liebt«. Wenn ich in meinen Beziehungen keine Liebe praktiziere, stehe ich nicht im Willen Gottes. Der Herr Jesus sagt uns sogar, daß Liebe der Schlüssel für unser gesamtes geistliches Leben ist. In den ersten elf Versen von Johannes 15 fordert er uns dazu auf, in ihm zu bleiben und eine lebendige Gemeinschaft mit ihm zu unterhalten. In Vers 10 nennt er die Grundlage dieses Ausharrens: *»Wenn ihr meine Gebote haltet, so werdet ihr in meiner Liebe bleiben«.* Wir müssen Seinen Befehl, andere zu lieben, befolgen, wenn wir uns an Seiner Gemeinschaft erfreuen wollen.

Siehst du, wie wichtig das ist? In gewissem Sinn ist das Leben eines Christen einem Kreuzworträtsel ähnlich. Solange weder die vertikalen noch die horizontalen Felder ausgefüllt sind, ist es unvollständig. Den Herrn Jesus zu kennen verlangt nicht nur eine vertikale Ausrichtung hin zum lebendigen Gott, sondern auch eine horizontale Beziehung innerhalb der Familie Gottes. Dadurch entsteht eine schöne Wechselbeziehung. Bleibe ich in Christus, so bin ich fähig, meine Geschwister im Herrn zu lieben. Liebe ich meine Geschwister, so bleibe ich tiefer in der Liebe des Vaters. Und indem ich tiefer in Seiner Liebe bleibe, habe ich eine innigere Liebe, und so geht es weiter und weiter.

Liebe ist ein unentbehrlicher Schlüssel für mein geistliches Wohl. Darüber hinaus ist sie auch der Schlüssel für meine geistliche Gesundheit. Weltlich ausgedrückt ist eine Person, die geistig gesund ist, im Frieden mit sich selbst. Der Herr führt uns noch einen Schritt weiter und sagt uns, daß eine Person, die geistlich gesund ist, fähig ist, ihre Liebe zum Wohl anderer Menschen auszudrücken, sich für andere aufzuopfern und auf ihre Bedürfnisse einzugehen.

Wir sollten auch beachten, daß es einen direkten Zusammenhang zwischen Liebe und Freundschaft gibt. Der Herr sagt:»Größere Liebe hat niemand als die, daß er sein Leben hingibt für seine *Freunde«.* Biblische Freundschaft basiert auf *agape*-Liebe. Aus diesem Grund haben wir die letzten Kapitel dieses Buches dem Studium von 1. Korinther 13 gewidmet, jenem großartigen »Hohelied der Liebe«. Im Moment ist es aber notwendig, daß wir ein wichtiges Prinzip verstehen: *Biblische Freundschaft beruht nicht einfach auf gegenseitiger Sympathie. Sie beruht vielmehr darauf, daß wir andere im Namen des Herrn Jesus lieben, mit Seiner Liebe als unserem Maßstab.*

Der Freund der Sünder

Es bleibt die Frage: was bedeutet es zu lieben? Wenn ich aufgefordert bin zu lieben, wie der Herr Jesus liebt, was verlangt das von mir? In Johannes 15,13-16 beschreibt der Herr seine Freundschaft zu uns anhand von fünf Merkmalen. Zuallererst möchte Er, daß wir Seine Liebe erkennen und darauf antworten. Wenn wir verstehen, was Seine Freundschaft bedeutet, werden wir in ganz neuer Weise in Seiner Liebe ruhen. Weiter sollen Seine Liebe und Seine Freundschaft Vorbilder für unsere Liebe und unsere Freundschaft werden. Wir können nicht einfach an Seiner Liebe nur teilhaben, wir müssen uns auch aktiv daran beteiligen, indem wir zulassen, daß Seine Liebe in unsere Freundschaften mit anderen hineinfließt.

1. *Das Ausmaß der Freundschaft des Herrn ist aufopfernde Liebe.* »Größere Liebe hat niemand als die, daß er sein Leben hingibt für seine Freunde«. In der Geschichte der Menschheit finden wir viele Beispiele aufopfernder Liebe — von Eltern, die starben, um ihr Kind zu retten; von heldenhaften Menschen, die ihr Leben hingaben, um andere zu retten. Aber der Herr Jesus spricht von etwas Tiefgründigerem. Sein Tod war nicht das Opfer eines Augenblicks, ein Preis, der in einer unvorhergesehenen Situation einer erdrückenden Gefahr bezahlt wurde, sondern es war eine überlegte, freiwillige und gezielte Tat, die von Ewigkeit her geplant war.

Darüber hinaus war es ein stellvertretender Tod. Der Ausdruck »sein Leben hingeben« wurde häufig für eine Zahlung von Geld verwendet, so wie wir sagen würden: »sein Geld hinlegen«. Genau das war der Tod Jesu: Zahlung für die Sünde der Menschen, die zu jener Zeit alles andere als Seine Freunde waren. Ein Mensch kann keine größere Liebe haben, als die, daß er für seine Freunde stirbt, aber der Sohn Gottes starb für Seine Feinde, um sie zu seinen Freunden zu machen. Das Ausmaß Seiner Freundschaft ist das Kreuz. Seine Freundschaft erforderte aufopfernde Liebe.

2. *Die Auswirkung der Freundschaft des Herrn ist Veränderung.* Wir müssen Vers 14 sorgfältig lesen. Der Herr Jesus sagt nicht: »Ihr werdet meine Freunde, wenn ihr tut, was ich euch gebiete«, sondern: »Ihr *seid* meine Freunde, wenn ihr tut, was ich euch gebiete«. Er sagt nicht, daß Seine Freundschaft an eine Bedingung geknüpft ist, sondern daß Seine Freundschaft umgestaltend wirkt. Er gibt uns Sein Leben in einer Weise, daß wir nicht mehr dieselben Menschen sein können. Wer den Herrn Jesus wirklich kennt, zeichnet sich dadurch aus, daß er tut, was immer der Herr ihm befiehlt. Die Freundschaft Jesu wird uns in- und auswendig völlig umgestalten.

3. *Der Ausdruck der Freundschaft des Herrn ist Vertrautheit.* Der Vers 15 ist einer der wunderbarsten Verse in den Evangelien, da er die bevorrechtete Stellung der Kinder Gottes beschreibt. Zuallererst versichert uns der Herr Jesus, daß Er uns einen neuen Namen gegeben hat. *»Ich nenne euch nicht mehr Sklaven... euch aber habe ich Freunde genannt.«* Er drückt mit Worten aus, wie gern Er uns hat, indem Er uns als Freunde bezeichnet.

Als Kanadier lebe ich unter der Autorität der Königin. Stelle Dir vor, wie stolz ich wäre, riefe mich die Königin Elisabeth nach London und sagte: »Ich nenne dich nicht mehr 'Untertan' sondern 'Freund'. Ich möchte, daß du kommst und gehst, wie es dir beliebt. Fühl' dich in meinem Palast wie zuhause.«

Sie hat nicht die geringste Ahnung, wer ich bin. Doch Gott, der Sohn, nennt mich Seinen Freund! Im Alten Testament wurde nur Abraham »Freund Gottes« genannt (2. Chr. 20,7; Jes. 41,8; vgl. auch Jak. 2,23). Jetzt hat jeder Gläubige das Vorrecht dieses vertrauten Umganges mit dem Herrn.

Der Herr gibt uns nicht nur einen neuen Namen; Er gibt uns auch neuen Einblick. In der Kultur des Nahen Ostens war 'Freund' der höchste Titel, den ein König oder Kaiser verlieh. Solch eine Person hatte zu jeder Zeit Zugang zum König, und dieser teilte ihm seine Pläne und Absichten mit, bevor er sie sonst jemandem kundtat. Der Herr Jesus sagt: »*Euch aber habe ich Freunde genannt, weil ich alles, was ich von meinem Vater gehört, euch kundgetan habe.*« Wie ein Freund Informationen erhält, die sonst niemand hat, zieht uns der Herr Jesus durch das Wort Gottes und das Vorrecht des Gebetes in Sein Vertrauen. Das ist der Grund, warum die Schrift so viel von Gottes Plan für die Zukunft spricht — nicht weil Er denkt, wir müßten alle Details wissen, sondern weil Er will, daß wir Seine Pläne und Absichten kennen. Echte Freundschaft verlangt Annahme, Zugänglichkeit und Mitteilen, und der Herr drückte Seine Liebe zu uns aus, indem Er uns in diese Vertrautheit hineinnahm.

4. Die Initiative der Freundschaft des Herrn ist Seine Liebe. »*Ihr habt nicht mich erwählt, sondern ich habe euch erwählt.*« Der Herr Jesus wartet nicht, bis wir erkennen, daß wir Ihn brauchen. Lange bevor wir überhaupt an Ihn geglaubt hatten, erwählte Er uns und rief uns zu sich. Der Ausgangspunkt der Freundschaft des Herrn liegt von Ewigkeit her in der liebenden Absicht der Dreieinheit Gottes. Oft wählen wir Menschen als unsere Freunde, weil wir sie mögen und gegenseitig Anziehung besteht. Jesus Christus erwählte uns vorbehaltlos, weil wir Ihn brauchen. Seine Freundschaft beruht auf einer Liebe, die Initiative ergreift.

5. Das Ziel der Freundschaft des Herrn ist Fruchtbarkeit. Er sehnt sich danach, daß wir alles, was wir sind und haben, für Ihn nutzen. Er möchte, daß wir zu den Menschen werden, die wir nach Seinem Plan sein sollten. »*Ich habe euch gesetzt, daß ihr hingeht und Frucht bringt, und eure Frucht bleibe, damit, was ihr den Vater bitten werdet in meinem Namen, er euch gebe.*« Mit anderen Worten: Wir wurden geschaffen, um die Gemeinschaft mit Gott zu genießen und das Wesen Gottes widerzuspiegeln, indem wir bleibende Frucht bringen. Weil Er in unserem Leben wirkt, können wir alles werden, was wir sein sollten. Als Kind Gottes kann ich durch die Liebe des Herrn meine gottgegebenen Möglichkeiten verwirklichen. Mein Leben ist nicht fruchtlos, sondern herrlich frisch und wachsend, mit festen Wurzeln und reicher Frucht — durch Ihn. Ich bin weit mehr, als ich ohne Ihn jemals hätte sein können.

Ein neues Modell der Freundschaft

Vor diesem Hintergrund erinnert uns der Herr Jesus in Vers 17 an unsere Verantwortung: »*Dies gebiete ich euch, daß ihr einander liebt.*« Die fünf Merkmale Seiner Liebe zu uns sollen zu Merkmalen unserer Freundschaften mit anderen werden. Wir sollen erkennen, daß biblische Freundschaft nicht darauf beruht, daß wir andere brauchen, sondern darauf, daß andere uns brauchen. Wir können nicht so lieben wie der Herr, ohne etwas zu wagen, und ohne es uns etwas kosten zu lassen. Aber wenn wir so lieben, werden wir entdecken, daß Er unser Leben bereichert; nicht nur mit tieferen Freundschaften, sondern auch dadurch, daß wir Seine Liebe noch höher schätzen lernen. Es ist ein Wagnis, die Initiative zu ergreifen und unser Leben für andere zu öffnen; doch solange wir das nicht tun, behandeln wir andere Menschen als Dienstleute und nicht als Freunde.

An diesem Punkt ist eine gewisse Untersuchung unserer Freundschaften angebracht. Wir müssen die fünf Merkmale Seiner Freundschaft auf unsere Freundschaften anwenden. Das wirft einige eindringliche Fragen auf.

1. Wo liegen die Grenzen meiner Freundschaft? Gebrauche ich Menschen, oder »lasse« ich mein Leben für sie? Was weiß ich von aufopfernder Liebe?

2. Welchen Einfluß habe ich auf andere? Bin ich ein »Veränderungsagent«, um im Leben meines Freundes Gottesfurcht zu bewirken? Wächst er durch mich in der Nachfolge des Herrn? Gebe ich mich so hin, daß gottgewirkte Bedürfnisse in seinem Leben gestillt werden?

3. Wage ich es, offen zu sein, oder gibt es sorgfältig errichtete Mauern um mich herum, die niemand durchbrechen kann? Habe ich jemals in Worten meine Liebe und Anerkennung für meinen Freund ausgedrückt und sie auch sichtbar gemacht, indem ich ihm mein Leben öffnete?

4. Ergreife ich die Initiative zu lieben, oder warte ich, bis andere meine Anerkennung finden oder sich nach mir ausstrecken? Wähle ich Menschen als meine Freunde, weil ich sie brauche, oder weil sie mich brauchen?

5. Wie helfe ich meinem Freund dabei, in einem oder in jedem seiner Lebensbereiche sein Kraft-Potential auszuschöpfen? Ist er durch mich fruchtbar?

Ich weiß nicht, wie Dich diese fünf Fragen berühren, aber ich weiß, daß sie mich gewaltig herausfordern, aber auch beunruhigen. Offensichtlich ist eine Freundschaft dieser Art nicht billig. Gibt es sie überhaupt? Funktioniert das im täglichen Leben? Es klingt sehr idealistisch und erstrebenswert, aber wie sieht es in der Praxis aus? Sind biblische Freundschaften realisierbar oder gibt es sie nur zur Betrachtung im »biblischen Ausstellungsraum«? Unser Heiland war ein solcher Freund — kann ich einer sein?

Es ist hilfreich, die Freundschaft zweier Männer zu untersuchen, die in schwierigen Umständen geschmiedet wurde, und die ein leuchtendes Beispiel für die Qualitäten einer wahren Freundschaft ist. Es handelt sich um die Freundschaft zwischen David und Jonathan, und wir wollen in den nächsten Kapiteln ihren Anfang und ihren Verlauf verfolgen. Zuerst müssen wir uns aber mit dem grundlegenden Wesen von Freundschaft befassen. Wir können es in einem Ereignis gegen Ende ihrer Freundschaft sehen (1. Samuel 23,15-18):

Eine beispielhafte Freundschaft

»David sah, daß Saul ausgezogen war, um ihm nach dem Leben zu trachten. Und David war in Horescha in der Wüste Sif. Da machte

sich Jonathan, der Sohn Sauls, auf und ging zu David nach Hore-
scha und stärkte seine Hand in Gott. Und er sagte zu ihm: Fürchte
dich nicht! Denn die Hand meines Vaters Saul wird dich nicht fin-
den. Du wirst König über Israel werden, und ich werde der Zweite
nach dir sein. Und auch mein Vater Saul hat erkannt, daß es so ist.
Und beide schlossen einen Bund vor dem HERRN. David blieb in
Horescha, Jonathan aber kehrte nach Hause zurück.«
Soweit wir wissen, was dies das letzte Mal, daß die beiden Freunde Zeit
miteinander verbrachten! Der Tod Jonathans sollte sie bald für immer trennen. Als sich sich kennenlernten, waren sie wirklich ein ungleiches Paar.
Jonathan war als ältester Sohn Sauls der gesetzliche Erbe des Königsthrons
in Israel. Sein Vater hatte David jahrelang verfolgt, weil dieser eine große
Bedrohung für seine Herrschaft und die Zukunft seines Sohnes darstellte.
David war andererseits der von Gott auserwählte Nachfolger Sauls. Er war
ein junger Mann, der aus der Unbekanntheit aufstieg und sich auf dem
Weg befand, Israels größter König zu werden. Und doch hatte Gott diese
beiden potentiellen Feinde in einer großartigen Freundschaft zusammen-
gestellt, die das Wesen biblischer Freundschaft auf schöne Weise offenbart.

1. *Mein Freund ist derjenige, dessen Bedürfnissen ich entsprechen kann,*
und nicht derjenige, der meinen Bedürfnissen entspricht. Als sich Jonathan aufmachte, um David zu sehen, hatte er alles zu verlieren und nichts
zu gewinnen. Schließlich war David jener Mann, den Jonathans Vater suchte; und als Jonathan David stärkte, half er dem, der seine eigene Stellung
bedrohte, und er ging dabei auch noch das Risiko des Zorns seines Vaters
ein. Doch sah Jonathan eine Not im Lebens Davids, und er setzte sich ein,
um ihr abzuhelfen. Jonathan war ein Geber — sein Name selbst bedeutet
»Der Herr hat gegeben« — und sein Leben war von dieser Eigenschaft
geprägt. Jede wahre Freundschaft beginnt damit, daß man sich verpflichtet, ein Freund zu *sein* und nicht einfach einen Freund zu haben. Eine solche Einstellung muß ich in meinem Leben fördern — nicht die Sorge, daß
ich Menschen finde, die mir zusagen, sondern das Anliegen, Bedürfnisse
im Leben anderer zu finden und zu stillen.

2. *Ein Freund ermutigt seinen Freund im Herrn.* Der hebräische Ausdruck dafür ist sehr bildhaft: »er stärkte seine Hand in Gott.« David mag
»ein Mann nach dem Herzen Gottes gewesen sein«, der Dichter herrlicher
Lobpsalmen und ein Anführer von Gottesmännern, aber in diesem Augenblick seines Lebens war er beschwert von Bitterkeit und Entmutigung.
Jonathan war sensibel genug, das zu erkennen. Er versuchte nicht, David
dadurch zu ermutigen, daß er sein Problem verniedlichte oder sich selbst
als die Antwort für Davids Not hinstellte. Stattdessen stärkte er David,
indem er ihn ermutigte, ganz von Gott abhängig zu sein. Wie wir später
sehen werden, erkennt man in den Psalmen, die Daivd aus diesen Erfahrungen heraus geschrieben hat, wie sehr Jonathan David zu einem Mann
Gottes werden ließ.

Nur wenige Dinge haben mich in den letzten Jahren so herausgefordert
wie das Durchforschen meiner Freundschaften, um herauszufinden, ob ich
meine Freunde im Herrn ermutigt habe. Zu meiner Schande muß ich be-

kennen, daß meine Freundschaften erschreckend seicht waren, weil ihnen das besondere Anliegen fehlte, andere im Herrn zu ermutigen. Auch wenn beide Christen waren — wie wenig haben wir uns oft auf Ihn konzentriert! Es ist schade, daß viele gläubige Freunde nie gemeinsam beten (außer vor dem Essen) und das Wort Gottes nur selten ein zentraler Gesprächspunkt ist. Doch wenn ich meinen Freund hierin vernachlässige, lasse ich ihn in seinem (und meinem) größten Bedürfnis im Stich. Dies ist ein Prüfstein für den Wert Deiner christlichen Freundschaften. Steht Dein Freund fester im Herrn, weil er mit Dir Zeit verbringt? Oder etwa weniger fest? Oder ist geistliches Wachstum nur Nebensache in der Beziehung zu ihm?

3. *Ein Freund ist jemand, mit dem ich ein tiefes gemeinsames Interesse teile.* Die Qualität einer Freundschaft wird meist von der Qualität dessen bestimmt, was uns verbindet. Für David und Jonathan waren es das Königreich Gottes und das Volk Gottes. Ihr Interesse hatte Tiefe, und so auch ihre Freundschaft. C. S. Lewis hat sehr scharf beobachtet: »Verliebte reden miteinander immer über ihre Liebe; Freunde sprechen kaum jemals über ihre Freundschaft. Verliebte stehen sich meist Auge in Auge gegenüber, ineinander versunken; Freunde Seite an Seite, versunken in irgendeine gemeinsame Beschäftigung.«[4] Untersuche Eure Gespräche! Worin seid Ihr Seite an Seite versunken — in sportliche Aktivitäten, in Euren Beruf, Euer Studium, in Eure Klagen und Beschwerden, in Eure Musik, in Euren Gott? Was beherrscht Eure Gespräche? Die Bande der Freundschaft wird durch vieles geknüpft, und die Art dieser Interessen wird einiges über den Wert Eurer Freundschaft aussagen:

4. *Ein Freund verpflichtet sich, seinen Freund dabei zu unterstützen, Gottes Plan und Potential für sein Leben zu verwirklichen.* Ein vierter Baustein der Freundschaft liegt in den erstaunlichen Worten Jonathans: »*Du wirst König über Israel werden, und ich werde der Zweite nach dir sein.*« Das bedeutet nicht weniger, als einen Verzicht auf den Thron, da er davon überzeugt war, daß David nach Gottes Willen König werden sollte. In kleinen Dingen gibt es oft einen unbeschwerten Wettkampf zwischen Freunden. Es macht mir Spaß, ein Tennismatch gegen einen Freund knapp für mich zu entscheiden, doch ist es ein Kampf mit ihm, nicht gegen ihn. Der große russische Schriftsteller Dostojewskij schrieb einmal: »Einen Menschen zu lieben heißt, ihn so zu sehen wie Gott ihn gemeint hat.« Von Jonathan lernen wir, daß ein Freund seinen Freund nicht nur auf diese Weise sieht, sondern auch tatkräftig mithilft, dieses Potential zu nutzen.

5. *Wahre Freundschaft erfordert erklärte Treue und Hingabe. »Und beide schlossen einen Bund vor dem HERRN«* (Vers 18). David und Jonathan sind nicht einfach in ihre Freundschaft hineingewachsen. Es bedeutet etwas, offen zu erklären: »Ich möchte, daß du weißt, daß ich dich sehr schätze und immer für dich da bin.« Das wird uns befreien, damit wir noch bessere Freunde sein können. Wie es in der Werbung heißt: »Probieren Sie es, Sie werden begeistert sein«.

Mitteilungsbereitschaft und Ermutigung anderer fallen uns nicht leicht — besonders uns Männern nicht. Und trotzdem freuen wir uns darüber, daß der Herr Seine Liebe und Freundschaft uns gegenüber erklärt. Wenn auch wir es tun, wird unsere Treue zueinander vertieft. Sirach schreibt: »Wer den Herrn fürchtet, hält rechte Freundschaft.« Die inspirierte Schrift hat diesselbe Botschaft. Um ein Freund wie Jonathan zu sein, muß ich zuerst *den* Freund haben, der mich in diese Freundschaft einführen kann. Wenn ich seine Freundschaft genieße, werde ich befähigt und beauftragt, ein Freund zu sein.

Anmerkungen

[1] Thomas Wolfe »The Anatomy of Loneliness«, zitiert in Jeremy Seabrook, Loneliness (New York: Universe Books, 1973), S. 6)

[2] Sirach 6,14-15. Die apokryphen Bücher wurden von jüdischen Schreibern in griechischer Sprache in der Zeit zwischen Altem und Neuem Testament verfaßt. Sie sind vom Herrn Jesus Christus und von den Schreibern des Neuen Testamentes nicht als inspirierte Schrift anerkannt worden, enthalten jedoch oft große Wahrheiten. Leider widersprechen sie gelegentlich der gesunden Lehre der Schrift. Daher können wir sie nur als gelegentlich hilfreiche und anregende Literatur lesen, Teil des Wortes Gottes aber sind sie nicht.

[3] J. C. Ryle, Expository Thoughts on the Gospels (Grand Rapids: Zondervan, ohne Jahresangabe), 4:335-6.

[4] C. S. Lewis. The Four Loves (Glasgow: Collins, 1977), S. 58).

2.

Was Dich zum Freund macht

Nicht einmal dem oberflächlichen Betrachter unserer Gesellschaft wird die sprunghaft ansteigende Scheidungsrate und die Aushöhlung des Familienlebens um uns her verborgen bleiben. Der Energieknappheit, der Inflation und der atomaren Rüstung wird in den Medien weit mehr Aufmerksamkeit geschenkt. Doch obwohl die Zukunft der Familie bei weitem nicht so aufsehenerregend ist, hat sie für das Wohl der Menschen doch die größere Bedeutung. Seit Beginn dieses Jahrhunderts ist die Scheidungsrate um 700% gestiegen und heute werden jährlich fast genausoviele Ehen geschieden wie geschlossen.

Zu dieser Zahl kommen einerseits noch jene Familien hinzu, die zerrüttet sind, weil ein Partner aufgegeben hat, andererseits Ehen, die zwar auf dem Papier noch bestehen, in denen jedoch kalter Krieg herrscht. Aber auch wenn wir einen noch so hohen Berg von statistischen Auswertungen aufhäufen, so wird er doch niemals das Ausmaß menschlichen Leides wiedergeben können. Millionen von Kindern wachsen in Familien auf, in denen nur ein Elternteil vorhanden ist. Diese Tatsache wurde mir ganz neu deutlich bewußt, als mir eine Liste meiner zehnjährigen Tochter in die Hände fiel, auf der sie ihre Mitschüler in zwei Gruppen einteilte: »Kinder mit beiden Elternteilen« und »Kinder mit nur einem Elternteil«. Eine solche Einteilung wäre mir in ihrem Alter nie in den Sinn gekommen, und doch ist es die Realität, mit der ihre Freunde leben müssen. Vor nicht allzu langer Zeit bezeichneten die Oberschuldirektoren unserer Stadt in einem Bericht an den Schulausschuß die Zahl der Familien mit nur einem Elternteil als das vordringlichste Problem, mit dem sie konfrontiert waren, zumal es 60% der Schüler betroffen hatte.

Familieprobleme sind eine Erscheiung unserer Zeit, die wir nicht leichtnehmen dürfen. So wie die Anzahl der Familien, in denen es nur einen Elternteil gibt, in die Höhe schießt, wird auch die Zahl der verhaltensgestörten Kinder und die Jugendkriminalität zunehmen. Armand Nicholi II, ein Psychiater an der Harvard Universität, hat mit scharfem Blick darüber geschrieben, was diese Entwicklung mit sich bringt:

> »Wenn es einen Faktor gibt, der von Einfluß auf die Entwicklung des Charakters und die seelische Ausgeglichenheit eines Menschen ist, dann ist es die Qualität der Beziehung, die er oder sie als Kind zu beiden Elternteilen hat. Umgekehrt, wenn Menschen, die an ernsten, nicht organisch bedingten seelischen Krankenheiten leiden, eines gemeinsam haben, so ist es das Fehlen eines Elternteils, bedingt durch Todesfall, Scheidung, zeitraubenden Beruf oder andere Ursachen. Der fehlende Zugang zu einem Elternteil, entweder physisch oder emotionell oder beides, kann die seelische Gesundheit eines Kindes tiefgehend beeinflussen.«[1]

Aber was hat das mit unserem Thema Freundschaft zu tun? Ganz einfach: Die Familie ist unsere Ausbildungsstätte, wo wir zwei der wichtigsten Eigenschaften erlernen und entwickeln können: unser Selbstwertgefühl und unsere Geschicklichkeit in zwischenmenschlichen Beziehungen. Viele Menschen sind vor allem wegen ihrer familiären Herkunft zu Beziehungen unfähig.

Es ist wichtig, daß wir einen Grundsatz wahrer Freundschaft verstehen, einen grundlegenden Gedanken, der vielen unserer Vorstellungen widerspricht. *Grundlage jeder Freundschaft ist nicht die Frage, wen wir kennen, sondern wer wir sind.* Wir glauben oft, daß Freundschaft davon abhängt, daß wir die richtigen Leute kennenlernen. Gott sagt uns in Seinem Wort, daß es darauf ankommt, daß wir die richtige Person sind. Der humanistische Psychiater Theodore Rubin drückt es so aus:»Langjährige glückliche Freundschaften zeigen, daß jemand ein starkes Selbstwertgefühl hat und emotionell fähig ist, sich selbst hinzugeben, ohne Angst davor zu ermatten. Menschen ohne Freunde sind in den meisten Fällen seelisch gestört, zurückgezogen und verschlossen.«[2]

Aber genau das ist das Problem. Wir sind uns nicht gewiß, ob uns gefällt, wie wir sind. Oder wir befürchten, daß anderen nicht gefällt, wie wir sind. Wir bemühen uns so sehr, daß andere uns mögen und annehmen, daß wir beinahe zu allem bereit sind, um die Anerkennung der Menschen zu gewinnen. Oder wir erhoffen uns, zu den Menschen zu werden, die wir gern sein würden, wenn wir nur die richtigen Leute kennenlernen. Wir müssen begreifen, daß kein einziger Mensch das für uns tun kann, was nur Gott zu tun vermag. Die herrliche Wahrheit des Evangeliums lautet, daß wir für Freundschaft ausgerüstet werden können, und zwar nicht in erster Linie durch einen Schnellkurs über den Umgang mit Menschen oder durch das Lesen von Selbsthilfebüchern, sondern indem wir den Herrn Jesus Christus in unserem Leben wirken lassen, damit Er uns befähigt, zu den richtigen Personen zu werden. Wie schwierig unsere Vergangenheit auch war, oder wie trostlos unsere Zukunft scheinen mag: der Gott aller Gnade sehnt sich danach, in unserem Leben zu wirken und *»euch (zu) vollenden in jedem guten Werk, damit ihr seinen Willen tut«* (Hebr. 13,21), und das schließt sicherlich auch unsere Beziehungen ein.

In Seiner Gnade hat uns der Herr im Leben Jonathans eine schöne Illustration dieser Wahrheit gegeben. Wir haben Jonathan als den Mann betrachtet, der eine wunderbare Freundschaft mit David hatte, und als einen Freund, der die Eigenschaften eines wahren Freundes verkörperte. Er ist ein Vorbild, das wir nachahmen sollen. Wir vergessen oft, daß Jonathan aufgrund seiner Herkunft leicht ein Außenseiter der Gesellschaft oder ein verbitterter Rebell hätte werden können. Er war nicht »automatisch« zu Freundschaft fähig, sondern wurde durch das Wirken Gottes in seinem Leben dazu ausgerüstet. Wenn wir den Verlauf seines Lebens erforschen, können auch wir für Freundschaft zugerüstet werden.

Verbitterte Verhältnisse

Auf den ersten Blick klingt es vielleicht befremdend, wenn man sagt, Jonathan hätte einen problematischen Hintergrund. Immerhin war er der älteste Sohn des Königs von Israel. Diese Stellung war mit Macht und hohem Ansehen verbunden, und Jonathan standen die Türen zu den höchsten Positionen in der Gesellschaft offen. Äußere Umstände täuschen jedoch oft, und so war Jonathans Erbe alles andere als ungetrübter Segen. Drei Dinge hinterließen unauslöschbare Spuren in ihm: seine familiäre Herkunft, seine Umgebung und seine Aussichten für die Zukunft.

Jonathans Erbe

Nichts hat größeren Einfluß auf einen Jungen als die Persönlichkeit seines Vaters. Was er in seinem Vater sieht, wird seine Ansichten über sich selbst bestimmen, zum Vor- oder zum Nachteil. Der Vater Jonathans war Saul, und Jonathan zeigte sein Leben lang eine tiefe Verbundenheit mit seinem Vater. Zweifellos liebte und unterstützte er ihn. Doch war die Prägung durch seinen Vater ein Handikap, mit dem Jonathan bis ans Ende seines Lebens zu kämpfen hatte.

Die Geschichte Sauls ist eine der größten Tragödien in der Schrift. Es ist die Geschichte großer Chancen und verschleuderter Möglichkeiten, Das Volk hatte nach einem König verlangt, *»damit er über uns Richter sei, wie es bei allen Nationen ist!«* (1. Sam. 8,5), und der Herr antwortete auf diese Bitte, indem er ihnen Saul gab. An Fähigkeiten und Körpergröße überragte er die Leute — ein Anführer, wie ihn ein heidnisches Volk gern hätte, *»jung und stattlich«* (1. Sam. 9,2). Traurig daran ist, daß Saul auch in anderer Hinsicht wie ein heidnischer König war! Er hatte kein Herz für Gott. Bei seiner ersten Erwähnung in der Schrift, weiß er nichts von der Heimatstadt und der Person Samuels, des Propheten Gottes.[3)] Wir begegnen ihm zum ersten Mal, als er sich auf der Suche nach den verlorenen Eseln seines Vaters befindet; in geistlichen Dingen unterschied er sich nicht wesentlich von diesen Eseln. In seinem Herzen war beinahe überhaupt kein Raum für Gott.

Die geistliche Leere im Leben Sauls entstellte seine ganze Persönlichkeit. Er scheint unfähig gewesen zu sein, wirklich zu lieben. Da er sehr unsicher war, liebte er solche, die seinen Bedürfnissen entsprachen und praktizierte eine ausgeprägte Form von bedingter Liebe. Mit der Zeit erwies er sich als eifersüchtiger und eigenwilliger Mensch.

Über Jonathans Mutter wissen wir nicht viel, außer, daß ihr Name Ahinoam war (1. Sam. 14,49-50). Das einzige Mal lesen wir über sie im Zusammenhang mit einem Zornausbruch von Saul, als er über Jonathan fluchte: *»Du Sohn einer entarteten Mutter!«* (1. Sam. 20,30). Die Worte sind sehr hart— *»Jonathan, du bist genau wie deine Mutter — eine launenhafte und entartete Frau, die sich auflehnt!«* Auch wenn wir berücksichtigen, daß Saul diese Worte in unbeherrschtem Zorn sprach, gibt uns dieser Ausbruch einen interessanten Einblick in das Heim Jonathans. Sein Vater und seine Mutter befanden sich offensichtlich in Konflikt miteinander, während Saul auch mit ungelösten inneren Konflikten kämpfte. Jonathan wußte, was es heißt, in einem innerlich gespaltenen Heim aufzuwachsen, ohne die Geborgenheit von Eltern, die sich innig lieben, und eines Vaters, der eine herzliche Liebe für seinen Gott hat und fähig ist, mit anderen Menschen in Beziehung zu treten. Kinder sind empfindsam dafür, und solch ein Familienleben hinterläßt zwangsläufig Spuren in ihrem Selbstwertgefühl.

Zwei Schwerter und ein Volk versteckt in Höhlen

Das weitere Umfeld Jonathans war, wenn denkbar, sogar noch bedrohlicher. Die Philister hatten die Israeliten in der Schlacht bei Afek im Jahre 1050 v. Chr. (1. Sam. 4) geschlagen, und wenngleich Samuel in Mizpa einen großen Sieg errungen hatte (1. Sam. 7), blieben die Philister doch die dominierende Macht. Obwohl Saul ein gewaltiges Heer von 330.000 Mann gegen die Ammoniter aufstellen konnte, blieb ihm ein solcher Sieg gegen die Philister verwehrt. Im Lauf der Zeit gelang es Saul immer weniger, sein Volk für den Kampf zu motivieren, bis es am Ende fast völlig ohnmächtig war (1. Sam. 13). Nachdem er seine große Armee entlassen hatte, stellte er aus unerfindlichen Gründen ein Heer von nur 3000 Mann auf. Erst als es bereits zu spät war, rief er um Verstärkung; doch auch seine auserwähltesten Männer begannen sich zu zerstreuen. Die äußerst lebhafte Darstellung der schwachen Leiterschaft Sauls findet sich in 1. Samuel 13,6-7:
»Als aber die Männer von Israel sahen, daß sie in Not waren, weil das Kriegsvolk bedrängt wurde, da versteckte sich das Volk in Höhlen und Dornsträuchern, in Felsen, in Gewölben und Zisternen. Auch gingen Hebräer über den Jordan ins Land Gad und Gilead. Saul aber war noch in Gilgal, und das ganze Volk, das ihm folgte, war voll Angst.«
Saul war ein unentschlossener Anführer. Während er zögerte und nicht wußte, was tun, wurde sein Volk von den Philistern überwältigt und vollkommen entwaffnet. Die Philister entfernten alle Waffen und alle Schmiede aus dem Land, so daß die Israeliten vom Feind völlig abhängig waren, und zwar derart, daß sie nicht einmal mehr ihre eigenen Werkzeuge schärfen konnten. Die Situation war so drastisch geworden, daß es im ganzen Land nur noch zwei Schwerter gab, und diese befanden sich im Besitz Sauls und Jonathans (1. Sam. 13,22).
Von einer Armee aus 330.000 Mann zu einem Heer von etwa 600, das mit nur zwei Schwertern bewaffnet war! Das war die Leiterschaft Sauls, und der Probleme nicht genug, hatten die Philister auch die strategisch wichtigen Gebiete in ihrer Gewalt. Solch eine Situation mußte bei Jonathan Narben hinterlassen, da er das Unvermögen und die Unentschlossenheit seines Vaters sah und Augenzeuge der Unterdrückung und des letztendlichen Verlustes aller Freiheiten seines Volkes wurden.

Die Sünden des Vaters: Die Zukunft des Sohnes

Es gibt noch einen Umstand, der den Hintergrund Jonathans bestimmte, und in gewisser Weise ist er der entscheidendste von allen. Nicht nur, daß seine Vergangenheit von Konflikten und seine Gegenwart von Niederlage gekennzeichnet waren, hatte sein Vater durch seinen Ungehorsam ihm auch den Weg für die Zukunft versperrt. Obwohl ihm der Prophet Gottes aufgetragen hatte zu warten, ging Saul ungestüm voran und brachte dem Herrn ein Brandopfer dar. Das war ängstlicher Unglaube und offene Rebellion gegen Gott und Seinen Propheten. Als Samuel ihn zur Rede stellte, beschuldigte er alle Umstehenden und behauptete, er sei »gezwungen« gewesen, ungehorsam zu handeln — und daher für seine Tat nicht verantwortlich.

Der Herr verkündete durch Samuel ein direktes Gericht über Saul: *»Du hast töricht gehandelt! Du hast das Gebot des HERRN, deines Gottes, nicht gehalten, das er dir geboten hat. Denn gerade jetzt hätte der HERR dein Königtum über Israel für immer bestätigt; nun aber wird dein Königtum nicht bestehen. Der HERR hat sich einen Mann gesucht nach seinem Herzen, und der HERR hat ihn zum Fürsten über sein Volk bestellt; denn du hast nicht gehalten, was der HERR dir geboten hatte«* (1. Sam. 13,13-14).

Die Hauptlast dieses Gerichtes fiel auf Jonathan. Durch die Sünde seines Vaters war er vom Königtum ausgeschlossen, obwohl er selbst in hohem Maß dafür geeignet gewesen wäre. Wenn jemand Grund zur Verbitterung gehabt hätte, dann Jonathan. Das Versagen seines Vaters hätte bei ihm so tiefe Narben hinterlassen können, daß er sich in dumpfes Selbstmitleid zurückziehen oder in extreme Gewalttätigkeit hätte verfallen können. Es wäre ganz natürlich gewesen, wäre er in sein Schneckenhaus zurückgekrochen und hätte seine vielfältigen Gaben in unpersönlicher Weise ausgeübt. Es hat mich stark getroffen, als ich Biographien einiger militärischer Führerpersönlichkeiten unseres Jahrhunderts las, Männer wie Patton, Montgomery oder MacArthur, und dabei erkannte, daß eine unverhältnismäßig große Zahl unter ihnen aus schwierigen Familiensituationen hervorgingen. Diese Vergangenheit hat viele von ihnen daran gehindert, später im Leben bedeutsame Freundschaften aufzubauen. Sie taten sich schwer, in einem Team zu arbeiten, was oft tragische militärische Folgen hatte. Wie es in einer Biographie Pattons heißt: »So erlangte er Generalsrang. Auszeichnungen und Ehre, doch sollte er niemals auch nur einen Freund gewinnen.«[4]

Trotz aller Belastungen ging Jonathan eine der großartigsten Freundschaften ein, die wir in der Heiligen Schrift finden, und es ist sehr wichtig für uns zu sehen, was ihn dazu befähigte, da dies auf die Grundlage von Freundschaft hinweist. Wie schwierig auch immer unsere Vergangenheit war — es gibt einen Faktor, der uns hilft, unsere Vergangenheit zu überwinden, unsere Möglichkeiten auszuschöpfen und anderen zu dienen. Dieser Faktor wird in einer Episode im Leben Jonathans deutlich sichtbar, die ein Wendepunkt für sein ganzes Volk war.

Die umgestaltende Kraft

»Und es geschah eines Tages, daß Jonathan, der Sohn Sauls, zu dem Waffenträger sagte: »Komm, laß uns hinübergehen zu dem Posten der Phi-

lister, der dort drüben ist! Seinem Vater aber teilte er es nicht mit. Und Saul saß am Rand von Gibea unter dem Granatapfelbaum, der in Migron steht: und das Kriegsvolk bei ihm war etwa sechshundert Mann. Und Ahija, der Sohn Ahitubs, des Bruders Ikabods, des Sohnes des Pinhas, des Sohnes Elis, des Priesters des HERRN in Silo, trug das Ephod. Und das Volk hatte nicht erkannt, daß Jonathan weggegangen war.

Es waren aber zwischen den Pässen, durch die Jonathan zu dem Posten der Philister hinüberzugehen suchte, eine Felszacke auf der einen Seite und eine Felszacke auf der anderen Seite: der Name der einen war Bozez und der Name der anderen Senne. Die eine Zacke bildete eine Säule im Norden gegenüber Michmas und die andere im Süden gegenüber Geba. Und Jonathan sprach zu dem Waffenträger, der seine Waffen trug: Komm, laß uns hinübergehen zu dem Posten dieser Unbeschnittenen! Vielleicht wird der HERR etwas für uns tun, denn für den HERRN gibt es kein Hindernis, durch viele oder durch wenige zu helfen. Und sein Waffenträger antwortete ihm: Tu alles, was du vorhast! Geh nur hin! Siehe ich bin mit dir in allem, was du vorhast. Und Jonathan sagte: Siehe, wir wollen zu den Männern hinübergehen und uns ihnen zeigen. Wenn sie dann zu uns sagen: Halt, bis wir zu euch gelangt sind! — so wollen wir stehenbleiben, wo wir sind, und nicht zu ihnen hinaufgehen. Wenn sie aber so sprechen: Kommt zu uns herauf! — so wollen wir hinaufsteigen, denn der HERR hat sie in unsere Hand gegeben. Das soll uns zum Zeichen sein. Und beide zeigten sich dem Posten der Philister. Da sprachen die Philister: Sieh an, Hebräer kommen aus den Löchern hervor, in denen sie sich versteckt haben! Und die Männer der Wache riefen Jonathan und seinem Waffenträger zu und sagten: Kommt zu uns herauf, so wollen wir es euch schon lehren! Da sagte Jonathan zu seinem Waffenträger: Steig hinauf, mir nach! Denn der Herr hat sie in die Hand Israels gegeben. Und Jonathan stieg auf den Händen und Füßen hinauf und sein Waffenträger ihm nach. Und sie fielen vor Jonathan zu Boden, und sein Waffenträger hinter ihm tötete sie. So traf der erste Schlag, den Jonathan und sein Waffenträger taten, an die zwanzig Mann, sie fielen etwa auf einer halben Furchenlänge eines Joches Acker. Und es entstand ein Schrecken im Lager, auf dem Feld und unter dem Kriegsvolk. Auch der Posten und die Schar, die das Land verwüsten sollte, erschraken. Und die Erde erbebte, und so entstand ein Schrecken Gottes.« (1. Samuel 14,1-15).

Jonathans kühner Plan

Zu einer Zeit, da sein Vater vor Angst und Unsicherheit gelähmt war und unbeweglich unter einem Granatapfelbaum in der Nähe Gibea lagerte, war Jonathan entschlossen, darauf zu vertrauen, daß der Herr Sein Volk befreien würde. Jonathan war einer, der die Initiative ergreift, was er bereits bei einem Angriff auf eine Stellung der Philister gezeigt hatte (13,3). Nun entschloß er sich zu einem noch kühneren Unterfangen, ohne es seinem Vater mitzuteilen. Ein trauriges, aber verständliches Zeugnis für das mangelnde Vertrauen auf Sauls Fähigkeiten und Initiative.

Der Plan schien selbstmörderisch zu sein. Nur von seinem jungen Waffenträger begleitet, entschied sich Jonathan, einen Posten der Philister anzugreifen, der eine scheinbar uneinnehmbare und unerreichbare Stellung auf der Höhe eines Passes in der Nähe von Michmas besetzt hielt. Die Landschaft Israels fällt vom zentralen Hochland zum Jordantal hin sehr steil ab und ist rauh und zerklüftet. Die tiefe und schroffe Schlucht von Suweima verläuft zwischen Michmas und Gibea, und die Philister waren im Besitz des nördlichen Teiles der Höhe, von wo aus sie eine gute Sicht auf jede Bewegung der israelitischen Truppen hatten. Der einzig mögliche Weg, sich ihnen zu nähern, führte über eine steile Felszacke vor den Augen des Feindes — eine unglaublich riskante Sache. Auch wenn sie das Erklimmen des Felsens überleben sollten, wären sie vollkommen verwundbar. Zahlen- und waffenmäßig weit unterlegen, ohne jede Unterstützung in Sicht, hätten sie leicht über die Felswand in den Tod zurückgedrängt werden können.

Dennoch faßte Jonathan diesen Plan und überredete seinen Waffenträger, sich ihm anzuschließen. Er hatte sein Unternehmen sorgfältig durchdacht, und als die Philister sie verspotteten und aufforderten, die Felszacke doch zu erklimmen (»*die Hebräer kommen aus ihren Löchern hervor*«), setzten sie ihren Plan in die Tat um. Mit großer Geschicklichkeit kletterten sie den Felsen hinauf und gingen sofort zu einem Überraschungsangriff gegen die verblüfften Philister über. Durch die Trägheit, die sie unter Sauls Führung in Israel verfolgt hatten, wähnten sich die Philister in Sicherheit und rechneten nicht mit einem Mann, der kühn genug war, es praktisch im Alleingang mit einem ganzen Heer aufzunehmen.

Im Nu waren zwanzig Philister gefallen. Gleichzeitig griff Gott in diesem Augenblick auf übernatürliche Weise durch ein Erdbeben ein, und so löste der Angriff ein Debakel aus. Sogar Saul war ermutigt, sich dem Kampf anzuschließen! In der Folge errang Israel einen großen Sieg (den Saul typischerweise sich selbst zuschrieb), und Saul konnte dadurch ein wenig von seinem gottgegebenen Potential verwirklichen. Er führte Israel in eine Serie großer Erfolge und »*so kämpfte er ringsum gegen alle seine Feinde, und überall wohin er sich wandte, war er siegreich*« (1. Sam. 14,47).

Es ist erstaunlich, wie der Mut eines einzigen Mannes einem ganzen Volk wieder auf die Beine verholfen hatte. Noch wichtiger aber ist es, die umgestaltende Kraft im Leben Jonathans kennenzulernen, die ihn zu einem Mann machte, der nicht nur zu heldenhafter Tapferkeit, sondern auch zu tiefer Freundschaft fähig war. Drei Äußerungen Jonathans inmitten des Angriffes bei Michmas offenbaren diese umgestaltende Kraft. Ist Selbstwert die Basis der Freundschaft, so ist die Erkenntnis für uns wichtig, daß Jonathans Selbstwert darauf beruhte, daß Gott in seinem Leben am Werk war.

Die erste Äußerung finden wir in Vers 6: »*Komm, laß uns hinübergehen zu dem Posten dieser Unbeschnittenen! Vielleicht wird der HERR etwas für uns tun, denn für den HERRN gibt es kein Hindernis, durch viele oder durch wenige zu helfen.*« Es wird deutlich, daß Jonathan die Philister mit Gottes Augen sah — als Unbeschnittene, die keinen Bund mit Gott hatten. Zu einem späteren Zeitpunkt widersetzte sich Saul Gott bewußt, indem er Agag, den König der Amalekiter, verschonte. Saul nahm Gottes Werk nicht ernst. Jonathan hingegen teilte Gottes Einstellung zum Feind, weil er die Schriften ernstnahm.

Am offensichtlichsten ist jedoch der dynamische Glaube Jonathans. Er hatte erkannt, daß es nicht darum ging, etwas für den Herrn zu tun, sondern daß der Herr für ihn handelte. Er wußte, daß Gott zwei schwache Männer gebrauchen konnte, um ein ganzes Heer zu schlagen. Es war derselbe allmächtige Gott, der Israel durch Gideon und seine 300 Männer errettet hatte. Dieser Vers offenbart am klarsten, wodurch Jonathan zu einem Mann Gottes wurde. Er war ein Mann, der vollkommen davon überzeugt war, daß Gott genau das ausführen konnte, was Er Seinem Volk verheißen hatte: daß Er schwache Menschen nehmen und sie zu Dingen befähigen würde, die sonst jenseits ihrer Möglichkeiten liegen.

Nichts Bedeutenderes könnten wir auf unser Leben anwenden. Jonathan war derjenige, der fähig war, aus der Verwirrung und der Ohnmacht seiner Zeit emporzusteigen, weil sein Blick nicht auf vergangene Umstände, das Versagen seines Vaters oder die Lage seines Volkes gerichtet war, sondern auf den lebendigen Gott. Jonathan wußte, daß Gott keine großartigen Leute oder ein Heer von 130.000 bewaffneten Soldaten brauchte. Gott gefiel es in Seiner Souveränität, Seine Herrlichkeit durch zerbrechliche Menschen zu offenbaren. Weil Jonathan auf Gott vertraute, wirkte Gott durch ihn.

In einem späteren Stadium der Geschichte des Volkes wandte sich Asa, als er einem zahlenmäßig überlegenen Heer gegenüberstand, in einem Gebet an seinen großen Gott, ein Gebet, das jeder Gläubige zu seinem eigenen machen sollte: »HERR, außer dir ist keiner, der helfen könnte im Kampf zwischen einem Mächtigen und einem Kraftlosen. Hilf uns, HERR, unser Gott! Denn wir stützen uns auf dich, und in deinem Namen sind wir gegen diese Menge gezogen. Du bist der HERR, unser Gott! Kein Mensch kann etwas gegen dich ausrichten« (2. Chron. 14,10).

Dieser Glaube führte zu einem großen Sieg für Asa. Dieser Glaube wird auch uns zu einem Leben befähigen, das jenseits unserer Voraussetzungen und Schwachheiten liegt.

Wenn Dir Freundschaften und Beziehungen schwerfallen, hast Du eines nötig: den lebendigen Gott zu kennen und Ihm zu vertrauen, der Kraft gibt, diese tiefen Nöte in unserem Leben zu überwinden.

Die zweite und dritte Äußerung Jonathans sind fast identisch: »Der HERR hat sie in die Hand Israels gegeben« (Verse 10 und 12). Jonathan lebte mit einem starken Bewußtsein von Führung und Leitung des Herrn in seinem Leben. Er plante, vertraute und handelte auf der Grundlage seines Glaubens an den Herrn. Jonathan wußte, daß Er sich um die kleinen Dinge in seinem Leben sorgte. Der Herr sah darauf, ob die Philister sagten: »Kommt zu uns herauf«, oder ob sie sagten: »Halt, bis wir zu euch gelangt sind«. Als Jonathan zur Grundlage seines Handelns machte, *wer* Gott ist, geschahen gewaltige Dinge in seinem eigenen Leben und im Leben anderer. Wegen seiner Beziehung zu Gott konnte er das, was er war und hatte, nutzen. Er wurde zu einem Menschen, den andere gern kennen wollen. Seine Fähigkeiten, seine Begabungen und seine Eigenschaften wurden von Gott in einer Weise geformt, daß Jonathan zu einem Mann wurde, dessen Leben sich auf andere positiv auswirkte.

Der dreieinige Gott und unser Selbstwert

Die Anforderungen an Freundschaft sind sehr hoch. Einer der Gründe, warum wir in unseren Beziehungen oberflächlich bleiben, ist der, daß wir Angst haben. Wir haben die Sorge, daß anderen nicht wirklich gefallen wird, was sie unter unserer Oberfläche finden werden. Wir befürchten, daß wir nicht dazu geeignet sind, den Nöten im Leben anderer zu begegnen, da wir in unserem eigenen Leben solch tiefe Nöte haben; Nöte, die wir nicht gern zugeben. Folglich errichten wir Schranken und Mauern, um Vertrautheit auszuschließen.

Nach meinen Erfahrungen in der Seelsorge kämpft die überwiegende Mehrheit der Menschen mit dem fundamentalen Problem des Selbstwertes. Wie es eine Frau ausdrückte, als ich sie fragte, wie sie sich selbst sehe: »Ich sehe mich als eine fette, altmodische, nicht gerade nette Person.« Ich habe sie nicht so gesehen — sie war eine attraktive Frau. Und offensichtlich sah ihr Verlobter das auch so. Aber weil sie sich selbst so sah und auch glaubte, daß andere sie so sehen würden, hatte sie Probleme mit ihren Beziehungen. Das alte Sprichwort ist wahr: »Wir sind nicht das, wofür wir uns halten; wir sind nicht das, wofür andere uns halten; wir sind das, was wir meinen, wofür andere uns halten.«

Solange wir nicht das grundlegende Problem des Selbstwertes lösen können, werden wir zu wirksamen Beziehungen mit anderen unfähig sein. Die einzig sichere und wirkungsvolle Lösung liegt in der Erkenntnis des dreieinigen Gottes und einem Verständnis unseres Wertes und unserer Würde in Ihm. In diesem Punkt hat fundierte Theologie eine enorme praktische Auswirkung auf unser Leben.

Als ersten Schritt zu biblischer Selbstannahme müssen wir darin übereinstimmen, daß wir von *Gott, dem Vater,* geschaffen worden sind. Unsere Körper sind der »Schaukasten« Seiner Allwissenheit und Seiner Allmacht, wie es der Psalmist in Psalm 139, 13-16 beschreibt:

> »Denn du bildetest meine Nieren.
>   Du wobst mich in meiner Mutter Leib.
> Ich preise dich darüber, daß ich auf eine erstaunliche,
>   ausgezeichnete Weise gemacht bin.
>   Wunderbar sind deine Werke,
>   und meine Seele erkennt es wohl.
> Nicht verborgen war mein Gebein vor dir,
>   als ich gemacht wurde im Verborgenen,
>   gewoben in den Tiefen der Erde.
> Meine Urform sahen deine Augen.
>   Und in dein Buch waren sie alle eingeschrieben,

die Tage, die gebildet wurden,
als noch keiner von ihnen da war.«

Lange, bevor die medizinische Wissenschaft einige der Geheimnisse des menschlichen Körpers lüftete, entdeckte David etwas viel Wunderbareres. Wir, jeder ganz persönlich, sind das Werk der geschickten Hand Gottes. Sogar als Embryo im Leib Deiner Mutter hat Dich Gott, der Vater, erkannt, umsorgt und gestaltet. Die unermeßliche Kompliziertheit unseres Körpers lehrt uns, daß wir für unseren Gott von sehr großem Wert sind. Darüber hinaus gibt es keine Einzelheit in unserem Leben, die Seiner Aufmerksamkeit entgehen oder die Ihn nicht interessieren würde.

Es gibt viele Bilder der berühmten *Mona Lisa* von Leonardo da Vinci. Aber nur eines von ihnen trägt seine originale Unterschrift, und diese Unterschrift ist es, die dem Bild seinen Wert verleiht. Unsere Körper tragen die persönliche Handschrift Gottes. Wir sind nicht nur wertvoll, weil Er uns gemacht hat, sondern auch, weil Er Seine liebende Fürsorge für uns fortsetzt. Das ist das Fundament für die Zuversicht im Leben eines Gläubigen — daß er Gottes Fürsorge und Seine Absichten mit ihm erkennt. Charles Spurgeon sagte treffend:

»Wenn uns die Gedanken bewegen, daß Gott von Ewigkeit her an uns dachte, daß Er jetzt zu jeder Zeit an uns denkt und auch an uns denken wird, wenn Zeit nicht mehr ist, dann können wir in den Ruf einstimmen: »Wie ist ihre Summe so groß!« Diese Gedanken, die dem Schöpfer, dem Erhalter, dem Erlöser, dem Vater und Freund eigen sind, strömen für immer aus dem Herzen des Herrn hervor. Gedanken an unsere Vergebung, Erneuerung, Bewahrung, an unsere Versorgung, Verteidigung und unsere Vervollkommnung sowie tausend Gedanken mehr, steigen fortlaufend im Herzen des Allerhöchsten auf. Es sollte uns mit Anbetung und Erstaunen, mit Ehrfurcht und Verwunderung erfüllen, wenn wir daran denken, daß der Unendliche uns so viele Gedanken zuwendet, die wir so unbedeutend und unwürdig sind. Ein Gott, der unser immer gedenkt, schafft eine glückliche Welt, ein reiches Leben und eine Zukunft voller Freude.«[5]

Der zweite Schritt zum Aufbau biblischer Selbstannahme erfordert, daß ich die große Wahrheit in Anspruch nehme, daß ich durch *Gott, den Sohn,* erlöst worden bin, daß Er, da Er reich war, um unseretwillen arm wurde, damit wir in Ihm reich würden; daß Er uns von der Sünde erlöst hat durch Sein kostbares Blut; daß Er uns zusammen mit Christus lebendig gemacht und uns gesegnet hat mit jeder geistlichen Segnung, indem Er uns auf ewig mit sich vereinte.[6] Diese und eine Vielzahl anderer Wahrheiten des Kreuzes unseres Herrn Jesus Christus erfüllen uns mit Staunen und Lobpreis. Von allen Wahrheiten des Kreuzes ist keine bedeutsamer als die Lehre von der Rechtfertigung. Aufgrund des vollbrachten Werkes Christi wird der Gläubige für gerecht in Gottes Augen erklärt. Er sieht uns bekleidet mit der Gerechtigkeit Seines Sohnes. Wenn wir von dieser Wahrheit ergriffen sind, können wir mit Catesby Paget singen:

Ein Herz in tiefem Fried' mit Gott —
ach, welch ein Wort ist dies!
Ein Sünder durch das Blut versöhnt;
ja, das ist wahrlich Ruh'!

So nahe bin ich meinem Gott,
nicht näher könnt' ich sein;
denn bin ich doch in Seinem Sohn
genauso nah' wie Er.

So wertvoll bin ich meinem Gott,
nicht mehr könnt' ich es sein;
wie Er liebt Seinen einz'gen Sohn;
gilt Seine Liebe mir!

Was sollt' ich Sorgen haben je,
wenn solch ein Gott ist mein?
Er sieht auf mich bei Tag und Nacht,
und sagt mir: »Mein ist dein.«

Der dritte Pfeiler für biblische Selbstannahme ist das Werk *Gottes, des Heiligen Geistes,* der in dem Gläubigen wohnt und ihn mit Gaben ausrüstet. In dem Augenblick, wo ich ein Kind Gottes werde, nimmt der Heilige Geist Wohnung in mir, und ich werde ein Tempel des Heiligen Geistes. In den Augen der Welt mag ich unbedeutend sein, doch trage ich in mir den unbezahlbaren Schatz der Gegenwart Gottes. Durch Ihn habe ich alles, was ich für das Leben brauche. Er ist mehr als fähig, allen Anforderungen des Lebens zu entsprechen. Indem ich lerne, im Geist zu wandeln, werde ich mehr und mehr erkennen, daß Er allen meinen Bedürfnissen vollkommen begegnen kann.

Der Heilige Geist gibt den Gläubigen auch Gaben, die gottgegebene Ausrüstung zum Dienst. Es gibt einen bestimmten Platz für Dich im Leib des Herrn, der Gemeinde, einen einzigartigen Dienst, den niemand anderer ausfüllen kann. Die Lehre von den Geistesgaben ist von großer praktischer Bedeutung für jeden Gläubigen, um zu einer klaren Erkenntnis des besonderen Plans und der einzigartigen Aufgabe zu gelangen, die Gott für jeden Christen vorgesehen hat.

Das Wirken der Dreieinheit im Leben des Gläubigen ist kein abstraktes Studium für theologische Experten. Den Vater als meinen Schöpfer und Erhalter zu kennen, den Sohn als meinen Erlöser und den Heiligen Geist als den, der in mir lebt und mich zurüstet, heißt nicht nur die Grundlage für persönlichen Selbstwert zu entdecken, sondern auch die Basis für qualitätsvolle Beziehungen mit anderen. Erst wenn mich diese Wahrheiten ergriffen haben, bin ich völlig dazu ausgerüstet, ein Freund nach dem Willen des Herrn zu sein. Wenn ich erkenne, was Er für mich getan hat, bin ich fähig, anderen ein Geber zu sein. Da Jonathan seinen Gott kannte, konnte er seine Vergangenheit überwinden und *»sich stark erweisen und entsprechend handeln«* (Daniel 11, 32). Wir haben eine weit großartigere Offenbarung der Gnade und Macht Gottes als Jonathan und weit mehr

Grund, Ihm zu vertrauen. Ihn zu kennen ist nicht nur das größte Vorrecht des Lebens, es ist die Grundlage für ein Leben in Zuversicht und in Kraft.

»So spricht der HERR: Der Weise rühme sich nicht seiner Weisheit, und der Starke rühme sich nicht seiner Stärke, der Reiche rühme sich nicht seines Reichtums; sondern wer sich rühmt, rühme sich dessen: Einsicht zu haben und mich zu erkennen, daß ich der HERR bin, der Gnade, Recht und Gerechtigkeit übt auf der Erde; denn daran habe ich Gefallen, spricht der HERR.« (Jeremia 9, 22-23)

Anmerkungen

[1] Armand M. Nicholi II, »The Fractured Family: Following It into the Future.« Christianity Today 23, no. 16 (25. Mai 1979), S. 11

[2] Zitiert in Muriel James und Louis Savary, The Heart of Friendship (San Francisco, Harper & Row, 1976), S. 160

[3] Vgl. 1. Samuel 9,6, wo Saul durch seinen Knecht darauf aufmerksam gemacht wird, wo Samuel wohnt, und 1. Samuel 9,18, wo Saul mit Samuel spricht, ohne ihn zu erkennen. Bedenkt man, daß Samuel dem Volk jahrelang als geistlicher und politischer Führer sowie als Richter voranstand, dann erweist sich die Unwissenheit Sauls als Folge totaler Gleichgültigkeit geistlichen Dingen gegenüber.

[4] James und Savary, S. 118-19

[5] Charles H. Spurgeon, The Treasury of David (London, Marshall, ohne Jahr), 7:241

[6] Vgl. 2. Korinther 8, 9; Epheser 1, 3; 2, 4-7; 1. Petrus 1, 20-21.

3.
Wie man eine Freundschaft aufbaut

Hudson Taylor stand an einem Scheideweg. Eigentlich war es eher eine Sackgasse. Er war erst 23 Jahre alt und hatte noch keine zwei Jahre als Missionar in China gearbeitet. Aber diese Zeit war von einer zunehmenden Enttäuschung über seine Missionsgesellschaft gekennzeichnet, da sie ihrem Versprechen, ihn zu unterstützen, nicht nachgekommen war. Auch entmutigten ihn bereits etablierte Missionare, die Taylors unübliche Methoden kritisierten. Doch die zwei niederschmetternden Schläge kamen in Form eines Briefes von seiner Freundin in England, »sie fürchte, sie liebe ihn nicht«, und in Form einer Anweisung des britischen Konsulates, er möge seine missionarische Tätigkeit in der Stadt beenden, da sie nicht zum Vertragsgebiet gehörte. »Meine Mutter«, schrieb er, »mein Herz ist traurig, traurig, traurig. Ich weiß nicht, was ich tun soll.«[1]

Zu diesem Zeitpunkt schenkte Gott Hudson Taylor in Seiner Gnade einen Freund, den gottesfürchtigen schottischen Missionar William Burns, der ungefähr zwanzig Jahre älter war als er. Burns erkannte in Hudson Taylor einen gleichgesinnten Geist und jemand, der einen Freund brauchte. Er ermunterte Taylor dazu, den Frieden Gottes in Anspruch zu nehmen und auf dessen Güte, Führung und Vorsorge zu vertrauen. Sieben Monate lang reisten, predigten und beteten sie miteinander, und diese Monate hatten Hudson Taylor bleibend geprägt. Wie Taylors Sohn und seine Schwiegertochter es beschrieben, war »die Freundschaft dieses Mannes ein Geschenk Gottes für Hudson Taylor in dieser besonders kritischen Zeit. ... Solch eine Freundschaft ist eine der größten Segnungen im Leben.«[2] In einer anderen Biographie lesen wir: »Verschmäht von den traditionellen Missionaren ... stand er in der Gefahr, sich als selbstgefälliger Tugendheld abzusondern und sich als Individualist in immer kleiner werdenden Kreisen zu bewegen. Zurückgeblieben wäre nichts als ein paar Bekehrte und eine unangenehme Erinnerung. ... (Er) erhielt durch Burns eine bleibende Prägung.«[3]

Menschlich gesehen wäre der Dienst Hudson Taylors ohne die Freundschaft William Burns niemals wirkungsvoll gewesen. Sie war nicht allein dafür ausschlaggebend, daß Hudson Taylor ein Mann Gottes wurde, aber sie leistete einen unentbehrlichen Beitrag dazu. Ohne einen Jonathan hätte es nie einen David in der vollen Größe seines Charakters gegeben. Wir brauchen auf Gott ausgerichtete, feste Freundschaften, um zu Menschen zu werden, die Gott haben möchte. Christen sind keine Einzelgänger. Wir brauchen Menschen. Salomo erinnert uns: »*Zwei sind besser daran als ein einzelner, weil sie einen guten Lohn für ihre Mühe haben. Denn wenn sie fallen, so richtet der eine seinen Gefährten auf. Wehe aber dem einzelnen, der fällt, ohne daß ein zweiter da ist, ihn aufzurichten!*« (Prediger 4, 9-10).

Echte biblische Freundschaften entstehen jedoch nicht zufällig. Sie werden mit großer Sorgfalt aufgebaut. Die Freundschaft von David und Jonathan war auf grundlegenden Prinzipien aufgebaut, die in den Taten und im Wesen Jonathans zum Ausdruck kamen. Wenn wir diese Prinzipien in unseren Beziehungen anwenden, werden sie neue Dimensionen für innige Freundschaften eröffnen. Jonathans starker und lebendiger Glaube öffnete zwar die Tür zu einer bedeutenden Freundschaft, doch müssen wir untersuchen, wie er vorging, um die Freundschaft mit David aufzurichten.

Eine der interessantesten Aussagen in der Bibel über Freundschaft finden wir in Sprüche 18, 24: »*Ein Mann von vielen Gefährten wird zugrunde gehen, aber mancher Freund ist anhänglicher als ein Bruder.*«[4] Der hebräische Text ist ungeheuer anschaulich. Das Wort »zugrundegehen« bedeutet buchstäblich »so heftig gerüttelt zu werden, daß man in Stücke zerfällt«. Die Bibel beschreibt hier einen Mann, der von vielen Freunden und Bekannten umgeben ist, aber in Zeiten der Not zerbricht, weil er niemand hat, auf den er sich vorbehaltlos verlassen kann. Seine Freundschaften sind weitläufig, aber nicht tief. Auf der anderen Seite gibt es aber Freunde, die Dich nicht nur lieben, sondern auch treu zu Dir halten. Nach einer solchen Freundschaft sehnen wir uns, einer Freundschaft, wie sie zwischen David und Jonathan bestand. Es ist lehrreich, über die Entwicklung dieser Freundschaft nachzudenken, wie sie uns in 1. Samuel 17, 55 - 18, 5 berichtet wird:

»*Als aber Saul sah, wie David dem Philister entgegenging, sagte er zu Abner, dem Heerobersten: Wessen Sohn ist doch dieser junge Mann, Abner? Und Abner antwortete: So wahr du lebst, König, ich weiß es nicht! Und der König befahl: Frage, wessen Sohn der junge Mann ist! Als David zurückkehrte, nachdem er den Philister erschlagen hatte, nahm ihn Abner und brachte ihn vor Saul; und er hatte den Kopf des Philisters in seiner Hand. Und Saul fragte ihn: Wessen Sohn bist du, junger Mann? David antwortete: Der Sohn deines Knechtes Isai, des Bethlehemiters.*

Und es geschah, als er aufgehört hatte, mit Saul zu reden, verband sich die Seele Jonathans mit der Seele Davids; und Jonathan gewann ihn lieb wie seine eigene Seele. Und Saul nahm ihn an jenem Tag zu sich und ließ ihn nicht wieder in das Haus seines Vaters zurückkehren. Und Jonathan und David schlossen einen Bund, weil er ihn lieb hatte wie seine eigene Seele. Und Jonathan zog das Oberkleid aus, das er anhatte, und gab es David, und seinen Waffenrock und sogar sein Schwert, seinen Bogen und seinen Gürtel. Und David zog in den Kampf. Und wohin immer Saul ihn sandte, hatte er Erfolg. Und Saul setzte ihn über die Kriegsleute. Und er war beliebt bei dem ganzen Volk und auch bei den Knechten Sauls.«

Der Mann nach Gottes Herz

Bevor wir die Entwicklung dieser Freundschaft untersuchen, ist es hilfreich, näher auf den Charakter Davids, des Mannes Gottes, einzugehen. Als er ins Leben Jonathans trat, war er ein junger Mann, der bereits viele Eigenschaften entwickelt hatte, die ihn zu Israels größtem König machen sollten. Es waren Eigenschaften, die in Zeiten der Not geformt worden waren. Der gottesfürchtige Samuel Rutherford schrieb einst aus Schmerzen heraus, aber voller Lobpreis: »Ach, was verdanke ich dem Schmelzofen, der Feile und dem Hammer meines Herrn Jesus Christus!« David wußte die Züchtigung des Herrn zu ertragen und daraus als reines Gold hervorzugehen.

Ein Unbekannter aus dem Nichts

Wir wissen erstaunlich wenig über die Familie Davids. Tatsächlich erfahren wir nie den Namen seiner Mutter. Was wir aber wissen, gibt kein ermutigendes Bild. Sein Vater Isai lebte in Bethlehem und hatte acht Söhne und zwei Töchter, von denen David weitaus der Jüngste war. Zu der Zeit, als David in der Bibel auf der Bildfläche erscheint, ist Isai bereits ein sehr alter Mann, denn wir erfahren: »*Und der Mann war in den Tagen Sauls schon zu alt, um unter den Männern mitzukommen*« (1. Sam. 17,12). Die Namensliste der Familie Davids in 1. Chronik 2, 13-17 bereitet einige Schwierigkeiten, läßt aber erkennen, daß Davids Mutter sehr früh gestorben war und sein Vater wieder geheiratet hatte.[5]

Obwohl einige Einzelheiten seines Familienlebens für uns verborgen sind, steht es außer Diskussion, daß David von seinem Vater nicht beachtet wurde und bei seinen Brüdern unbeliebt war. Er war das schwarze Schaf, das mit der bitteren Tatsache leben mußte, abgelehnt und vernachlässigt zu sein. Als Samuel Isai aufforderte, seine Söhne zu versammeln, hielt Isai David als einzigen für so unbedeutend, daß er es nicht der Mühe wert fand, ihn holen zu lassen. In den Augen seines Vaters war er zwar gut genug, um die Schafe zu hüten, aber nicht um einen Platz an der Familientafel zu haben. Kannst du dir vorstellen, wie sich das auf die Selbstsicherheit und das Selbstbewußtsein eines Menschen auswirkt! Als sein Vater ihn später als Botenjungen zu den Truppen Sauls sandte, gab der älteste Bruder seiner Feindseligkeit David gegenüber Ausdruck: »*Und der Zorn Eliabs entbrannte über David, und er sagte: Warum bist du überhaupt hergekommen? Und wem hast du jene paar Schafe in der Wüste überlassen? Ich erkenne deine Vermessenheit wohl und die Bosheit deines Herzens; denn du bist ja nur hergekommen, um dem Kampf zuzusehen*« (1. Sam. 17,28). In den Augen seines Bruders war David ein vermessener Emporkömmling, ein blutiger Anfänger, der nur dazu geeignet war, ein paar magere Schafe in der Wüste zu weiden. An der Antwort Davids sehen wir, daß diese Meinung über ihn nicht neu war: »*Was habe ich nun getan? Ist es nicht der Mühe wert?*« (1. Sam. 17,29). David lebte mit Kritik von seinen Brüdern und mit Vernachlässigung durch seinen Vater.

David war nicht nur das unbedeutendste Mitglied einer großen Familie, er war auch Mitglied einer unbedeutenden Familie. Isai war Saul nicht bekannt, und Davids Brüder waren ganz gewöhnliche Soldaten. Die Familie war anscheinend alles andere als wohlhabend. Es gab keine Diener, welche die Schafe weideten oder Botengänge an die Front unternahmen. Als Gaben für seine Söhne sandte Isai bloß Getreidekörner und Brot, kein

Fleisch, und auch die Gabe für ihren Obersten war sicher nicht groß — zehn Stücke Weichkäse (1. Sam. 17,18). David weidete wohl keine großen Herden, eher nur »jene paar Schafe«, von denen Eliab sprach. Isais Familie gehörte nicht zur Elite des Landes, sondern war bestenfalls eine durchschnittliche Familie. Vielleicht ist das der Grund, warum David später so stark durch das Gleichnis Nathans getroffen war. Wenn dieser einen armen Mann beschreibt, der von einem Wohlhabenden ausgebeutet wird. Er kannte dieses Gefühl, weil er ein unbekannter Sohn aus einer unbekannten Familie war. Wie Jonathan hätte David viele natürliche Gründe gehabt, sich in Selbstmitleid und Selbstverachtung zurückzuziehen.

Der Herr sieht auf das Herz

In Psalm 27,10 singt David von einer Wahrheit, die eine seiner wichtigsten Lebenserfahrungen war: »*Sogar mein Vater und meine Mutter haben mich verlassen, aber der HERR nimmt mich auf.*« Einsam und abgelehnt, hatte David gelernt, daß sein Gott volle Genüge schenkt, und in der Abgeschiedenheit der Wüste hatte er den wahren Hirten kennengelernt. Andere mögen singen: »Der Herr ist ein Hirte«, doch für David hieß die Wahrheit: »Der Herr ist *mein* Hirte.«

Zwei Dinge rissen David aus der Unbekanntheit. Das erste war der souveräne Wille Gottes, der Samuel beauftragte, ihn zum künftigen König Israels zu salben. Saul sah eindrucksvoll aus. Aber in den Augen Gottes war er ein Versager. David schenkte man keine Aufmerksamkeit, aber »*der HERR sieht nicht auf das, worauf der Mensch sieht. Denn der Mensch sieht auf das, was vor Augen ist, der HERR aber sieht auf das Herz*« (1. Sam. 16,7). Der Grund dafür, daß Gott David erwählte, war der Zustand seines Herzens. Mit dieser Erwählung wurde er von Gott auch bevollmächtigt, denn »*der Geist des HERRN geriet über David von diesem Tag an und darüber hinaus*« (1. Sam. 16,13).

Der zweite Schritt in seiner Erhöhung als auserwählter Diener Gottes war seine Ernennung zum Hofmusiker. Er war zum König berufen, und der Herr sorgte in Seiner Gnade dafür, daß er am königlichen Hof Erfahrungen sammeln konnte. Das Wesen eines Mannes, in dem der Geist Gottes wohnt und der von Ihm geleitet wird, wird allen offenbar werden. Niemand konnte die Tatsache übersehen, daß das Leben Davids von der Gegenwart Gottes geprägt war und dies wurde auch Saul mitgeteilt. »*Siehe, ich habe einen Sohn des Bethlehemiters Isai gesehen, der die Zither zu spielen weiß, ein tapferer Mann, tüchtig zum Kampf und des Wortes mächtig, von guter Gestalt, und der HERR ist mit ihm*« (1. Sam. 16,18). Eine Zeitlang setzte David seine vielfältigen Fähigkeiten am Hof Sauls ein, kehrte jedoch nach Hause zurück, als der Kampf mit den Philistern stärker wurde. Dort wies ihm sein Vater, der die Größe seines Sohnes noch immer nicht erkannte, wiederum die demütigende Rolle des Schafhirten der Familie zu.

Ein Sprichwort besagt: »Einen guten Mann kann man nicht niederhalten.« Manchmal vielleicht schon, aber einen Mann Gottes nicht. Saul führte sein Volk ein weiteres Mal in Angst und Schrecken, als sie von einem Mann namens Goliath bedroht wurden. Während ein Heide das Volk des lebendigen Gottes tagtäglich herausforderte, saß Saul zitternd in seinem Zelt. Da er mit dem lebendigen Gott nicht mehr in Verbindung stand, konnte er sein Volk nur noch in Verzweiflung stürzen. Er hatte von der Größe Gottes eine zu geringe Vorstellung, um sich in den Kampf einzulassen, obwohl er der eigentliche Gegner Goliaths gewesen wäre. Offensichtlich war sogar Jonathan vom Pessimismus seines Vaters beeinflußt, oder vielleicht hatte dieser ihm verboten, etwas zu unternehmen. Was immer der Grund für Jonathans Untätigkeit war — das Volk stand Goliath hilflos gegenüber.

In diese Lücke trat ein junger Mann, viel kleiner als Saul, aber von weitaus größerem Glauben. Die Geschichte seines Sieges über Goliath ist bestens bekannt, doch der großartige Aspekt, den wir nicht übersehen dürfen, ist der triumphierende Glaube Davids: *»Diese ganze Versammlung soll erkennen, daß der HERR nicht durch Schwert oder Speer errettet. Denn des HERRN ist der Kampf, und er wird euch in unsere Hand geben«* (1. Sam. 17,47). Dieser Ausdruck des Glaubens erscholl auch von den Lippen Jonathans im Kampf bei Michmas, und auch dort kam es zu einem Sieg. Durch eine geschickte militärische Leistung schlug David den Riesen und befreite ein Volk.

Es besteht ein direkter Zusammenhang zwischen der Fähigkeit, allein fest im Glauben an den Herrn zu stehen, und der Fähigkeit, tiefe Beziehungen eingehen zu können. David und Jonathan kannten beide die Erfahrung, allein einem mächtigen Feind gegenüber zu stehen, und auf dieser Grundlage errichteten sie eine großartige Freundschaft.

Der Aufbau einer Freundschaft

Wir erfahren nicht, ob Jonathan Zeuge des großen Sieges Davids über Goliath war, aber ihre erste persönliche Begegnung ist in dem oben zitierten Abschnitt 1. Samuel 17,55 - 18,5 festgehalten. Als Jonathan dabeistand und zuhörte, wie David mit Saul und dessen Heerobersten Abner sprach, bemerkte er, wie sich seine Seele mit der Seele dieses bestechenden jungen Mannes verband. Das Band wurde mit der Zeit stärker, aber schon der Beginn war beachtlich. Wir können fünf verschiedene Schritte unterscheiden, wie Jonathan diese Freundschaft aufbaute. Denn er, der Sohn des Königs, war es, der die Initiative ergriff. Diese Schritte sind wichtig, sind sie doch grundlegende Prinzipien, um Freundschaften zu schmieden:

1) Einander annehmen

Der Schlüssel zu allem, was nun folgt, ist nicht eine Handlung sondern eine Haltung Jonathans. Sie zeigt sich hier ebenso in dem, was er *nicht* tat, wie in dem, was er tat. Jonathan war immerhin der Sohn des Königs und somit rechtmäßiger Thronerbe. Er war ein bewährter Krieger und Führer, der sich die Dankbarkeit des ganzen Volkes erworben hatte. Im Gegensatz dazu war David ein junger Mann, wahrscheinlich wesentlich jünger als Jonathan, ein Hirtenjunge aus einer unbedeutenden Familie, den sein Bruder als Emporkömmling bezeichnet hatte. Jonathan hätte diese Ansicht teilen oder David als potentiellen Rivalen ansehen können, zumal dieser so gehandelt hatte, wie Jonathan gewöhnlich handelte. Oder er hätte ihn als guten Soldaten betrachten können, jedoch seiner Freundschaft nicht würdig; zu jung oder zu arm, um der Freund eines Königssohnes zu sein.

Jonathan reagierte weder so noch so. Seine Haltung David gegenüber war eine Haltung sofortiger Annahme. Saul interessierte sich für die Herkunft Davids (17,55), Jonathan hingegen allein für seinen Charakter. Er verlangte von David nicht, daß er sich selbst oder seinen Wert unter Beweis stelle, sondern als David sprach, erkannte Jonathan in ihm einen Glaubensbruder und nahm ihn sofort auf der Grundlage des gemeinsamen Glaubens an den Herrn, den Gott Israels, an.

Es ist wichtig, den Unterschied zu erkennen, wie die Welt und wie geistlich gesinnte Gläubige anderen Menschen begegnen. Die Welt bemüht sich, Menschen zu durchleuchten, um zu erkennen, ob sie »annehmbar« sind oder nicht. »Sagt mir dieser Typ zu? Lebt er in dem richtigen Viertel? Hat er die passende Schulbildung? Teilt er meine Interessen?« und so weiter. Aber ein Gläubiger, der dem Herrn Jesus gehorcht, befolgt das neue Gebot: *»Liebet einander, wie ich euch geliebt habe«* (Joh. 13,34).

Dieser Befehl verändert meine Beziehungen radikal, weil er verlangt, daß ich Geschwister im Herrn annehme, bevor ich sie überhaupt kenne. Der Herr hat sie angenommen, und ich bin aufgefordert und verpflichtet, ihnen in echter Liebe zu begegnen, bevor sie meine »kleine Prüfung«, ob sie annehmbar sind oder nicht, bestanden haben. Das ist auch der Grundsatz in Römer 15,7: *»Deshalb nehmt einander auf, wie auch der Christus euch aufgenommen hat, zu Gottes Herrlichkeit.«*

Während des koreanischen Krieges läutete eines Tages das Telefon in einem eleganten Haus an der Ostküste der Vereinigten Staaten. Zu ihrer großen Überraschung erkannte die Frau, die ans Telefon gegangen war, daß ihr Sohn am Apparat war. Während seiner Abwesenheit in Korea hatte es lange Monate des Schweigens gegeben, und nun war sie überrascht und erfreut zu hören, daß er sich in San Diego auf der Heimreise befand.

»Mutter, ich wollte dir nur mitteilen, daß ich einen Kumpel nach Hause mitbringe. Er wurde ziemlich schwer verletzt und hat nur ein Auge, einen Arm und ein Bein. Ich möchte gern, daß er bei uns wohnt.«

»Natürlich mein Sohn«, antwortete sie. »Er scheint ein mutiger Mann zu sein. Wir können ihn eine Zeitlang aufnehmen.«

»Mutter, du verstehst nicht. Ich möchte, daß er mit uns lebt.«

»Nun gut«, ließ sie sich erweichen. »Wir könnten es für sechs Monate probieren.«

»Nein, Mutter. Ich möchte, daß er für immer bleibt. Er braucht uns. Er hat nur einen Arm, ein Bein und ein Auge. Er ist wirklich in einem schlimmen Zustand.«

Seine Mutter verlor die Geduld. »Mein Sohn, du bist da ziemlich unrealistisch. Deine Gefühle sind erregt, weil du im Krieg warst. Dieser Mann wird eine Last für dich sein und ein Problem für uns alle. Sei vernünftig.«

Plötzlich war die Verbindung unterbrochen. Am nächsten Tag erhielten die Eltern ein niederschmetterndes Telegramm von der Marine. In der vorigen Nacht war ihr Sohn aus dem zwölften Stockwerk eines Hotels in San Diego in den Tod gesprungen. Eine Woche später wurde der Leichnam überstellt, und sie blickten mit unaussprechlichem Schmerz auf den Körper des einäugigen, einarmigen und einbeinigen Sohnes.

Bedingte Annahme zerstört Menschen. Die Herrlichkeit des Evangeliums liegt darin, daß der Herr, unser Gott, uns auf der Grundlage des vollbrachten Werkes Jesu Christi bedingungslos annimmt. Unsere Aufnahme durch Ihn wird zum Vorbild und Beweggrund dafür, wie wir andere aufnehmen. Eine solche Haltung ist nicht angeboren. Aber wenn wir den Herrn bitten, durch den Heiligen Geist unsere vorsichtige und kritische Haltung, mit der wir andere Menschen immer wieder bewerten und ablehnen, durch Seine Liebe zu ersetzen, die andere aufzunehmen trachtet, werden wir einen neuen und befreienden Weg im Umgang mit anderen Menschen finden.

Ein anderer Schlüssel, um diese Annahmebereitschaft zu entwickeln, liegt darin, ein tiefes Verständnis der Gnade zu erlangen, das jede Gesetzlichkeit beseitigt. Der Stolz auf unsere Leistungen und guten Werke stößt Menschen ab und errichtet Schranken. Aber das ehrliche Bekenntnis unserer Sündhaftigkeit, verbunden mit Dankbarkeit für die Liebe Christi, wird den Kritikgeist zerstören, der uns davon abhält, andere anzunehmen.

2) Gegenseitige Anziehung

Weil er für Menschen aufgeschlossen war, fühlte sich Jonathan zu David hingezogen: *»Es verband sich die Seele Jonathans mit der Seele Davids: und Jonathan gewann ihn lieb wie seine eigene Seele.«* Jonathan fand sich zuerst innerlich mit David verbunden. Das Wort »verbinden« erinnert daran, daß man immer Dinge gleicher Beschaffenheit miteinander verbindet. Jonathan und David waren militärische Männer, mutig, mit dem Motto 'Alles oder Nichts', Männer, die sofort gut miteinander auskamen. Wir müssen alle Gläubigen im Herrn aufnehmen, aber wir entdecken, daß wir einigen Menschen besonders eng verbunden sind.

Jonathan fühlte sich mit David nicht nur als wahrer Bruder verbunden, sondern er begann, ihn auch zu lieben. Die Anziehung bewirkte sowohl eine gefühlsmäßige Zuneigung wie auch die persönliche Bindung. Das hebräische Wort für *Liebe,* das wir in 18,1 finden, wird von Gerhard Wallis treffend so beschrieben:

»Wer jemanden oder etwas liebt, der hängt ihm an, jagt ihm nach, geht ihm nach, sucht, zieht zu sich in Treue. Dieses Sehnen nach äußerer Nähe wird auf innere Vorgänge zurückgeführt: man ist von Herzen verbunden, herzliches Verlangen treibt, der Liebende erwählt, der Erwählte ist liebreich, kostbar oder wertgeschätzt. ... Liebe ist das leidenschaftliche Verlangen, dem Menschen, dem man sich aus Zuneigung verbunden fühlt, nicht allein innerlich, sondern äußerlich nahe, fest in allen Lebensbeziehungen mit ihm verbunden zu sein« (Genesis 2,23f.)[6]

Wir sind es nicht gewohnt, solch aussagekräftige Worte zu verwenden, um Freundschaft zu beschreiben, aber das Wesentliche an diesen Worten ist das Verlangen, sein Leben mit jemandem zu teilen. Es soll gesagt werden, daß dieses Wort absolut keinen sexuellen Beiklang besitzt. Es gibt nicht den geringsten Hinweis, daß David und Jonathan ein homosexuelles Paar gewesen wären. David könnte nicht der Mann nach dem Herz Gottes genannt werden, wäre er in eine Sünde verstrickt, die von der Bibel so direkt verurteilt wird. Auch könnte von ihm nicht gesagt werden: *»der HERR war mit ihm«* (1. Sam. 18,14). Als David mit Bathseba sündigte, war unmittelbare Folge die Unterbrechung der Gemeinschaft mit Gott (Ps. 32,3-4). Dies wäre sicherlich auch die Folge einer homosexuellen Beziehung gewesen, die in der Bibel immer als Sünde bezeichnet wird. Doch war die Freundschaft nicht dieser Art. Es ist ein trauriger Beweis für die Verkehrtheit unserer Zeit, daß sich viele keine tiefe Freundschaft ohne sexuellen Hintergedanken vorstellen können.

Freundschaft wird auf gegenseitige Anziehung aufgebaut, doch ist hier ein Problem zu beachten. Wir können zu anderen hingezogen sein, weil wir einen Mangel an Liebe in unserem eigenen Leben empfinden. Es kann sein, daß wir in dem anderen vor allem jemand sehen, der unsere Bedürfnisse stillen kann, und — wie wir sehen werden — kann diese negative Grundlage verheerende Folgen haben. Wir können auch auf oberflächlicher Ebene durch Äußerlichkeiten angezogen sein. Andere wiederum schließen Freundschaften unter völlig negativen Voraussetzungen. Sie werden zueinander gezogen aus Abneigung gegen dieselben Dinge oder Menschen, oder weil sie dieselben Probleme haben. Wenn das alles ist, was sie verbindet (und so ist es in vielen »Freundschaften«), so wird diese Beziehung vergiftend wirken und nur dazu dienen, destruktive Haltungen noch zu verstärken. *»Wer mit Weisen umgeht, wird weise; aber wer sich mit Toren einläßt, dem wird es schlechtgehen«* (Spr. 13,20).

Das Wesen der Freundschaft von Jonathan und David liegt darin, daß sie über eine oberflächliche Anziehung und natürliche Sympathie hinausging und zu einer geistlichen Anziehung wurde. Ihre Seelen verbanden sich miteinander. In ihrem tiefsten Inneren teilten sie die Erkenntnis Gottes und Liebe zu Gott, die sie Seite an Seite in Liebe zusammenstellte. Der Psalmist schrieb: *»Ich bin der Gefährte aller, die dich fürchten, derer, die deine Vorschriften einhalten«* (Ps. 119,63). Eine solche Freundschaft steht auf allerfestestem Fundament.

3) Verbindliche Hingabe

Der dritte Schritt in der Freundschaft Jonathans ist Hingabe, eine Haltung, die in einem Bündnis zum Ausdruck kommt. *»Und Jonathan und David schlossen einen Bund, weil er ihn liebhatte wie seine eigene Seele.«* Die Idee des Bundes ist einer der wichtigsten Begriffe des Alten Testaments. Dem Prinzip nach handelt es sich um eine Verbindung, die zwei Partner eingehen und die sie durch Eid bekräftigen. In unserem Fall gingen David und Jonathan die verbindliche Verpflichtung ein, einander als Freunde treu zu sein, und sie brachten wahrscheinlich ein Opfer als Zeichen dieses Versprechens dar.

Hier haben wir es wiederum mit einer uns ziemlich fremden Vorstellung von Freundschaft zu tun. Wir mögen eine Ehe als Bund betrachten, der zwischen einem Mann, einer Frau und Gott, dem HERRN, geschlossen wird (so sollten wir es jedenfalls sehen — Mal. 2,14), aber wir neigen dazu, uns in unseren Freundschaften unverbindlich treiben zu lassen. Jonathan und David aber richten unser Augenmerk darauf, wie bedeutsam es ist, mit Worten uns treue Freundschaft zu versprechen. Wir verpflichten uns dazu, uns in unserer Beziehung keine Hintertür offenzuhalten und unserem Freund sogar inmitten schwieriger Umstände zu dienen. Wir müssen unseren Freund wissen lassen, daß Sprüche 17,17 das Motto unseres Lebens ist: *»Ein Freund liebt zu jeder Zeit, und als Bruder für die Not wird er geboren.«*

Nach meiner Beobachtung sind in unserer Gesellschaft Frauen geschickter im Schließen tiefer Beziehungen als Männer. Vielleicht liegt es am Tempo des Geschäftslebens oder an sozialen Erwartungen, die »Männlichkeit« mit starkem Selbstvertrauen gleichsetzen. Was immer der Grund dafür sein mag, brauchen viele Männer die Sicherheit und Unterstützung, die eine feste Freundschaft mit einem anderen Mann bietet; ein Bedürfnis, das selbst eine Ehefrau niemals völlig befriedigen kann. Vielleicht sollten wir, was das Aussprechen unserer Hingabe betrifft, einmal gründlich über die Qualität unserer Freundschaften nachdenken. Ich habe die Erfahrung gemacht, daß ich mich meinem Freund mehr mitteilen kann, wenn ich meine Verpflichtung ihm gegenüber offener ausspreche.

4) Echte Offenheit

Jonathan ging einen Schritt weiter in diesem Bündnis und setzte ein Zeichen, durch das er seine Hingabe an seinen Freund sehr schön ausdrückte. *»Und Jonathan zog das Oberkleid aus, das er anhatte, und gab es David, und seinen Waffenrock und sogar sein Schwert, seinen Bogen und seinen Gürtel.«* Durch diese symbolische Handlung, in der sich Jonathan entkleidete und seinen Freund bekleidete, lernen wir einige wertvolle Lektionen.

Erstens war es ein Ausdruck der Hochachtung. Die Kleider und die Rüstung eines Königs oder Königsohnes tragen zu dürfen, war das höchste Vorrecht, das einem Mann verliehen werden konnte. Als der König Ahasveros Haman fragte, was man dem Mann tun solle, den er zu ehren wünschte, schlug Haman vor, dem Mann ein königliches Gewand anzuziehen und ihn auf dem Rücken des Pferdes des Königs durch die Straßen der Stadt zu führen (Esther 6,6-9). Jonathan hatte den Wunsch, seinen Freund zur Ebenbürtigkeit zu erheben, ihn mit Ehre und Ansehen zu bekleiden. Alles, was darauf hinwies, daß David Hirte war, Jonathan hingegen Königsohn, wurde beseitigt, und so standen sie gleichwertig Seite an Seite.

Auch darin, daß sich Jonathan entkleidete, liegt eine Bedeutung. Er öffnete sein Leben für David. Dies war natürlich ein Wagnis, aber es gibt keine Freundschaft ohne Wagnis und keine Liebe ohne Verwundbarkeit. Wenn ich mein Leben für jemanden öffne, gebe ich mich selbst, und das kostet etwas. Doch wieviel mehr kostet es, wenn ich nichts gebe?

5) Anerkennung und Freude

An dieser Stelle trat Jonathan zurück und freute sich am Erfolg seines Freundes: »*Saul setzte ihn über die Kriegsleute*« — das war die frühere Stellung Jonathans, doch gab es keine Verbitterung im Herzen Jonathans. »*Und er war beliebt bei dem ganzen Volk und auch bei den Knechten Sauls.*« In den Augen Jonathans war es ein Grund zur Freude, daß sein Freund an Ansehen und Verantwortung zunahm. Eine wichtige Sache in der Freundschaft ist ungekünstelte Freude über den anderen, ohne empfindlich zu sein. Jonathan fühlte sich durch David nicht bedroht, weil er wußte, daß seine eigene Zukunft und die seines Freundes in Gottes Händen lagen. Er hatte es nicht nötig, ihre Freundschaft ständig nach Fehlern und Schwierigkeiten zu durchsuchen. Er brauchte David nicht besitzergreifend an sich zu reißen und mußte sich nicht ärgern, wenn David andere Freunde hatte. Er konnte entspannt sein, weil diese Freundschaft tragfähig war.

Einige Menschen haben Schwierigkeiten, Freundschaften zu entwickeln, einfach weil sie ihre Freunde so sehr bedrängen, daß sie die Freundschaft buchstäblich ersticken. Sie interpretieren jede Zeit der Schwäche ihres Freundes — schlechte Laune oder Launenhaftigkeit — als Zeichen dafür, daß ihre Freundschaft nicht in Ordnung ist. Sie sind sehr empfänglich für eingebildete Kränkungen und schnell beleidigt. Folglich scheinen sie ihre Freunde ständig zu beobachten, und es ist nicht möglich, unbekümmert und fröhlich ihr Freund zu sein. Freundschaft fordert großzügiges aber auch anspruchsloses Vertrauen in den anderen. An einer Freundschaft soll man sich erfreuen und sie nicht endlos analysieren. Jonathan sorgte dafür, daß David diesen Freiraum erhielt.

Jonathan baute eine Freundschaft auf, weil er die Bedürfnisse seines Freundes stillen wollte. Die Folge waren gegenseitige Aufnahme und Anziehung, Hingabe, Offenheit und Freude. Das sind die Bausteine für tragfähige Freundschaften, in den Händen des wahren Freundes.

Anmerkungen

[1] J. C. Pollock, Hudson Taylor and Maria (New York, McGraw-Hill, 1962), S. 57

[2] Dr. and Mrs. Howard Taylor, Biography of James Hudson Taylor (London, Hodder & Stoughton, 1965), S. 161

[3] Pollock, S. 59

[4] Masoretischer Text

[5] In 1. Chronik 2, 16-17 werden Zeruja und Abigal als Schwestern der acht Brüder genannt, daher als Töchter Isais. In 2. Samuel 17, 25 werden sie jedoch als Töchter eines Mannes namens Nahasch genannt. Das deutet auf eine Wiederverheiratung zwischen Abigals Mutter und Isai hin. Es liegt ein großer Zeitraum dazwischen, da Zeruja, die Schwester Davids, die Mutter von drei Männern war, die Zeitgenossen und Mitarbeiter Davids waren: Abischai, Joab und Asael (1. Chr. 2, 16).

[6] Gerhard Wallis, »ahabh«, in Theologisches Wörterbuch des Alten Testaments, Hrsg. G. Johannes Botterweck und Helmer Linggren, Stuttgart, W. Kohlhammer, 1973, Band I, Sp. 109/110.

4.
Wie man eine Freundschaft zerstört

Unter allen Menschen, die die Geschichte der Menschheit in unserem Jahrhundert beeinflußt haben, ist niemand bedeutender oder komplizierter als Adolf Hitler. Er war sicher ein Mann mit Führungsbegabung, aber gleichzeitig war er in sich unglaublich unsicher. Tatsächlich war der Versuch, seine Gefühle der Unzulänglichkeit und der Minderwertigkeit zu bewältigen, einer seiner größten Antriebe im Leben, und dabei stürzte er die ganze Welt in ein Blutbad. Es wäre grobe Vereinfachung, würde man behaupten, Hitler sei nur wegen ungelöster innerer Konflikte Nationalsozialist geworden oder habe nur deswegen den Zweiten Weltkrieg angezettelt und geführt. Doch kann eine Analyse dieses Mannes, die diesen Aspekt seiner Persönlichkeit außer acht läßt, Zeitgeschichte nicht richtig beurteilen.

Einer der engsten Vertrauten Hitlers war Albert Speer, der ihm als Rüstungsminister diente, und auf dessen produktives Denken es zurückzuführen ist, daß die mächtige deutsche Industrie in den Dienst der Waffenproduktion gestellt wurde. Er zeichnete ein sehr interessantes Bild von Hitler:

»Wenn Hitler Freunde gehabt hätte, dann wäre ich sein Freund gewesen. Hitler konnte faszinieren. Er schwelgte in seiner eigenen Ausstrahlung, doch war er für Freundschaft unempfänglich. Er wies sie unwillkürlich zurück. Die gewöhnlichen Zuneigungen, die normale Männer und Frauen empfinden, waren einfach nicht in ihm. Dort wo sein Herz sein sollte, war Hitler ein wesenloser Mensch. Er war leer. Wir alle, die wir ihm nahe standen oder zumindest dachten, so zu stehen, bekamen dies, wenn auch nur langsam, zu spüren. Mit ihm war nicht gut Kirschen essen. Wir alle waren bloß Projektionen seines gigantischen Ego.«[1]

Letztlich kann man mit einem hohlen Menschen keine Freundschaft genießen. Wenn im Zentrum unseres Wesens nicht etwas Wesenhaftes liegt, sind wir unfähig, echte biblische Freundschaft zu erfahren, auch wenn wir vielleicht viele scheinbare Freundschaften haben und von einer Unzahl von Bekanntschaften umgeben sind. Der Herr Jesus erwähnt eines der wesentlichen Prinzipien in Johannes 12, 24: »*Wahrlich, wahrlich, ich sage euch: Wenn das Weizenkorn nicht in die Erde fällt und stirbt, bleibt es allein; wenn es aber stirbt, bringt es viel Frucht.*«

Jonathan ist das große positive Beispiel für diesen Vers. Weil er seinen Gott kannte und Leben in sich hatte, konnte er sich mitteilen und sein Leben David buchstäblich hinlegen. Dadurch brachte sein Leben die Frucht einer schönen Freundschaft hervor. Aber traurigerweise ist Jonathans Vater Saul das große Negativ-Beispiel für die Worte des Herrn. Er war ein geistlich leerer Mann, was sich auf seine Beziehungen mit anderen katastrophal auswirkte. Saul lebte sein Leben einsam, für sich allein, und lebte und starb daher als schrecklich unglücklicher Mensch. So, wie uns Jonathan ein Vorbild dafür liefert, wie man eine Freundschaft aufbaut, ist Saul ein Beispiel dafür, wie man eine Freundschaft zerstört.

Eine Freundschaft besitzt zwei Gefahrenzonen. Die eine liegt darin, daß wir uns die falschen Freunde wählen. Gesellschaftlicher Zwang oder unsere eigenen Nöte können Grund dafür sein, daß wir mit Leuten verkehren, die uns nur schaden. Niemand hat soviel Einfluß auf unsere Persönlichkeit und unser Wertsystem wie diejenigen, mit denen wir unsere Zeit verbringen. Die Bibel bestätigt dies in einem kurzen Satz: *»Irrt euch nicht: Böser Verkehr verdirbt gute Sitten«* (1. Kor. 15,33). Der Psalmist verkündet in Psalm 1, 1-2: *»Glücklich der Mann, der nicht folgt dem Rat der Gottlosen, den Weg der Sünder nicht betritt und nicht im Kreis der Spötter sitzt, sondern seine Lust hat am Gesetz des HERRN und über sein Gesetz sinnt Tag und Nacht!«* In einem späteren Kapitel wollen wir mehr darüber nachdenken, was das Buch der Sprüche darüber lehrt, wie man sein Freunde nicht auswählen soll.

Aber sogar wenn wir es vermeiden, die falschen Freunde auszuwählen, können wir doch der zweiten Gefahr erliegen und falsche Freundschaften schließen. Wenn wir eine Freundschaft nicht auf ein festes Fundament stellen, wird sie entweder nicht halten oder uns zu Fall bringen. Immer wieder habe ich Freundschaften zwischen Christen gesehen, die beiden geschadet haben, weil sie auf falschen Grundlagen aufbauten. Wir wollen uns ansehen, wie sich dieses Problem im Leben Sauls auswirkte, als sich seine anfängliche Freundschaft mit David in mörderischen Haß verwandelte.

Die Tragödie Sauls

Shakespeares Tragödien handeln meist von einem großartigen Mann, der einen tragischen Makel hat. In den Verwicklungen des Lebens kommt dieser Fehler zum Vorschein, und die Handlung schildert die unheilvolle Zerstörung, die darauf folgt. Das Leben Sauls folgt diesem Muster. Es bildet ein Stück in drei Akten, das aus dem wahren Leben gegriffen ist. Der erste Akt bringt den Aufstieg zur Macht, als Saul in 1. Samuel 8-11 zum König gesalbt wird. Am Schluß dieses Abschnittes herrscht Freude und Hoffnung, als der siegreiche Saul zum König gekrönt wird, *»und alle Männer Israels freuten sich dort sehr«* (1. Sam. 11,15).

Aber im zweiten Akt (1. Samuel 13-15) wird Sauls tragischer Fehler offenbar. Saul wird von Gott verworfen. Der letzte Vers dieses Abschnittes erzählt uns die Geschichte: *»Denn Samuel trauerte um Saul, da es den HERRN reute, daß er Saul zum König über Israel gemacht hatte«* (1. Sam. 15,35).

Der dritte Akt ist die traurige Geschichte des Niedergangs eines verworfenen Mannes, der die Folgen seiner Sünde zu tragen hat. Zwei seiner letzten Worte schildern die Handlung: *»Siehe, ich habe töricht gehandelt und mich sehr schwer vergangen!«* (1. Sam. 26,21). *»Gott ist von mir gewichen und antwortet mir nicht mehr, weder durch Propheten noch durch Träume«* (1. Sam. 28,15). Und so stirbt Saul als gefallener Krieger, als Selbstmörder, von Gott getrennt — eine der großen Tragödien biblischer Geschichte.

1. Akt: Erwählung (1. Samuel 8 - 11)

Die Karriere Sauls begann vor dem Hintergrund der Auflehnung des Volkes Israel gegen den lebendigen Gott. Seine Anführer kommen zu Samuel mit der nachdrücklichen Forderung: »*Setze doch einen König über uns, damit er über uns Richter sei, wie es bei allen Nationen ist*« (1. Sam. 8,5). Ihre Forderung war nicht nur ein indirekter Angriff auf das Wirken Samuels, es war ein direkter Angriff auf die Vorrangstellung Gottes. Seine Weisheit wurde in Frage gestellt und eigentlich wurde nach Ersatz für Ihn verlangt. Die heidnischen Könige des früheren Nahen Ostens regierten nicht einfach unter der Autorität Gottes, sie regierten als Götter. Sie stellten eine absolute Autorität dar. Die Forderung nach einem König, damit es in Israel »wie ... bei allen Nationen ist!«, kam der Forderung nach einem Gott-König gleich.

Der Herr sprach zu Samuel: »*Nicht dich haben sie verworfen, sondern mich haben sie verworfen, daß ich nicht König über sie sein soll*« (1. Sam. 8,7). Doch als das Volk auf seiner Forderung trotz der Warnung Gottes vor der Unterdrückung durch einen König bestand, gewährte ihnen Gott in Seiner Gnade ihren Wunsch. Und so salbte Samuel Saul zum ersten König Israels.

Saul war nicht der Mann, den Gott erwählt hatte, sondern den das Volk erwählte, der Mann nach ihrem Herzen. Wäre er Gottes Wahl gewesen, dann wäre er aus dem Stamm Juda gekommen, der die Verheißung des Königtums hatte (1. Mose 49,10). Saul war hingegen aus dem Stamm Benjamin. Israel hatte darauf bestanden, einen König zu haben, »*damit auch wir sind wie alle Nationen, und daß unser König richtet und vor uns her auszieht und unsere Kriege führt*« (1. Sam. 8,20). Saul war dieser Mann, der alle Voraussetzungen mitbrachte, um der König zu sein, den Israel ersehnte, ein Regent, der sie den anderen Nationen gleichmachen würde. Er ist ein gutes Beispiel dafür, daß Gott manchmal unsere Bitten erfüllt, wenn wir auf einem Weg bestehen, der nicht Seinem Willen entspricht.

Saul war ein Mann von überragender körperlicher Erscheinung — eindrucksvoll, stattlich und gutaussehend. Sein Vater war ein reicher und »*angesehener Mann*« (1. Sam. 9,1). Saul verstand es, tapfere Männer als Unterstützung um sich zu scharen (1. Sam. 10,26), und doch war er weder eitel noch überheblich. Er konnte für die Sorgen seines Vaters feinfühlig sein (1. Sam. 9,5), und es gab kein Anzeichen dafür, daß er nach Macht und Luxus gestrebt hätte. Er schien die ideale Wahl zu sein. In seiner ersten öffentlichen Handlung ergriff er die Initiative und führte sein Volk zu einem großartigen Sieg, wobei er seine Fähigkeiten und seine Taktik als Führerpersönlichkeit und den Großmut eines Siegers zeigte. Man konnte sehen, daß Gott ihn zum Sieg bevollmächtigt hatte. Es ist also kein Wunder, daß sich das Volk am Tage seiner Krönung sehr freute (1. Sam. 11). Endlich konnten alle sehen, daß sie einen König wie die übrigen Nationen hatten.

2. Akt: Verwerfung (1. Samuel 12 - 15)

Die Schwierigkeiten Sauls lagen dort, wo man sie nicht sofort sehen konnte. Bereits im ersten Akt waren Wolken am Horizont aufgezogen. Wir lesen nichts über das geistliche Leben Sauls. Er wußte nicht, wo Samuel, der Prophet Gottes, wohnte, und als er ihm begegnete, erkannte er ihn nicht (1. Sam. 9,18). Wie konnte jemand, der sich auch nur ein wenig für geistliche Dinge interessierte, dem Wortführer Gottes so unwissend gegenüberstehen? Was anfangs wie ein geringfügiger Makel aussah, stellte sich bald als verhängnisvoller Mangel heraus. Während David ein Mann nach dem Herz Gottes war, erwies sich Saul als Mann ohne jedes Herz für Gott. Er war ein verweltlichter Mensch, ein Mann, für den Gott bloß eine rituelle Notwendigkeit war, aber keine lebendige Realität.

Zwei Begebenheiten offenbaren diesen Fehler. Die erste in 1. Sam. 13 zeigt Saul von den Philistern unter Druck gesetzt. In Panik geraten, wendet er sich direkt gegen das Wort Gottes, das ihm von Samuel verkündet worden war und bringt ein Brandopfer dar. Das war eine unüberlegte und darüber hinaus auch widerspenstige Handlung, die den wahren Zustand seines Herzens offenbarte. Er hatte viele Ausreden parat, aber Gott betrachtete die Sache für unentschuldbar und verkündete durch Seinen Propheten ein strenges Gericht: *»Du hast töricht gehandelt ... nun aber wird dein Königtum nicht bestehen ... denn du hast nicht gehalten, was der HERR dir geboten hatte«* (1. Sam. 13, 13-14).

Es gab keine sofortigen Anzeichen der Verwerfung Sauls. Tatsächlich folgten sogar Siege! Doch waren die Würfel gefallen. Zwei Kapitel später war der Höhepunkt erreicht, als Saul gegen die Amalekiter unter deren König Agag kämpfte. Saul hatte den direkten Befehl erhalten, einen heiligen Krieg gegen die Amalekiter auszutragen: Israel sollte als Schwert Gottes das Gericht über Amalek vollstrecken. *»Aber Saul und das Volk verschonten Agag und die besten Schafe und Rinder und die Tiere vom zweiten Wurf und die Lämmer und alles, was wertvoll war, daran wollten sie nicht den Bann vollstrecken«* (1. Sam. 15,9). Saul handelte nicht im Einklang mit den Plänen und den Absichten Gottes. In einem der bekannten Texte der Bibel verkündet Gott durch Samuel das Gericht über Saul:

»Samuel aber sprach: Hat der HERR so viel Lust an Brandopfern und Schlachtopfern wie daran, daß man der Stimme des HERRN gehorcht? Siehe, Gehorchen ist besser als Schlachtopfer, Aufmerken besser als das Fett der Widder. Denn Widerspenstigkeit ist eine Sünde wie Wahrsagerei, und Widerstreben ist wie Abgötterei und Götzendienst. Weil du das Wort des HERRN verworfen hast, so hat er dich auch verworfen, daß du nicht mehr König sein sollst« (1. Samuel 15, 22-23).

Das Urteil war gefällt. Saul behielt zwar das Amt des Königs, seine Vollmacht und Glaubwürdigkeit hatte er aber eingebüßt. Von nun an sollten sein persönliches Leben, sein Ansehen und seine Macht zerfallen.

3. Akt: Niedergang (1. Samuel 16 - 31)

Der Niedergang im Leben Sauls war nicht das Geschehen eines Augenblickes, sondern die traurige Geschichte eines Mannes, der sich allmählich immer weiter von Gott entfernt. Doch ein Vers kennzeichnet den Beginn des Abstiegs. *»Aber der Geist des HERRN wich von Saul, und ein böser Geist vom HERRN ängstigte ihn«* (1. Sam. 16,14). Dieser Satz ist verhängnisvoll. Saul hatte nicht nur deshalb ein unzufriedenes und depressives Gemüt, weil er keine Gemeinschaft mehr mit Gott hatte, sondern auch weil Gott es zuließ, daß ihn ein böser Geist ängstigte. Es war nur insoweit »vom HERRN«, als es eine Folge Seines Gerichtes war. Doch von diesem Zeitpunkt an sehen wir das tragische Bild eines Mannes, der die Verbindung mit Gott bewußt abgebrochen hat, der aber nicht Buße tut und nicht tun will.

Der dritte Akt ist eigentlich die Geschichte der Beziehung zweier Männer — der eine ist mit dem Heiligen Geist erfüllt, der andere ist vom Heiligen Geist verlassen. Ihre Beziehung beginnt mit echter Zuneigung, und die Zerstörung ihrer Freundschaft ist eine lebhafte Fallstudie dafür, wie man einst erfreuliche Beziehungen in eine Quelle von Haß und Bitterkeit verwandeln kann.

Die Zerstörung einer Freundschaft

Wenn Du eine Freundschaft zerstören willst, kannst Du sieben Schritte von Saul lernen. Wenn Du sie beachtest, dann wirst Du lernen, wie Du blutigen Haß gegen einen beliebigen Menschen entwickeln kannst:

1. ACHTE DARAUF, DASS EURE FREUNDSCHAFT DARAUF AUFBAUT, WAS DER ANDERE FÜR DICH TUN KANN. SEI SELBSTSÜCHTIG!

Als der Geist Gottes Saul verlassen hatte, war Musik das einzige, was ihm Erleichterung von den Mächten verschaffen konnte, die an seinem Leben nagten. David wurde wegen seiner Begabung als Hofmusiker Sauls angestellt. In der Folge lernte Saul David sehr schätzen.

»So kam David zu Saul und diente ihm. Und Saul gewann ihn sehr lieb, und er wurde sein Waffenträger. Und Saul sandte zu Isai und ließ ihm sagen: Laß doch David in meinen Dienst treten, denn er hat Gunst gefunden in meinen Augen! Und es geschah, wenn der Geist von Gott über Saul kam, nahm David die Zither und spielte darauf mit seiner Hand. Und Saul fand Erleichterung, und es ging ihm besser, und der böse Geist wich von ihm.« (1. Samuel 16, 21-23)

Dies ist das klassische Beispiel einer Liebe, die aus einem Mangel heraus geboren wird. Saul erwartete von David, daß er die Leere ausfüllte, die das Fehlen des Geistes Gottes in seinem Leben hinterlassen hatte. Kein menschlicher Freund, wie begabt er auch sein mag, kann uns jemals das sein, was nur Gott für uns sein kann. Jede Beziehung, die darauf aufbaut, daß »die anderen meinen Bedürfnissen entsprechen«, wird unweigerlich zu einer Enttäuschung führen. David brachte Saul vorübergehende Erleichterung in seiner Depression, aber nur Gott hätte Sauls wirkliches Bedürfnis stillen können. Als David den Ansprüchen Sauls nicht gerecht wurde, entstand Feindseligkeit.

2. SEI BESITZERGREIFEND! SETZE ALLES DARAN, DIESE PERSON ALS DEINEN PRIVATBESITZ ZU BEHANDELN.

Eine besitzergreifende Haltung ist beinahe die unvermeidliche Folge des Vorangegangenen. Weil wir einen Mangel in unserem Leben entdecken, klammern wir uns an die Person, die wir brauchen. Wie kann er meine Bedürfnisse stillen und gleichzeitig Freund eines anderen sein? Ich fühle mich gekränkt, wenn ich nicht an allen seinen Unternehmungen beteiligt werde. Sogar die Eltern Davids waren für den unsicheren Saul eine Bedrohung, denn wir lesen: »*Und Saul nahm ihn an jenem Tag zu sich und ließ ihn nicht wieder in das Haus seines Vaters zurückkehren*« (1. Samuel 18,2). Ein Kennzeichen eines reifen Menschen ist seine Fähigkeit, tiefe Beziehungen mit mehreren Menschen zu haben und seinen Freunden zuzugestehen, auch mit anderen Freundschaften zu unterhalten. David hatte viele Freunde und das ängstigte Jonathan in keiner Weise. Er freute sich über die Beliebtheit seines Freundes. Saul erschreckte darüber, und so trachtete er danach, David zu besitzen.

3. SEI EIFERSÜCHTIG! HALTE ALLES FEST IM GRIFF, WAS DIR GEHÖRT, UND VERTEIDIGE ES GEGEN JEDEN EINDRINGLING.

Da Saul David nicht für sich allein behalten konnte, und da er durch die Leere seines Lebens zutiefst verunsichert war, fand er sich bald als bedrohter Mensch wieder. Diese Entwicklung schildert 1. Sam. 18, 6-9.

»*Es geschah, als sie heimkamen, als David vom Sieg über die Philister zurückkehrte, zogen die Frauen aus allen Städten Israels zu Gesang und Reigen dem König Saul entgegen mit Tamburinen, mit Jubel und mit Triangeln. Und die Frauen tanzten, sangen und riefen: Saul hat seine Tausende erschlagen und David seine Zehntausende. Da ergrimmte Saul sehr. Und diese Sache war in seinen Augen böse, und er sagte: Sie haben David Zehntausende gegeben, und mir haben sie nur die Tausende gegeben; es fehlt ihm nur noch das Königtum. Und Saul sah neidisch auf David von jenem Tag an und hinfort.*«

Tatsächlich hatte David keinerlei Absichten auf das Königtum. Er war bereit, auf Gottes Wege und Gottes Zeitplan zu warten. Saul war hingegen eifersüchtig auf das, was ihm gehörte. Dem Wesen nach ist Eifersucht die Leidenschaft, mit der man alles, was einem gehört, beschützt; eine Haltung, die der inneren Furcht entspringt, »es gehörte mir eigentlich nicht wirklich«. Jonathan, der Geber, zog die Kleider aus und hatte Freude am Geben. Saul, der Nehmer, konnte nicht einmal das Lied der Frauen anhören, die David lobten, ohne sich dabei zu entsetzen. Er hatte die hohe Schule des Mißtrauens gelernt, durch die er in jeder harmlosen Handlung seines »Freundes« Nebenabsichten erblickte. Es ist ganz wichtig, kein Vertrauen und keine Offenheit aufkommen zu lassen, wenn Dir daran liegt, Deine Freundschaft zu zerstören.

4. LASS DICH EINFACH GEHEN. SPRICH DEINEN ZORN UND DEINEN ÄRGER AUS. GEH IN DIE LUFT!

Als ich ein Junge war, hatte meine Mutter einen Druckkochtopf mit einem schadhaften Ventil. Ich erinnere mich lebhaft an den Tag, als wir aus der Küche eine laute Explosion vernahmen, hinstürmten und entdeckten, daß unsere Küche von oben bis unten mit unserem Abendessen tapeziert war! Derselbe Prozeß lief auch im Leben Sauls ab:

»Und es geschah am folgenden Tag, daß ein böser Geist von Gott über Saul kam, und er geriet im Innern des Hauses in Raserei. David aber spielte die Zither mit seiner Hand, wie er täglich zu tun pflegte, und Saul hatte einen Speer in seiner Hand. Und Saul warf den Speer und dachte: Ich will David an die Wand spießen! Aber David wich ihm zweimal aus.« (1. Samuel 18, 10-11)

Wenn wir über die Handlungen eines Freundes oder Partners verärgert sind, ist die einzig vernünftige Sache, die wir tun können, uns hinzusetzen und die Angelegenheit durchzusprechen. Solange wir etwas in uns aufstauen, wird der Druck immer stärker, bis wir ihn nicht länger beherrschen und halten können.

Eine Frau kam zu Billy Sunday und bat ihn, für ihre schlechte Laune zu beten. Durch dieses Eingeständnis verlegen, fügte sie als Rechtfertigung hinzu: »Aber sie geht schnell wieder vorüber.«

»So ist es auch bei einer Schrotflinte«, antwortete Sunday, »aber sie reißt alles in Stücke.«

Wenn Du einer Freundschaft wirklich den Todesstoß versetzen möchtest, dann staue Deinen Zorn so lange auf, bis Du etwas sagst oder etwas tust, was Du nie wieder rückgängig machen kannst. Unkontrollierter Zorn ist eine mächtige Waffe der Zerstörung.

5. MEIDE DIE PERSON, DIE DICH BEDROHT UND VERÄRGERT. TUE ALLES, UM IHR AUS DEM WEG ZU GEHEN.

Saul fühlte sich schon durch die Gegenwart Davids verurteilt. Er war der wandelnde Denkstein dafür, daß man ohne Gemeinschaft mit Gott ein geistlich leerer Mensch ist. Es gab zwei Wege, dieses Problem zu lösen: sich mit seinen Problemen zu beschäftigen oder dem Kern des Problems auszuweichen. Saul wählte den zweiten Weg.

»Und Saul fürchtete sich vor David; denn der HERR war mit ihm. Aber von Saul war er gewichen. Und Saul entfernte David aus seiner Umgebung und setzte ihn zum Obersten über Tausend; und er zog aus und ein vor dem Kriegsvolk her.« (1. Samuel 18, 12-13)

6. SEI NEIDISCH! KONZENTRIERE DICH SO SEHR AUF DAS, WAS DER ANDERE HAT, DASS DU ALLES DARANSETZT, ES ZU ERLANGEN.

Eines der Worte, die in unserer Gesellschaft wenig Platz finden, ist 'Zufriedenheit'. Der Gedanke, daß der souveräne Gott unser Leben überwacht und daß alle unsere Gaben und Gelegenheiten von Ihm kommen, hat wenig Raum in einer Welt, die auf Besitz und Gewinn ausgerichtet ist. Wir ärgern uns darüber, was andere haben oder tun können, und wetteifern darum, dasselbe wie andere zu besitzen, anstatt so zu werden, wie Gott uns haben möchte. Eifersucht ist die Haltung, in der ich alles festhalte, was mir gehört. Neid ist das Bestreben, mich nach dem auszustrecken, was anderen gehört. Zu dieser Zeit war David für Saul keine anziehende Person mehr. Er war ein Konkurrent, den Saul zutiefst beneidete.

»Und David hatte Erfolg auf allen seinen Wegen, und der HERR war mit ihm. Und als Saul sah, daß David so großen Erfolg hatte, scheute er sich vor ihm. Aber ganz Israel und Juda hatten David lieb, denn er zog aus und ein vor ihnen her.« (1. Samuel 18, 14-16)

Wir sollten beachten, daß Neid zwei Helfer hat — Kritikgeist und Anschuldigungen. Es bringt eine gewisse Erleichterung in unserem inneren Kampf, wenn wir anderen die echten oder vermeintlichen Fehler eines ehemaligen Freundes aufzeigen können. Wenn er dann auch noch für unsere Probleme verantwortlich gemacht werden kann, haben wir eine Rechtfertigung für unsere innere Verbitterung. Wie sehr Saul dies tat, wird in Psalm 59 offenbar, der zu dieser Zeit im Leben Davids geschrieben wurde. Saul hatte Männer angeworben oder dazu verleitet, die Person Davids zu verleumden: *»Schwerter sind auf ihren Lippen«,* sie sprechen *»Fluch und Lüge«* (Verse 8 und 13). So reagierte Saul auf den freimütigen Lobgesang der Frauen über David.

7. NÄHRE HASS IN DEINEM HERZEN! GLAUBE DARAN, DASS DEINE VERACHTUNG SEINER FÄHIGKEITEN ODER SOGAR SEINER PERSON GERECHTFERTIGT IST.

An diesem Punkt war Sauls Haß derart groß geworden, daß er aktive Schritte unternahm, das Leben Davids zu beenden. Er versuchte, David durch die Hand der Philister in den Tod zu locken, indem er ihm seine Tochter Michal gegen eine Heiratsgabe von 100 Vorhäuten der Philister versprach (1. Sam. 18, 20-30). Als dieser Plan fehlschlug, gab er direkte Anweisungen, daß David getötet werden sollte (1. Sam. 19, 1).

Wir können sehr leicht in Selbstgerechtigkeit verfallen, während wir Saul auf seinem Rachefeldzug beobachten. Natürlich würden *wir* niemals so weit gehen! Oder vielleicht doch? Wie uns der Herr in Mt. 5, 22 sagt, ist schon das Gefühl, jemand verdiene die Bezeichnung 'Narr' oder 'Dummkopf', moralisch gesehen dasselbe, wie einen Mord zu begehen. Wer die Fähigkeiten oder die Person eines anderen verachtet, ist in Gottes Augen ebenso schuldig wie Saul.

Für Saul hatte diese Entwicklung Trübsal zur Folge. Er war die sieben Stufen hinabgestiegen, bis er nichts anderes mehr kannte als bitteren Haß. Er hatte sich selbst in sein Herz geschlossen, und am Ende starb er einsam, als ausgebrannter Selbstmörder. *»Und Saul sah und erkannte, daß der HERR mit David war, daß Michal, die Tochter Sauls, ihn liebte. Da fürchtete Saul sich noch mehr vor David. Und Saul wurde für immer Da-*

vids Feind« (1. Sam. 18, 28-29). Nicht David war Sauls Feind — Saul war Davids Feind.

Gottes Heilmittel

Es wäre falsch, die Betrachtung des Niedergangs eines Lebens und einer zerstörten Freundschaft abzuschließen, ohne auf das Heilmittel einzugehen, das vom Herrn Jesus Christus in Mt. 5, 23-24 verschrieben wird: *»Wenn du nun deine Gabe darbringst zu dem Altar und dich dort erinnerst, daß dein Bruder etwas gegen dich hat, so laß deine Gabe dort vor dem Altar und geh zuvor hin, versöhne dich mit deinem Bruder; und dann komm und bring deine Gabe dar.«*
Der Herr zeigt uns vier Schritte.

1. EINGESTÄNDNIS

Wenn wir nicht bereit sind, den Schwierigkeiten in unseren Beziehungen ins Auge zu blicken, können wir den Segen Gottes in unseren Freundschaften nicht erfahren. Wenn ein Bruder etwas gegen uns hat, sei es berechtigt oder nicht, müssen wir diese Angelegenheit auf der Stelle bereinigen. Verdrängte Ärgernisse verschwinden nicht; sie gedeihen unter der Oberfläche, bis der Druck so enorm wird, daß es zu einem Vulkanausbruch kommt. Dann können nur noch schwerwiegende Maßnahmen lösen, was zu Beginn ganz einfach zu lösen war.

2. INITIATIVE

Es ist wichtig zu erkennen, daß nach den Worten des Herrn die Verantwortung, die Angelegenheit ins Reine zu bringen, weder die beleidigende noch die beleidigte Partei allein trifft, sondern beide gleichermaßen. Wann immer mir ein Problem bewußt wird, muß ich sofort Schritte unternehmen, es zu lösen, egal, wer der eigentlich Schuldige ist.

3. KORREKTUR

»Geh zuvor hin, versöhne dich mit deinem Bruder.« Versöhnung hat in diesem Fall sogar Vorrang vor Anbetung. Unsere Verantwortung ist mit einer heiligen Dringlichkeit verbunden. Geh hin und erledige es jetzt! Jemandem ehrlich gegenübertreten kann eine Freundschaft nur festigen, ungelöste Konflikte hingegen verhärten sich wie Beton. Versöhnung ist also eine augenblickliche Pflicht. Die Alternative dazu ist der Zerfallsprozeß, verkörpert in der Beziehung Sauls zu David.

4. LIEBE

Die große Sorge in allem Tun eines Gläubigen ist, in Liebe zu handeln. Die Betonung liegt nicht darauf, ein Gefühl der Liebe zu haben, sondern in Liebe zu handeln. C.S. Lewis beschreibt recht gut, was christliche Liebe bedeutet:
»Obwohl man natürlich Sympathiegefühle durchaus vertiefen soll, wäre es doch völlig verfehlt, davon auszugehen, man brauche sich nur hinzu-

setzen, liebevolle Gefühle in sich selbst zu züchten und sei damit schon auf dem Weg zur christlichen Liebe. Es gibt ja auch Menschen, die von Natur aus »gefühlsarm« sind. Das ist ein Mißgeschick, aber keine Sünde, genausowenig wie die Anlage zu schlechter Verdauung. Auch für gefühlsarme Menschen besteht die Pflicht und die Möglichkeit, sich um christliche Liebe zu bemühen.

Die Regel, die für uns alle gilt, ist höchst einfach: Wir sollen uns nicht lange fragen, ob wir unseren Nächsten »lieben«, sondern wir sollen handeln, als ob wir ihn lieben. Wenn wir einen uns unangenehmen Menschen schlecht behandeln, wird er uns immer unangenehmer werden. Sobald wir aber etwas ihm zuliebe tun, wird er uns weniger unsympathisch vorkommen. Allerdings mit einer Ausnahme: wenn wir nämlich freundlich zu ihm sind, nicht um Gott und dem Gebot Seiner Liebe zu gehorchen, sondern nur um zu beweisen, was für uneigennützige und versöhnliche Menschen wir sind. Setzen wir uns dann hin und warten auf seine Dankbarkeit, werden wir vermutlich eine Enttäuschung erleben. ... Sooft wir aber einem anderen Menschen etwas Gutes tun, einfach weil auch er ein von Gott erschaffenes Wesen ist, das genauso nach Glückseligkeit strebt, wie wir selbst, dann haben wir auf dem Weg der christlichen Liebe einen Schritt vorwärts getan. Wir haben gelernt, einen anderen Menschen herzlicher zu lieben oder ihn zumindest weniger zu verabscheuen.«[2]

Dieses geistliche Prinzip wird in den Beziehungen von Saul und Jonathan zu David offenbar. Beide begannen mit Zuneigung. Die Beziehung Jonathans gründete sich aber darin, den Bedürfnissen seines Freundes als ein Gebender zu begegnen. So gedieh die Freundschaft. Saul war hingegen ein Nehmer. Er erwartete von David, daß er seine Bedürfnisse erfüllte, und konnte ihm daher keine Liebe entgegenbringen. Wo keine Liebe ist, bleibt Zerstörung nicht aus.

Anmerkungen
[1] Zitiert in Bruce Larson, No Longer Strangers (Waco, Texas: Word, 1976, S. 137
[2] C.S. Lewis, Pardon ich bin Christ, Basel, Brunnen Verlag, 1977, S. 104-105

5.
Freundschaft in der Zerreißprobe

Zeiten des Krieges wissen viel von wahren Begebenheiten aufopfernder Freundschaften. Eine dieser Geschichten berichtet von zwei unzertrennlichen Freunden im Ersten Weltkrieg. Sie hatten sich gemeinsam zur Armee gemeldet, waren gemeinsam ausgebildet worden, fuhren gemeinsam mit dem Schiff ins Ausland und kämpften dort Seite an Seite an der Front. Während eines Angriffs wurde einer der beiden auf einem Feld voll mit Stacheldrahtverhauen ernstlich verletzt und konnte sich nicht mehr zu seinem Schützenloch zurückschleppen. Das gesamte Gebiet stand unter schwerem feindlichen Beschuß, und so wäre es Selbstmord gewesen, hätte man versucht, zu ihm zu gelangen. Dennoch wollte sein Freund es versuchen. Bevor er aus seinem Schützenloch herauskommen konnte, riß ihn sein Kommandant zurück und verbot ihm hinauszugehen: »Es ist zu spät. Du kannst nichts mehr für ihn tun und wirst höchstens selbst auch noch erschossen werden.«

Wenige Minuten später kehrte ihm der Offizier den Rücken zu. Sofort machte sich der Mann auf, um zu seinem Freund zu gelangen. Bald darauf kam er taumelnd zurück — lebensgefährlich verwundet und seinen Freund, der bereits tot war, auf seinen Armen. Der Offizier war zornig, aber auch zutiefst bewegt. »Was für eine Verschwendung!«, stieß er hervor. »Er ist tot, und du liegst im Sterben. Das war es einfach nicht wert!«

Mit seinen letzten Atemzügen antwortete der sterbende Mann: »Doch, Oberst; als ich zu ihm kam, war das einzige, was er sagte: 'Ich wußte, daß du kommen würdest, Jim!'«

Kennzeichen eines wahren Freundes ist, daß er auch dann zur Stelle ist, wenn es allen Grund gäbe, nicht da zu sein — wenn es ein Opfer kostet. »*Ein Freund liebt zu jeder Zeit, und als Bruder für die Not wird er geboren*« (Spr. 17,17). David und Jonathan kannten beide die Züchtigung und Prüfung Gottes in ihrem eigenen Leben. Dadurch wurde ihre Gemeinschaft mit Gott gefestigt und sehr persönlich. Sie hatten in ihre Freundschaft eine verbindliche Treue eingebaut, die allen Stürmen standhalten konnte, die die Ruhe ihrer Freundschaft unterbrechen wollten. Sie hatten nicht das Vorrecht, ein ruhiges und behütetes Leben zu genießen; doch brachten die Belastungen, durch die sie auf die Probe gestellt wurden, jene Qualitäten zum Vorschein, die eine beständige Beziehung auszeichnet.

Vier Merkmale werden in dieser »Freundschaft in der Zerreißprobe« sichtbar. Wir wollen sie der Reihe nach untersuchen:

Die Treue der Freundschaft

Das erste ist 'Treue', wie wir in 1. Samuel 19 lesen:
»*Saul redete mit seinem Sohn Jonathan und mit all seinen Knechten, daß er David töten wolle. Jonathan aber, der Sohn Sauls, hatte großen Gefallen an David. Und Jonathan berichtete es David und sagte: Mein*

Vater Saul sucht dich zu töten. Nun hüte dich doch morgen und bleibe im Versteck sitzen und verbirg dich! Ich aber will hinausgehen und mich auf dem Feld neben meinen Vater stellen, wo du bist, und ich will mit meinem Vater über dich reden und sehen, wie es steht, und es dir berichten. Und Jonathan redete mit seinem Vater Saul Gutes von David und sagte zu ihm: Der König versündige sich nicht an seinem Knecht, an David! Denn er hat sich nicht an dir versündigt, und seine Taten sind dir sehr nützlich. Er hat sein Leben aufs Spiel gesetzt und den Philister erschlagen, und der HERR hat ganz Israel einen großen Sieg verschafft. Du hast es gesehen und dich darüber gefreut. Warum willst du dich an unschuldigem Blut versündigen, daß du David ohne Ursache tötest? Und Saul hörte auf die Stimme Jonathans, und Saul schwor: So wahr der HERR lebt, wenn er getötet wird! Da rief Jonathan David, und Jonathan berichtete ihm alle diese Worte. Und Jonathan brachte David zu Saul, und er diente ihm wie früher.« (1. Samuel 19, 1-7)

Treue scheint ein sehr langweiliges und altmodisches Wort zu sein, aber sie ist unentbehrlicher Bestandteil jeder Freundschaft. Bei Jonathan war diese Treue durch zwei Dinge gegeben. Erstens fand er großen Gefallen an David. 'Gefallen' bedeutet, daß man jemandem gern seine Aufmerksamkeit zuwendet, weil er mir Freude und Vergnügen bereitet. Das Wort weist auf die gemeinsame Freude von David und Jonathan hin. Sie waren zwei verwandte Seelen, deren Herzen im Gleichtakt schlugen. Sie hatten ähnliche Fähigkeiten, Interessen und einen festen Glauben, und daher hatten sie Gefallen aneinander.

Aber ihre Beziehung besaß noch etwas Wesentlicheres als nur die gefühlsmäßige Anziehung. Gefallen mag einfach nur ein vorübergehendes Gefühl sein, und sogar Saul verwendet das Wort in 1. Sam. 18,22, als er seine Knechte mit der Botschaft aussandte: »*Siehe, der König hat Gefallen an dir.*« Hier versuchte Saul, David zu täuschen, indem er diesen Ausdruck verwendete. Aber es gab eine Zeit, als er wirklich Gefallen an David hatte. Gefühlsmäßiges Gefallen jedoch genügt nicht, um eine Freundschaft oder eine Ehe zusammen zu halten.

Das Geheimnis der Freundschaft von David und Jonathan finden wir in den Worten Davids in 1. Sam. 20,8: »*Erweise denn nun Gnade* (wörtlich *chäsäd* = Gnade, Erbarmen, treue und liebevolle Hingabe) *an deinem Knecht, denn du hast mich mit dir in den Bund des HERRN treten lassen.*« Mit anderen Worten verließ sich David auf mehr als nur gefühlsmäßige Anziehung. Er und Jonathan waren in ein verbindliches Bündnis getreten. Was sie verband, war mehr als eine Gelegenheitsbekanntschaft. Es war in Wirklichkeit ein Lebensbund aus freier Entscheidung, wobei Gott Zeuge war — ein Bündnis des HERRN. Es war verbindlich, und David rief Jonathan dazu auf, dieses Bündnis zu ehren, indem er Gnade (chäsäd) erweisen sollte. Das ist eines der bedeutsamsten Wörter im Alten Testament; es bedeutet eine »Liebe, die sich einem Bund verpflichtet weiß«.

Ich kann die Wichtigkeit dieser Idee der »Bündnis-Freundschaft« nicht umgehen, da sie von zentraler Bedeutung für die biblische Vorstellung von Freundschaft ist. So ist Abraham die einzige Person in der Bibel, die Freund

Gottes genannt wird, und der Grund dafür ist der Bund Gottes mit Abraham. Der ewige Gott hatte sich Abraham in einem Bündnis verpflichtet. Im Neuen Testament nennt uns der Herr Jesus Christus »Freunde«. Aber ist Dir aufgefallen, wann Er dies getan hat? Es war in einem Obersaal, kurz nachdem Er das Abendmahl eingesetzt hatte und nachdem Er Seinen Jüngern zum ersten Mal den Kelch als Zeichen des Neuen Bundes gereicht hatte. Dies ist eine Vorstellung von Freundschaft, mit der wir uns unbedingt wieder vertraut machen müssen. Man sollte einem anderen Menschen gegenüber offen aussprechen, daß man bereit ist, das Leben für ihn als Freund einzusetzen. »Du, ich bin für Dich da, und Du kannst Dich auf mich verlassen. Ich bin nicht da, nur weil es angenehm ist und weil ich gern Tennis mit Dir spiele oder wandern gehen oder weil wir beide Marken sammeln. Ich bin Gott für diese Dinge dankbar, aber ich fühle mich Dir verpflichtet und möchte einen Dienst in Deinem Leben tun.« Diese Art der Verpflichtung ist notwendig, wenn wir von oberflächlichen zu tiefen Beziehungen gelangen wollen.

Die Prüfung der Treue

Eine solche Hingabe wird unweigerlich geprüft werden. Auch die Freundschaft von David und Jonathan wurde schon bald unter großen Druck gesetzt. Saul versammelte seine Hofbeamten gemeinsam mit Jonathan und befahl, David umzubringen. In der Zwischenzeit setzte er alles daran, Davids Ruf zu zerstören. Psalm 59 gibt einen tiefen Einblick in die Methoden, die Saul anwandte, aber auch in die Reaktion Davids. Der Feldzug Sauls kam allem Anschein nach im Lauf des Gespräches Jonathans mit seinem Vater ins Rollen. Jonathan stand dabei, als sein Vater den Ruf Davids durch den Dreck zog, indem er alle seine Fehler aufzählte, ob sie wirklich waren oder erfunden, und wie er so eine Verleumdungskampagne startete. Die Erfahrung Jonathans war dramatischer als die der meisten Menschen; aber jeder von uns wird einmal bei einem Gespräch zugegen sein, in dem unsere Freunde kritisiert werden. Unsere Reaktion wird das Wesen unserer Freundschaft aufzeigen. Ein Teil des Problems liegt darin, daß wir die Kritik manchmal teilweise rechtfertigen können. Jonathan hatte einige gute Gründe zu glauben, was Saul sagte. Immerhin war Saul sein Vater. Sollte nicht er selbst David vorgezogen werden? David stellte eine Bedrohung für seine eigene Position dar. Während Davids Beliebtheit und Ansehen zunahmen, nahmen die Jonathans ab. Außerdem ist es immer leicht, sich auf die Seite der Reichen und Mächtigen zu stellen, auf die Seite derer, die »in« sind, besonders wenn es vorteilhaft ist, mit ihnen einer Meinung zu sein. Die spöttische Bemerkung, die ein maßgeblicher Mensch über Deinen Freund macht, ist eine große Prüfung Deiner Treue.

Wie reagieren wir auf diese Prüfung der Treue? David war sehr scharfsichtig, als er über seine Kritiker sagte: *»Schwerter sind auf ihren Lippen«* (Psalm 59,8). Oswald Sanders schreibt: »Kein Leiter wird von Kritik verschont bleiben, und seine Demut wird nirgendwo deutlicher, als in der Art und Weise, wie er sie annimmt und darauf reagiert.«[1] Wenn wir 'Leiter' durch 'Freund' und 'Demut' durch 'Treue' ersetzen, haben wir genau die Situation vor Augen, der Jonathan hier gegenüberstand. Kein Freund ist vor Kritik gefeit, und unsere Treue zeigt sich nirgends deutlicher als in unserer Reaktion auf diese Kritik. Das Buch der Sprüche bekräftigt dies: »*Ein Mann der Falschheit entfesselt Zank, und ein Ohrenbläser entzweit Vertraute*« (Spr. 16,28). »*Wer Vergehen zudeckt, strebt nach Liebe; wer aber eine Sache immer wieder aufrührt, entzweit Vertraute*« (Spr. 17,9).

Die Prüfung bestehen

Jonathan hätte in verschiedener Weise auf die Angriffe seines Vaters gegen seinen Freund reagieren können. Er hätte klein beigeben, mit seinem Vater übereinstimmen und so seine Freundschaft preisgeben können. Oder er hätte diesen Angriff, der sich gegen jemand richtete, den er liebte, mit Zorn beantworten können. Als die Tochter Harry Trumans die ersten Konzerte in ihrer Laufbahn als Solistin gab, waren die Kritiker kaum beeindruckt. Einer von ihnen, namens Paul Hume, sprach für viele, als er schrieb: »Die meiste Zeit über war sie ziemlich eintönig ... sie kommt in ihrem Gesang auch nicht annähernd an professionellen Schliff heran ... sie vermittelt kaum etwas von der Musik, die sie darbietet.« Der Präsident sah rot. Er vergaß die Würde seines Amtes und eilte seiner Tochter mit einem bissigen Brief zur Hilfe: »Ich habe gerade Ihre miese Kritik gelesen... Ich bin Ihnen noch nie begegnet, aber sollte es einmal dazu kommen, dann brauchen Sie eine neue Nase und einen Stützverband.«[2]
Das war zwar eine mögliche Methode, an dieses Problem heranzugehen; aber glücklicherweise war dies nicht die Methode Jonathans. Das erste, was er tat, war, sofort zu David hinauszugehen und ihm genauestens zu erzählen, was gesprochen worden war, ihn zu unterstützen und zu ermutigen. Er kannte seinen Vater gut genug, um zu wissen, daß man ihn nicht mitten in einem Wortschwall unterbrechen dürfe; aber er wußte auch, daß David von dem Treffen hören würde; er wollte nicht, daß sein Freund auf Grund von Gerüchten und Gerede voreilig handele.
Der Dienst der Ermutigung, wenn ein Freund angefochten wird, ist einer der großen Dienste, die ein Gläubiger tun kann. Es scheint, daß der Mensch mit der Neigung zu entmutigen geboren wird. Psalm 59 zeigt uns lebhaft, wie sich Verleumdung auf David auswirkte. Es war eine Zeit großer Bedrängnis. Aber Jonathan war treu und gab alles genau wieder, was gesagt und geplant worden war; er ließ David wissen, daß er das Problem in Angriff nehmen und bewältigen würde: »*Kummer im Herzen des Mannes drückt es nieder, aber ein gutes Wort erfreut es*« (Spr. 12,25).
Dann ging Jonathan von der Ermutigung zum Handeln über. »*Und Jonathan redete mit seinem Vater Saul Gutes von David*« (Vers 4). Er hatte das große Anliegen, das Ansehen Davids in den Augen anderer wieder aufzurichten. So pries er die Tugenden Davids, als er unter vier Augen mit seinem Vater sprach, und zeigte das Unrecht der Angriffe auf. Der Ruf Davids war in den Händen Jonathans absolut sicher aufgehoben. Er würde alles unternehmen, um David groß darzustellen.

Bist Du ein treuer Freund? Wie reagierst Du, wenn Dein Freund kritisiert wird? An der Kritik kann etwas Wahres daran sein, aber sie ist beinahe immer einseitig und ungerecht. Setzest Du Dich für seine Verteidigung ein und bemühst Du Dich darum, daß andere sich auf seine Stärken und nicht auf seine Schwächen konzentrieren? Es genügt nicht, später zu sagen: »Dieser hat dieses und jenes über Dich gesagt, aber ich habe es nicht geglaubt.« Die eigentliche Frage ist, ob Du diese Kritik in Frage gestellt hast. Oder hast Du seinen Blick auf die Tugenden Deines Freundes gelenkt?

David konnte die Sorge um seinen Ruf beruhigt in Jonathans Hände legen. Interessant ist, daß Saul klein beigab, als sein Reden in Frage gestellt wurde. Das tun Kritiker meist, weil sie selten alle Tatsachen wissen oder sich an sie nicht erinnern wollen. »Und Jonathan brachte David zu Saul, und er diente ihm wie früher.«

Leider war die Wiederherstellung des Verhältnisses nur vorübergehend. Saul war wegen seiner geistlichen Leere innerlich verwirrt. So quälte ihn die geistliche Lebenskraft Davids. Schließlich kam es zum Bruch. In einem Wutanfall schleuderte Saul seinen Speer gegen David und verfehlte ihn. Das ist wahrscheinlich auch der Grund, warum Saul es nicht gewagt hatte, gegen Goliath zu kämpfen. Seine Treffsicherheit war so gering, daß er wahrscheinlich sogar eine große Zielscheibe verfehlt hätte. Dreimal hatte er versucht, David mit seinem Speer umzubringen, und dreimal war der Versuch fehlgeschlagen. (In 1. Samuel 20,33 verfehlte er auch Jonathan. Er ging mit dem Speer um wie Petrus mit dem Schwert!)

Aber Sauls Wutausbruch löschte seinen Haß nicht. Er legte einen Hinterhalt um Davids Haus mit dem niederträchtigen Befehl: »Bringt ihn im Bett zu mir herauf, damit ich ihn töte« (1. Sam. 19,15). Wieder schlug die Verschwörung fehl. Diesmal wurde Saul von Michal, seiner eigenen Tochter, verraten, und ihre List ermöglichte es David zu fliehen. Von da an war David auf der Flucht; bis zum Lebensende Sauls war er ein Geächteter, von Saul gejagt. Mitten in dieser Flucht vor Saul entdecken wir ein weiteres Merkmal echter Freundschaft:

Lasten tragen

»Und David floh von Najot in Rama. Und er kam und sagte vor Jonathan: Was habe ich getan? Was ist meine Schuld, und was ist mein Vergehen gegen deinen Vater, daß er mir nach dem Leben trachtet? Und er antwortete ihm: Das sei ferne! Du sollst nicht sterben. Siehe, mein Vater tut nichts, weder Großes noch Kleines, ohne daß er mir etwas davon sagt. Warum sollte mein Vater diese Sache vor mir verbergen? Es ist nicht so. David aber schwor dazu und sprach: Dein Vater hat wohl erkannt, daß ich Gunst in deinen Augen gefunden habe, darum denkt er: Jonathan soll das nicht erkennen, damit er nicht bekümmert ist. Jedoch, so wahr der HERR lebt und so wahr du lebst: Nur ein Schritt ist zwischen mir und dem Tod! Und Jonathan sagte zu David: Was du begehrst, das will ich für dich tun. Und David entgegnete Jonathan: Siehe, morgen ist Neumond, da sollte ich eigentlich mit dem König zu Tisch sitzen. Laß mich gehen, daß ich

Abend des dritten Tages! Wenn dein Vater mich dann vermissen sollte, so sage: David hat es sich dringend von mir erbeten, nach Bethlehem, seiner Stadt, laufen zu dürfen; denn dort ist das Jahresopfer für die ganze Familie. Wenn er dann sagt: »Es ist recht«, so steht es gut um deinen Knecht. Ergrimmt er aber, so erkenne, daß Böses bei ihm beschlossen ist. Erweise denn nun Gnade an deinem Knecht, denn du hast mich mit dir in den Bund des HERRN treten lassen! Wenn aber eine Schuld bei mir vorliegt, so töte du mich! Denn warum willst du mich zu deinem Vater bringen? Jonathan antwortete: Das sei fern von dir! Denn wenn ich sicher erkannt habe, daß es bei meinem Vater beschlossen ist, Böses über dich zu bringen, sollte ich es dir nicht berichten? Und David sagte zu Jonathan: Wer soll es mir berichten, wenn dein Vater eine harte Antwort gibt? Jonathan sagte zu David: Komm, laß uns aufs Feld hinausgehen! Und sie gingen beide hinaus aufs Feld.« (1. Samuel 20, 1-11)

Ein Freund verteidigt nicht nur meinen Ruf, er läßt sich auch in meine Probleme verwickeln. Es gibt Zeiten, da erdrückende Schwierigkeiten auf uns lasten. Diese Zeiten der Not sind die entscheidende Prüfung für unsere Freundschaft. Wenn Anteilnahme kostspielig wird, zeigt sich, ob die Freundschaft echt ist. Ein Gebot Gottes trifft hier zu: *»Einer trage des anderen Lasten, und so werdet ihr das Gesetz des Christus erfüllen«* (Gal. 6,2). Es gibt Zeiten, da Lasten kommen, die uns in die Knie zwingen und unser Kreuz brechen. In diesen Zeiten ruft mich das Gesetz des Christus dazu auf, meinem Freund zu helfen und mitzutragen.

Jonathans Verfügbarkeit

Es ist interessant zu betrachten, wie David auf den Haß Sauls reagiert. Als er in Rama mit Samuel entdeckt wurde, flüchtete er. Aber er machte sich nicht auf zu seinen Eltern nach Bethlehem oder in die Wüste. Stattdessen tat er etwas scheinbar Absurdes. Er ging zurück zum Gefahrenherd in Sauls Heimatstadt Gibea, weil er wußte, daß Jonathan dort war, und daß Jonathan um und für ihn besorgt sein würde. Als Jonathan Davids Geschichte hörte, fiel es ihm nicht leicht, sie zu glauben. Er vertraute seinem Vater, der ihm versprochen hatte, David sei sicher. Hatte er nicht gesagt: *»So wahr der HERR lebt, wenn er getötet wird!«* (1. Sam. 19,6)? Aber obwohl es Jonathan schwerfiel, David zu glauben, war er ein williger Zuhörer und bereit, die Sorgen Davids zu teilen.

Hier dürfen wir eines nicht übersehen. Einige Studien haben die Welt der Psychiatrie sehr schockiert, weil sie darauf hinwiesen, daß Menschen, die einem plötzlichen seelischen Druck oder einer Angst ausgesetzt sind, von einem liebevollen Freund, der ihnen zur Verfügung steht, genauso gut geholfen werden kann wie von den fähigsten Fachleuten. Wenn unser Leben vom Zusammenbruch bedroht ist, brauchen wir nicht so sehr ein fachliches Gutachten, als vielmehr eine liebevolle Seele. Damit soll nicht der Wert eines fähigen Seelsorgers geleugnet werden, der *das Wort Gottes so anzuwenden weiß, daß anderen geholfen wird.* Es ist jedoch wichtig, zur rechten Sicht zu gelangen. Jemand, der zur Stelle ist, der verfügbar ist, der sich dafür einsetzt, mir zu helfen und sich um mich kümmert, wenn ich in eine Krise geraten bin, zählt zu einem der größten Geschenke, die Gott uns machen kann.

Wir sollten auch beachten, daß Jonathan nicht bloß ein williger Zuhörer war. Er war ein ehrlicher Freund. Er teilte die Meinung Davids nicht und hatte keine Angst davor, ihm dies zu sagen. Eigentlich war diesmal David im Recht und nicht Jonathan; aber das Prinzip bleibt dasselbe, wie es in Sprüche 27, 5-6 ausgedrückt wird: »Besser offene Rüge als verborgen gehaltene Liebe. Treu gemeint sind die Schläge dessen, der liebt.« Manchmal ist das Beste, was ein Freund für uns tun kann, daß er uns weh tut, daß er uns sagt, was wir nicht hören möchten, daß er uns widerspricht und nicht einfach zustimmt.

Ich bin überzeugt, daß die Art und Weise, wie wir uns bei Meinungsverschiedenheiten verhalten, einer der größten Prüfsteine einer Freundschaft ist. Am meisten habe ich in Zeiten gelernt, in denen meine Freunde mir heftig widersprachen, aber dennoch mich und meine Gedanken nicht durcheinander brachten. Sie waren gleichzeitig um mich besorgt, als sie einige meiner Lieblingstheorien kritisierten. Diese Art der Auseinandersetzung hat unsere Freundschaft nur gestärkt. Sie waren so sehr besorgt, daß sie offen zu widersprechen wagten. In ganz anderem Zusammenhang hat Henry Ford II etwas über den Prozeß des dynamischen Widerspruchs gesagt, das wir gut auf das Thema Freundschaft beziehen können:

»Ein Unternehmen muß ständig durch frisches Blut verjüngt werden. Es braucht tüchtige junge Männer mit Vorstellung und dem Mut, alles auf den Kopf zu stellen, wenn sie können. Es braucht aber auch alte Hasen, die sie davon abhalten, die Dinge auf den Kopf zu stellen, die richtig stehen. Kurz, es braucht junge Revoluzzer und alte Konservative, die zusammenarbeiten können, die gegensätzliche Ansichten in Frage stellen, die mit gleicher Bereitwilligkeit festbleiben aber auch nachgeben können, und nach jeder harten Kontroverse den anderen weiterhin als Menschen und Kollegen respektieren.«[3]

Eine solche Freundschaft macht Spaß!

Jonathan setzt sich ein

Jonathan stellte Davids Befürchtungen in Frage, aber er verweigerte nicht seine Hilfe. »*Was du begehrst, das will ich für dich tun*« (Vers 4). Jonathan war sich dessen bewußt, daß sein Einsatz sehr viel kosten könnte, weil er dadurch in eine Auseinandersetzung mit seinem Vater geraten würde. Aber nicht das Leben Sauls war in Gefahr, sondern David glaubte sein Leben in Gefahr. So war Jonathan bereit, alles zu tun, was er konnte, um ihm zu helfen.

Es ist schwer, den Plan zu verteidigen, den David vorschlug, da es den Anschein hat, als habe sich David getäuscht. Wir finden keine Hinweise dafür, daß David derart von Angst überwältigt war, daß sein Blick nicht mehr auf den Herrn, sondern auf die Schwierigkeiten gerichtet war. Der

Plan sollte die Absichten Sauls mit David ans Licht bringen. Wie wir bereits gesehen haben, stützte sich der Hilferuf Davids, mit dem er Jonathan um sein Eingreifen bat, auf das verbindliche Abkommen, das sie beide getroffen hatten, und auf die bündnistreue Liebe, die sie verband. Im Eingreifen Jonathans lag ein Risiko, dessen sich David bewußter war als Jonathan. Davids Befürchtungen waren berechtigt; Saul versuchte später tatsächlich, Jonathan umzubringen, weil er David unterstützte (20,33). Es ist oft ein Wagnis, Lasten mitzutragen und sich für etwas einzusetzen. Aber Jonathan war bereit, diesen Preis für seinen Freund zu bezahlen.

Erbauung

Ein drittes Merkmal einer Freundschaft in der Zerreißprobe ist Erbauung. Das ist ein ziemlich unbequemes Wort, aber der Gedanke ist jener, daß ein Freund sich dazu entschließt, im Leben seines Freundes so mitzubauen, daß er genau das werden kann, was er nach Gottes Plan sein sollte. 1. Samuel 20, 12-17 ist einer der bewegendsten Dialoge im Wort Gottes. Ein Ausleger meint: »Dies deutet auf eine solche Kraft gegenseitiger Zuneigung ... daß dieses Gespräch unter den Dokumenten menschlicher Freundschaft unübertroffen ist, was Dramatik und sittliche Schönheit betrifft.«[4]

»Und Jonathan sagte zu David: Der HERR, der Gott Israels, ist Zeuge, daß ich meinen Vater morgen oder übermorgen um diese Zeit ausforsche. Und siehe, steht es gut um David, und ich sende dann nicht zu dir und enthülle es deinem Ohr, dann tue der HERR dem Jonathan das an und füge so hinzu! Wenn es aber meinem Vater gefällt, Böses über dich zu bringen, dann werde ich es deinem Ohr enthüllen und dich ziehen lassen, daß du in Frieden weggehen kannst. Und der HERR sei mit dir, wie er mit meinem Vater gewesen ist! Und nicht nur solange ich noch lebe, und nicht nur an mir erweise die Gnade des HERRN, daß ich nicht sterbe, sondern auch meinem Haus entziehe niemals deine Gnade, auch dann nicht, wenn der HERR die Feinde Davids Mann für Mann vom Erdboden vertilgen wird! Da schloß Jonathan mit dem Haus Davids einen Bund und sprach: Der HERR fordere es von der Hand der Feinde Davids! Und Jonathan ließ nun auch David bei seiner Liebe zu ihm schwören. Denn er liebte ihn, wie er seine eigene Seele liebte.« (1. Samuel 20, 12-17)

Jonathan war wahrhaft ein Mann des Glaubens, und dies leuchtete aus jedem seiner Worte hervor. Zu Beginn rief er den HERRN, den Gott Israels, zum Zeugen auf. Sein Denken war bestimmt von der Überzeugung der Souveränität und Gegenwart Gottes. Nur ein Mann, der seinen Gott in einer lebendigen und persönlichen Weise kennt, konnte so handeln wie Jonathan.

Er hatte keine Zweifel über die Tragweite seiner Handlung. Indem er David vor seinem Vater beschützte, ließ er tatsächlich jede Hoffnung fallen, selbst jemals König zu werden. Das ist die Bedeutung seines Gebetsanliegens: »Und der HERR sei mit dir, wie er mit meinem Vater gewesen ist!« Der Herr war mit Saul als König, und Jonathan erkannte, daß das

Königtum von Gott für David bestimmt war. Durch die Verteidigung seines Feundes sagte er dem Thron Lebewohl.

Zweitens kannte Jonathan die persönliche Gefahr, der er sich aussetzte. Ein siegreicher neuer König im Nahen Osten zur Zeit des Alten Testamentes hätte normalerweise die Familie seines Vorgängers ausgerottet. Wenn er es selbst nicht tat, dann vollzog es meist einer seiner treuen Helfer, um jede Gefahr eines Bürgerkrieges auszuschalten. Es sind ergreifende Worte, die Jonathan aussprach, als er sein Leben für David aufs Spiel setzte. *»Und nicht nur solange ich lebe, und nicht nur an mir erweise die Gnade des HERRN, daß ich nicht sterbe.«*

Drittens zweifelte Jonathan nicht an Davids letztendlichem Triumph. Seine eigenen Erben würden nicht auf den Thron gelangen. Sie würden in Wirklichkeit sogar äußerst abhängig sein von der Gnade Davids. *»Auch meinem Haus entziehe niemals die Gnade, auch dann nicht, wenn der HERR die Feinde Davids Mann für Mann vom Erdboden vertilgen wird!«* Aus dem Zusammenhang ergibt sich, daß diese Feinde Saul und seine Männer waren. Sie würden vernichtet werden, und David würde König sein. Es ist interessant zu sehen, daß sich Jonathan nun auf die Verpflichtungen des Bündnisses berief, wie David es in Vers 8 getan hatte.

Jonathan war sich völlig bewußt, daß der Weg, den er jetzt einschlug, unglaublich viel kosten würde. Er könnte sein Leben kosten; ganz sicher würde er seine Zukunft bestimmen. Er könnte einen Keil zwischen ihn und seinen Vater treiben, der nicht mehr zu beseitigen sein würde. Warum zahlte er diesen Preis? Ich glaube, die Antwort liegt darin, daß dies der Wille Gottes für ihn und für David war, und er bereit war, sich den liebenden Absichten des Vaters im Himmel unterzuordnen. Sein Vertrauen stützte sich auf das Wissen um Seine Weisheit, die keinen Fehler macht, und Seine Liebe, die nichts tut, was nicht bis ins Letzte vollkommen gut ist. Weil er auf Gott vertraute, tat Jonathan alles, was er konnte, um Gottes Willen im Leben Davids und seinem eigenen Leben verwirklicht zu sehen.

Jonathan hätte David als Konkurrenten betrachten können. Es ist sehr einfach, unsere Freunde so zu betrachten. Jonathan zog es hingegen vor, ihn als Bruder anzusehen. Und er freute sich darüber, daß sein Freund im Leben genoß, was Gott ihm zu seinem Besten gegeben hatte. Weil Jonathan mit seinem Leben Gott ehren wollte und nicht um eigene Ehre besorgt war, konnte er David erbauen, obwohl dies persönliches Entsagen bedeutete. Es ist nicht schwer, sich über Freunde zu freuen; aber es kann eine teure Angelegenheit werden, jemand anderen zu erbauen. Es kann nämlich bedeuten, die zweite Stelle einzunehmen. Bist Du bereit, diesen Preis zu bezahlen? Bevor Du antwortest, erinnere Dich daran, was es *den Wahren Freund* gekostet hat, die Möglichkeiten dafür zu schaffen, daß wir unser Potential verwirklichen können.

Vertrauen

Das letzte Merkmal einer Freundschaft, das wir in diesem Abschnitt finden, ist Vertrauen. Als sich David und Jonathan nach ihrem letzten längeren Beisammensein voneinander trennten, hatte sich jeder völlig den Händen des anderen anvertraut.

Als Jonathan wegging, um sein Leben für David zu wagen, vertraute er seine Zukunft des Händen Davids an. Mehr noch, er vertraute auch seine Kinder der Obhut Davids an. Alles, worauf er sich stützen konnte, war das Versprechen Davids. Aber er vertraute seinem Freund — ein Vertrauen, dessen sich David würdig erwies, wie wir in 2. Samuel 9 sehen, als er Jonathans Sohn Mephi-Boschet versorgte. Wie hoch die Kosten aber für Jonathan waren, als er für seinen Freund vermittelnd eintrat, wird in 1. Samuel 20, 30-34 offenbar, nachdem Jonathan versucht hatte, seinem Vater die Abwesenheit Davids zu erklären:

»Da entbrannte der Zorn Sauls über Jonathan, und er sagte zu ihm: Du Sohn einer entarteten Mutter! Ich habe wohl erkannt, daß du den Sohn Isais erkoren hast, dir und deiner Mutter, die dich geboren hat, zur Schande. Denn all die Tage, die der Sohn Isais auf Erden lebt, wirst weder du noch deine Königsherrschaft Bestand haben. Und nun schicke hin und laß ihn zu mir bringen, denn er ist ein Kind des Todes! Und Jonathan antwortete seinem Vater Saul und sprach zu ihm: Warum soll er sterben? Was hat er getan? Da schleuderte Saul den Speer nach ihm, um ihn zu durchbohren. Und Jonathan erkannte, daß es bei seinem Vater fest beschlossen war, David zu töten. Jonathan stand vom Tisch in glühendem Zorn auf und aß am zweiten Tag des Neumonds keine Speise. Denn er war bekümmert um David, weil sein Vater ihn beschimpft hatte.«

Auch David vertraute Jonathan sein Leben an. Der Sohn des Königs ging mit der Kenntnis des genauen Aufenthaltes Davids zu seinem mordgierigen Vater zurück. Wenn Jonathan dieses Vertrauen mißbrauchen würde, müßte David sterben. Aber David hatte das Versprechen Jonathans (Vers 23): *»Das Wort aber, das wir miteinander geredet haben, ich und du, siehe der HERR ist Zeuge zwischen mir und dir auf ewig.«* Mit anderen Worten: das Vertrauen in der Freundschaft ist ein heiliges Vertrauen. Ein Mann, dem man ein Geheimnis unter Freunden nicht anvertrauen kann, wird bald allein dastehen. Es gibt Dinge unter Freunden, die nur zwischen ihnen und dem Herrn bleiben und nicht weitergetragen werden dürfen. Ein biblischer Freund ist vertrauenswürdig.

Letztendlich vertrauten David und Jonathan einander Gott an. Beide erkannten, daß sie nie wieder eine normale Freundschaft miteinander genießen würden, und so gingen ihre letzten gemeinsamen Augenblicke gefühlsmäßig sehr tief.

»Als der Junge weggegangen war, stand David hinter dem Steinhaufen auf und fiel auf sein Gesicht zur Erde und beugte sich dreimal nieder. Und sie küßten einander und weinten miteinander, David aber am allermeisten. Und Jonathan sagte zu David: Geh hin in Frieden! Was wir beide im Namen des HERRN geschworen haben, dafür wird der HERR zwischen mir und dir und zwischen meinen Nachkommen und deinen Nachkommen auf ewig Zeuge sein.« (1. Samuel 20, 41-42)

David weinte mehr als Jonathan. Der Grund ist ziemlich sicher der, daß sich David der Kosten bewußt war, die Jonathan für ihn auf sich genommen hatte. Er war überwältigt von der Liebe des Mannes, der in Wirklichkeit seinetwegen vom Thron abgetreten war. Aber sie trennten sich nicht nur in Trauer, sondern auch in Zuversicht. Sie hatten nicht nur einander vertraut, sondern auch einer den anderen dem Herrn anvertraut. Eine Freundschaft in Ihm ist eine Investition für die Ewigkeit. *»Der HERR wird zwischen mir und dir sein«,* nicht als Schranke, sondern als Brücke. In dem Herrn Jesus Christus sind wir auf ewig vereint.

Einer der größten Helden Englands im 19. Jahrhundert war General Charles Gordon, der Held von Khartoum. Unter Christen ist er gut bekannt wegen seiner These, daß ein Grab in einem Garten bei Jerusalem der wahrscheinlichere Ort für Golgatha sei, als jener Ort, der von der Tradition verehrt wird — ein Platz, der jetzt als »Gordons Golgatha« bekannt ist. Er war ein echter Christ, und dort, wo er begraben ist, faßt ein einfacher Grabstein eindrucksvoll sein Leben zusammen: »Zur Erinnerung an General Charles Gordon, der immer und überall seine Stärke den Schwachen, sein Mitgefühl den Leidenden und sein Herz Gott gegeben hat.« Jonathan war gerade solch ein Mann, und weil er ein Geber war, konnte er David in Zeiten der Not ein wahrer Freund sein. Er war David treu, trug seine Lasten, erbaute ihn, schenkte ihm Vertrauen, vertraute ihm etwas an und behielt Anvertrautes für sich. Solche Eigenschaften muß ein Freund in mir finden können.

Aber sogar ein Jonathan kann meinem Freund nicht wirklich alles geben, was er braucht. Es gibt *einen* Freund, der anhänglicher ist als ein Bruder, und wenn wir Zeit zubringen und lernen, in Ihm zu wandeln und Ihm zu vertrauen, werden wir mit neuem Inhalt singen: »Welch ein Freund ist unser Jesus.« Er ist alles, was Jonathan war, und Er ist noch weit mehr.

Anmerkungen

[1] J. Oswald Sanders, Spiritual Leadership, rev. ed. (Chicago: Moody, 1980), S. 177.

[2] Merle Miller, Plain Speaking: An Oral Biography of Harry S. Truman (New York: Berkley, 1974). S. 88.

[3] Lloyd Cory, comp., Quote Unquote (Wheaton, Ill.: Scripture Press, Victor, 1977), S. 39.

[4] Robert Jamieson, »Joshua-Esther«, in Robert Jamieson, A.R. Fausset und David Brown, A Commentary, Critical, Experimental and Practical on the Old and New Testaments (Grand Rapids: Eerdmans, ohne Jahr), S. 188-89.

6.
Anhänglicher als ein Bruder

Man kann sich des Eindrucks nicht erwehren, daß Salomo als Kind seinen Vater oft gehört haben muß, als dieser von seiner Freundschaft mit Jonathan erzählte, da manche seiner Aussagen im Buch der Sprüche das wiedergeben, was sein Vater erlebt hatte. Eine dieser Beobachtungen ist Spr. 27, 17: »*Eisen wird durch Eisen geschärft, und ein Mann schärft das Angesicht seines Nächsten.*« Ein Freund im Herrn gibt unserem Leben Schliff und macht uns wirkungsvoller für den Herrn Jesus Christus. Beim Abschleifen entstehen oft Funken, doch hilft uns der Meinungsaustausch in einer Freundschaft, unsere Möglichkeiten zu verwirklichen.

Es gibt aber auch eine andersartige Freundschaft. Sprüche 25, 19 sagt uns: »*Ein zerbrochener Zahn und ein wankender Fuß, so ist das Vertrauen auf den Treulosen am Tag der Not.*« Ein Freund, dem man nicht vertrauen kann, ist wie ein verstauchter Knöchel oder ein nagender Zahnschmerz. Er beraubt uns der Freude und macht uns wirkungsloser im Leben.

William Glasser ist eine wichtige Persönlichkeit in der modernen Psychologie, bekannt als Begründer der Behandlungsmethode, die *Reality Therapy* genannt wird. In seinem gleichnamigen Buch fordert er durch die Bemerkung heraus: »Wir müssen mit anderen Menschen zu tun haben, zumindest mit einem, besser aber mit mehreren. Jeden Augenblick unseres Lebens brauchen wir mindestens einen Menschen, der für uns da ist und für den wir da sind. Ohne diesen lebensnotwendigen Menschen sind wir außerstande, unsere Grundbedürfnisse zu befriedigen. ... Eines ist in der Person des anderen wichtig: er muß selbst mit der Realität verbunden sein und fähig, seine eigenen Bedürfnisse in dieser Welt zu befriedigen.«[1]

Glasser hat zweifellos recht. Wir brauchen jemand, der uns liebt und der Bezug zur Realität hat. Für einen Christen bedeutet dies, daß es nur jemand sein kann, der den Herrn Jesus Christus kennt und liebt. Um jemandem Freund sein zu können, brauche ich diese Realität in meinem Leben.

Diese Art der Realität verband auch David und Jonathan. Saul hingegen war in seinem Herzen ein wankelmütiger Mensch und konnte daher keine Beziehung mit David aufbauen. Wenn wir die letzten Begegnungen Davids mit diesen beiden Männern untersuchen, werden einige grundlegende biblische Gedanken zum Thema Freundschaft in unserem Denken vertieft werden.

Der selbstlose Dienst eines Freundes

Die letzte Begegnung Davids mit Jonathan wird in 1. Samuel 23 erwähnt. Sie ist nur kurz, stellt aber einen Wendepunkt im Leben Davids dar und hinterläßt einen bleibenden Eindruck, der sich durch das ganze Buch der Psalmen zieht. Obwohl wir sie bereits im ersten Kapitel kurz betrachtet haben, wollen wir hier nochmals darauf zurückkommen:

»Und David sah, daß Saul ausgezogen war, um ihm nach dem Leben zu trachten. Und David war in Horescha in der Wüste Sif. Da machte sich Jonathan, der Sohn Sauls, auf und ging zu David nach Horescha und stärkte seine Hand in Gott. Und er sagte zu ihm: Fürchte dich nicht! Denn die Hand meines Vaters Saul wird dich nicht finden. Du wirst König über Israel werden, und ich werde der Zweite nach dir sein. Und auch mein Vater Saul hat erkannt, daß es so ist. Und beide schlossen einen Bund vor dem HERRN. David blieb in Horescha, Jonathan aber kehrte nach Hause zurück.« (1. Samuel 23, 15-18)

Ein Freund auf der Flucht

In dieser Phase der Beziehung zwischen David und Saul war David ein Gesuchter auf der Flucht, der vor dem glühenden Haß Sauls davonlief. David war nicht etwa das Opfer übereifriger Phantasie. Saul hatte seine blutrünstigen Absichten deutlich unter Beweis gestellt, als er 85 unschuldige Priester in der Priesterstadt Nob umbarmherzig abschlachten ließ, weil man ihm mitgeteilt hatte, diese hätten David auf der Flucht unterstützt.

David wurde zu Verzweiflungstaten getrieben. Der Mann des Glaubens, der Goliath gegenübergetreten war, hatte solche Angst vor Saul, daß er in manche feige und hinterlistige Geschehnisse verwickelt wurde. Zunächst betrog er Ahimelech, den Priester (1. Sam. 21, 1-9), und dann gab er sich dazu her, in der Stadt Goliaths vor dem heidnischen König von Gat den Wahnsinnigen zu spielen, dem der Speichel über den Bart herabfloß (1. Sam. 21, 10-15). Wie groß seine Furcht vor Saul war, sieht man daran, daß er in die Heimatstadt Goliaths floh. Aber er kehrte bald wieder um von diesen Zeiten des Unglaubens und Ungehorsams und fand zu einem lebendigen Glauben an Gott zurück, was ihn später einige seiner großartigen Psalmen schreiben ließ (zum Beispiel die Psalmen 34, 52 und 56).

Dieser Lebensabschnitt voll Flucht und Angst erscheint als eine Zeit, in der David vollkommen am Boden lag. Aber selbst in dieser Zeit baute der Herr, für Menschen unsichtbar, die zukünftige Königsherrschaft Davids auf. Er wurde für eine Gruppe ausgestoßener Rebellen zu einem Symbol der Hoffnung. Als Opfer der Unfähigkeit Sauls waren sie eine frühe »Rockerbande« — bedrängt, total verschuldet und unzufrieden (1. Sam. 22, 2).

Aber unter der Führung Davids sollten sie zum harten Kern seiner Königsherrschaft werden: Männer, die durch den Einfluß eines gottesfürchtigen und begabten Leiters ihre Möglichkeiten voll ausschöpfen konnten. Die Veränderung ihres Lebens war tatsächlich so extrem, daß sie später bezeichnet werden als »tapfere Helden ... Männer des Heeres, zum Kampf mit Schild und Spieß ausgerüstet, deren Gesichter wie Löwengesichter waren und die schnell wie Gazellen auf den Bergen waren« (1. Chronik 12, 9). Hier haben wir ein großartiges Beispiel dafür, wie ein Mann, der seinen Gott kennt, dazu beitragen kann, Menschen ohne Ziel und ohne Zukunftsaussichten in ein Team zu verwandeln, das ein Volk bewegen kann.

Dann kam ein niederschmetternder Schlag. David erfuhr von einem Angriff der Philister auf die wehrlose hebräische Stadt Keila im Hügelland Judas. Gott gehorsam, schlugen er und seine Männer die Philister und befreiten die Stadt. Für diese Tat hätten ihm eigentlich die Bevölkerung von Keila und auch Saul ewig dankbar sein müssen; immerhin war es Aufgabe des Königs, für militärische Sicherheit zu sorgen.

Aber Saul reagierte ganz anders. Er zog gegen Keila mit der Absicht, eine seiner eigenen Städte zu zerstören, weil er David beseitigen wollte. Die Sicht Sauls war so verworren, daß seine wahren Feinde, die Philister, nicht länger wichtig schienen. David war sich der Reaktion Sauls bewußt und suchte das Angesicht Gottes: »*Werden die Bürger von Keila mich und meine Männer in die Hände Sauls ausliefern?*« Durch den Priester kam die Antwort: »*Sie werden dich ausliefern*« (1. Sam. 23, 12). Da machten sich David und seine Männer auf und zogen sich weiter in die wüsten und verlassenen Hügelgebiete zurück, »*und Saul suchte ihn alle Tage, aber Gott gab ihn nicht in seine Hand*« (1. Sam. 23, 14).

Es ist wichtig, sich den inneren Kampf Davids in diesem Moment vor Augen zu halten. Er hatte die Führung des Herrn gesucht und als Folge das Volk Gottes in Keila gerettet. Er hatte den Willen Gottes getan, aber dieselben Menschen, für deren Rettung er sein Leben gewagt hatte, waren bereit, ihn zu verraten, um sich selbst zu retten. Vielleicht hat er aus dieser Erfahrung in Keila heraus Psalm 109 geschrieben.

> »*Mit Worten des Hasses haben sie mich umgeben*
> *und ohne Grund gegen mich gestritten.*
> *Für meine Liebe feindeten sie mich an.*
> *Ich aber bin stets im Gebet.*
> *Sie haben mir Böses für Gutes erwiesen*
> *und Haß für meine Liebe.*«
> (Psalm 109, 3-5)

Dieses Gefühl, verraten und verbittert zu sein, hat bei David zwangsläufig den Eindruck verstärkt, allein zu sein. Eigentlich war er nicht allein. Er war von 600 Männern umgeben, die bereit waren, für ihn zu sterben, aber Einsamkeit ist nicht dasselbe wie Alleinsein. Es ist möglich, inmitten einer Gruppe bekannter Gesichter einsam zu sein, und es ist möglich, geborgen zu sein, auch wenn man völlig allein ist. David fühlte sich verlassen. In Psalm 142, 4-5, der aus diesen Erfahrungen heraus entstand, brechen seine Entmutigung und Verzweiflung hervor.

> »*Auf dem Weg, den ich wandle,*
> *haben sie mir heimlich eine Schlinge gelegt.*
> *Schau zur Rechten und sieh: ich habe ja niemanden,*
> *der etwas von mir wissen will.*
> *Verlorengegangen ist mir jede Zuflucht,*
> *niemand fragt nach meiner Seele.*«

Ein Freund in Not

An diesem Punkt stellte der Sohn des Königs die Macht der Freundschaft unter Beweis. Obwohl er riskierte, sich den Zorn seines Vaters zu-

zuziehen, »*machte sich Jonathan, der Sohn Sauls, auf und ging zu David nach Horescha und stärkte seine Hand in Gott.*« Es ist sehr wichtig zu beachten, *wie* Jonathan David ermutigte; nicht indem er ihn zu größeren Taten drängte (»Los, du schaffst das schon!«) oder indem er ihm alles in rosigen Farben schilderte (»Es ist nicht so gefährlich, wie du denkst. Vater hat dich wirklich gern«) — was Jonathan tat, war, daß er David *im Herrn ermutigte.* Mit anderen Worten: er verhalf David wieder zu einer rechten Sicht des Lebens, indem er seinen Blick auf seinen Herrn hinlenkte — weg von seinem menschlichen Feind. David stand in Gefahr, von den Umständen erdrückt zu werden, und so begegnete Jonathan dieser Not, indem er ihn an den entscheidenden Lebensumstand erinnerte, daß alles in der Gewalt des souveränen Gottes steht, sogar Saul.

Einer der größten Dienste eines Freundes ist es, seinen Freund zu ermutigen und seine Hand im Herrn zu stärken. Ich bin davon überzeugt, daß dies eine sehr offene und ehrliche Aussprache zwischen David und Jonathan erforderte. David mußte aus seiner Verzweiflung und seinem Unglauben herausgerissen und neu auf seinen Hirten ausgerichtet werden. Es bedarf eines guten Freundes, wenn unseren Nöten in dieser Weise begegnet werden soll. Man benötigt Eisen, um Eisen zu schärfen. Das Buch der Sprüche drückt es so aus:

> »*Wer den Spötter zurechtweist, holt sich nur Schande;*
> *und wer den Gottlosen rügt, holt sich selbst einen Makel.*
> *Rüge nicht den Spötter, damit er dich nicht haßt;*
> *rüge den Weisen, so wird er dich lieben!*
> *Gib dem Weisen, so wird er noch weiser;*
> *belehre den Gerechten, so lernt er noch mehr!*
> *Die Furcht des HERRN ist der Weisheit Anfang;*
> *und Erkenntnis des allein Heiligen ist Einsicht.*«
> Sprüche 9, 7-10)

Diese Ehrfurcht vor dem Herrn ist es, die Jonathan bei David gestärkt hat. Wenn ich versuche, meinem Freund ebenso mit Weisheit und Einfühlungsvermögen zu dienen, er mich aber verspottet, so spiegelt dies seinen mangelnden Einblick in das Wesen Gottes wider. Aber Eisen muß Eisen schärfen, indem wir den Blick unseres Freundes fest auf Gott lenken.

Drei Prinzipien werden in dieser Begebenheit deutlich:

Erstens muß ich meinen Freunden ein Freund im Herrn *sein.* Es ist großartig, einen Jonathan in meinem Leben zu haben, doch ist es *meine Verantwortung,* ein Freund wie Jonathan zu *sein.*

Zweitens: Meine Freundschaft mit dem Herrn muß der Prüfstein für meine Freundschaften mit Menschen sein. Wenn meine Beziehungen nicht im Einklang stehen mit meinem Wandel mit meinem Herrn und Heiland, oder wenn meine Freundschaften mich nicht dazu befähigen, meine Freunde im Herrn zu stärken, dann muß ich entweder meine Hingabe an den Herrn vertiefen oder meine Freundschaften verändern und sie in rechter Weise biblisch gründen.

Drittens: Der größte Dienst an einem Freund ist es, ihm dazu zu helfen, direkt vom Herrn abhängig zu sein. Nicht zufällig liest man von David später: »*aber David stärkte sich in dem HERRN, seinem Gott*« (1. Sam. 30, 6). Das weist darauf hin, daß David durch den Dienst Jonathans in einer schwierigen Notlage seines Lebens mehr vom Herrn selbst abhängig wurde. Tatsächlich bewirkt eine gute biblische Freundschaft, daß uns unsere Freunde in gewissem Sinn weniger brauchen, wenn sie den Herrn zunehmend als Freund kennenlernen. *Wir* werden nicht immer zur Stelle sein, wenn sie in Not geraten, *Er* jedoch schon, und deshalb müssen sie lernen, in einer dynamischen Beziehung mit Ihm zu wandeln.

Soweit wir wissen, haben sich David und Jonathan nie wieder gesehen. Daher steht ihre letzte Begegnung als bleibendes Bild einer Freundschaft im Herrn vor unseren Augen. Jonathan gab alle Ansprüche auf den Thron auf, als er zu David ging und sich ihm aufopfernd zur Verfügung stellte, um seinen Freund im Herrn zu ermutigen. Wie sich dies im Leben Davids auswirkte, wird durch eine Stelle deutlich bewiesen. Kurz nach der Begegnung mit Jonathan wurde David erneut verraten, dieses Mal von einer Schar von Männern von den Sifitern (1. Sam. 23, 19-29). Äußerlich hatte es dieselbe Folge: David war wieder einmal zur Flucht gezwungen. Aber innerlich ruhte er im Herrn, wie uns jener Psalm erzählt, den er zu dieser Zeit schrieb.

> *»Siehe, Gott ist mir ein Helfer;*
> *der Herr ist der, der meine Seele stützt.*
> *Er wird das Böse zurücklenken auf meine Feinde;*
> *nach deiner Treue bringe sie zum Schweigen!*
> *Opfern will ich dir aus freiem Antrieb;*
> *deinen Namen will ich preisen, HERR, denn er ist gut.*
> *Denn aus aller Not hat er mich errettet,*
> *so daß mein Auge auf meine Feinde herabsieht.«*
>
> (Psalm 54, 6-9)

Durch den Besuch Jonathans fand David aus seiner Furcht heraus zu neuem Glauben, erlangte dadurch erneut geistliche Lebendigkeit, die er in den langen Monaten der Flucht vor Saul dringend brauchte. Jonathan ist damit eine große Herausforderung für jeden, der ein Freund sein möchte. Bewirke ich wie er Gottesfurcht bei meinen Freunden? Bin ich wie er ein Geber? »*Größere Liebe hat niemand als die, daß er sein Leben hingibt für seine Freunde*« (Joh. 15, 13). Jonathan tat es, und der Herr Jesus Christus tat es in vollkommener Weise. Wenn wir ein Freund wie Er sein wollen, müssen auch wir eine aufopfernde Freundschaft voller Hingabe vorleben.

Belastung durch zerbrochene Freundschaften

Leider haben Freundschaften auch eine andere Seite. Es wäre schön, könnte man annehmen, daß Liebe immer erwidert wird, und daß Freundschaften, wenn sie einmal geschlossen wurden, nur fester werden können. Die Realität sieht aber anders aus. Menschen leben sich auseinander. Liebe wird zurückgewiesen. Freundschaften lösen sich in Verbitterung auf, und es scheint, daß nichts diese zerbrochenen Beziehungen wieder kitten könne.

Wie wir gesehen haben, hat uns Gott die Verantwortung auferlegt, nach Versöhnung zu trachten und uns dafür einzusetzen. Doch was sollen wir tun, wenn unsere aufrichtige Liebe zurückgewiesen wird, obwohl wir ernstlich so handeln, wie es uns das Wort Gottes gebietet? Wenn der Sohn Gottes, in dem die Liebe Fleisch wurde, gehaßt war, sollte es uns schließlich nicht überraschen, wenn unsere unvollkommene Liebe nicht immer Erfolg haben wird. Aber wie kommen wir mit der Belastung einer solchen zerbrochenen Beziehung zurecht? Wie gehen wir mit solch einem Menschen um, damit wir ein gutes Gewissen vor Gott und den Menschen bewahren?

Als die Freundschaft Davids und Jonathans auf dem Gebirge Gilboa ein blutiges Ende fand, ging auch die völlig andersartige Beziehung Davids mit Saul zu Ende. Vater und Sohn wurden in einem Angriff der Philister getötet, wodurch Israel wieder einmal unter militärische Fremdherrschaft geriet. Für unsere Zwecke ist es wichtig, die Reaktion Davids auf diese Nachrichten zu bedenken. Sein bewegendes Verhalten auf die Nachricht vom Tod Jonathans war voraussehbar; wie er aber auf den Tod Sauls reagierte, ist unerwartet und lehrreich.

Anstatt Freude und Erleichterung darüber zu zeigen, daß seine Widersacher vernichtet waren, drückte er sein tiefes Leid in Klagen, Weinen und Fasten aus (2. Sam. 1, 11-12). Zusätzlich befahl er auch, den Mann hinzurichten, der behauptete, Saul getötet zu haben, weil jener sich nicht gefürchtet hatte, den Gesalbten des Herrn umzubringen (2. Sam. 1, 13-16).[2] Und doch handelte er nicht wie ein Mann mit schlechtem Gewissen, voller Bedauern, daß er nach dem Tod Sauls nun nicht mehr in der Lage war, das zu tun, was er hätte tun sollen. Sein Klagelied über Saul ist ein wunderbares Beispiel dafür, wie wir sogar die schwierigsten Situationen bewältigen können, so daß Gott verherrlicht wird und wir Frieden haben:

»Und David stimmte dieses Klagelied an über Saul und über Jonathan, seinen Sohn. Und er befahl, daß man die Söhne Juda das Lied über den Bogen lehren solle. Siehe, es ist geschrieben im Buch Jaschar:

Deine Zierde, Israel, liegt erschlagen auf deinen Höhen!
Wie sind die Helden gefallen!
Berichtet es nicht in Gat,
verkündet die Botschaft nicht auf den Straßen von Aschkelon,
daß sich nicht freuen die Töchter der Philister,
daß nicht frohlocken die Töchter der Unbeschnittenen!
Ihr Berge von Gilboa,
nicht Tau noch Regen falle auf euch, ihr Berge des Todes!
Denn dort wurde besudelt der Schild der Helden,
der Schild Sauls nicht gesalbt mit Öl.
Ohne das Blut von Durchbohrten, ohne das Fett der Helden
kam Jonathans Bogen nie zurück,
und auch Sauls Schwert kehrte nicht erfolglos heim.

Saul und Jonathan, die Geliebten und Holdseligen,
in ihrem Leben und in ihrem Tod sind sie ungetrennt;
sie waren schneller als Adler, stärker als Löwen.
Ihr Töchter Israels, weint um Saul,
der euch köstlich kleidete in Karmesin,
der goldenen Schmuck an eure Kleider heftete!«

(2. Samuel 1, 17-24)

Vor einigen Jahren aß ein Mann in New York eine Muschelsuppe, die so heiß war, daß sie seine Speiseröhre verbrannte und einen bleibenden Schaden anrichtete, der ihm das Schlucken unmöglich machte. Die Ärzte fanden keine andere Lösung, als ein Stück seines Magens herauszuziehen, damit er seinem Magen auf direktem Wege Nahrung zuführen konnte. So essen zu müssen, klingt nicht sehr appetitlich, doch brachte es eine positive Nebenerscheinung mit sich. Die Ärzte hatten die Gelegenheit, die Auswirkung seiner Gefühle auf seine Verdauung zu beobachten.

Eines wurde bald deutlich. Nichts war belastender als seine Beziehung zu Menschen. Zorn, Enttäuschung oder Bitterkeit erhöhten den Säurespiegel schlagartig und ließen seine Magenschleimhaut anschwellen. Während sie dies beobachteten, erzählte sein Magen die Geschichte einer Freundschaft, die in die Brüche gegangen war. Die Magenwand verfärbte sich rot, begann zu bluten und bildete ein Geschwür. Das heißt, daß das aufwühlende Gefühl in Deinem Magen, das Du verspürst, wenn eine Freundschaft auseinandergegangen ist, nicht bloß ein Gefühl ist. Schlechte Freundschaften zerstören einen guten Magen!

Wenn es das Recht gäbe, wegen einer Beziehung Magengeschwüre zu bekommen, dann hätte es David wegen seiner Beziehung zu Saul. Es ist aber wichtig zu sehen, daß David als Mann Gottes Saul nicht einfach abschreiben oder ihm den Rücken zuwenden konnte. Vers 23, der Saul als *»Geliebten und Holdseligen«* beschreibt, weist lebhaft auf die innere Zuneigung hin, die David gerade zu jenem Mann hatte, der ihn verfolgt und zu töten versucht hatte. Er liebte den König, dem er zuerst als Musiker und später als Oberster des Militärs gedient hatte. Nicht David hatte Saul abgelehnt. Alles, was zwischen ihnen vorgefallen war, hatte seine Zuneigung zu Saul als Gottes Gesalbten nicht nehmen können.

In den Psalmen spricht David öfter über einen ehemaligen Freund, der sich gegen ihn gewandt hatte. Wir können nicht mit Sicherheit sagen, wen er meinte, obwohl die Vermutung naheliegt, daß es sich um den königlichen Ratgeber Ahitophel handelt, der David im Stich ließ und sich mit Absalom in Rebellion verschwor. Die Worte Davids treffen aber fast ebenso gut auf den Schmerz zu, den er darüber empfand, daß sich die Haltung Sauls ihm gegenüber völlig geändert hatte.

> *»Denn nicht ein Feind höhnt mich,*
> *sonst würde ich es ertragen;*
> *nicht mein Hasser hat großgetan gegen mich,*
> *sonst würde ich mich vor ihm verbergen;*
> *sondern du, ein Mensch meinesgleichen,*

mein Freund und mein Vertrauter,
die wir die Süße der Gemeinschaft miteinander erlebten,
ins Haus Gottes gingen in feierlicher Erregung!«
(Psalm 55, 13-15)

Wenn Du je das Gefühl hattest, von einem engen und guten Freund verraten zu sein, mit dem Dich nicht nur eine Freundschaft, sondern auch die Gemeinschaft im Herrn verband, dann kannst Du den Schmerz Davids nachfühlen. Er hatte alles getan, was in seinem Vermögen stand, um mit Saul wieder vereint zu sein, doch sollte die Beziehung einfach nicht mehr in Ordnung kommen.

David hing jedoch noch immer an ihm, und deshalb empfand er aufrichtige Trauer über den Tod seines »Feindes wider Willen«. Er offenbarte auch sein gutes und reines Gewissen darüber, wie er mit Saul umgegangen war. Wenn wir untersuchen, wie es zu Davids Klagelied kam, können wir einige grundlegende Prinzipien entdecken, wie man am Ende einer schlechten Beziehung echte Traurigkeit über das Los seines »Freundes« empfinden und ein gutes Gewissen haben kann, frei von Schuld oder Bedauern.

Zunächst hatte sich David ernsthaft um Versöhnung bemüht und alles versucht, um die Beziehung wiederherzustellen. Den Beweis dafür findet man besonders in den Ereignissen, die seinem Klagelied vorangehen. Während der ganzen Zeit seiner Flucht hatte es David abgelehnt, Saul, den Gesalbten des Herrn, umzubringen oder ihm etwas zuzufügen, obwohl er mehrere Gelegenheiten dazu hatte. Immer, wenn es in seiner Macht stand, sich zu rächen, tat er es nicht und bewies Saul seine Rechtschaffenheit.

Tatsächlich war Saul bei ihrer letzten Begegnung davon überwältigt, daß David sich weigerte, Rache zu üben, und er brach in Bedauern aus: »*Ich habe gesündigt! Komm zurück, mein Sohn David! Ich will dir nicht noch länger etwas Böses antun, weil mein Leben heute in deinen Augen teuer gewesen ist. Siehe, ich habe töricht gehandelt und mich sehr schwer vergangen!*« (1. Sam. 26, 21). Ich glaube, es ist bezeichnend, daß David hier nicht so naiv war, zu Saul zurückzukehren. Er wußte nur zu gut, wie rasch sich die Launen Sauls ändern konnten, und er wollte sich Saul nicht anvertrauen, bis eine dauerhafte Veränderung im Wesen Sauls sichtbar würde. Was ihn betraf, hatte David immer alles versucht, um die Beziehung wieder in Ordnung zu bringen.

Zweitens hatte David sein Herz vor Gott ausgeschüttet und Ihn gebeten, seine Verbitterung über Saul wegzunehmen. Die Psalmen sind voll davon. Anstatt sich zu bemühen, an Saul Rufmord zu begehen oder eine Gegenverschwörung zu planen, war David in die Gegenwart Gottes getreten und hatte Ihm sein Herz ausgeschüttet. Psalm 57 wurde zum Beispiel im Inneren einer Höhle geschrieben, als David auf der Flucht vor Saul war. Doch inmitten seiner verzweifelten Lage sann David darauf, Gott zu loben, und nahm Zuflucht zu Ihm. Als sich David daran erinnerte, daß das große Ziel seines Lebens nicht die persönliche Sicherheit, sondern die Verherrlichung Gottes war, erlebte er, wie Bitterkeit und Schmerz schwanden und die Freude an Gott sein Herz durchströmte.

Das ist ein lebensnotwendiger Schritt, wenn man sich mitten in einer schlimmen Beziehung befindet. Klage dem Herrn Jesus Christus aufrichtig Dein Leid, und preise Ihn dann als festen Zufluchtsort der ungeteilten Liebe und Treue! Wenn Du das tust, wird Er in Dir die Fähigkeit zu vergeben entwickeln. Wenn Du aber das Benehmen Deines »Freundes« vor jedem beliebigen Zuhörer beklagst und kritisierst, so verhärtest Du dadurch nur Deine Einstellung und verstärkst Deine Bitterkeit.

Drittens weigerte sich David, Saul öffentlich anzugreifen oder zu kritisieren. Sogar nach dessen Tod verhielt er sich unwillkürlich so, daß er die Person Sauls in Schutz nahm:

»Berichtet es nicht in Gat,
verkündet die Botschaft nicht auf den Straßen von Aschkelon,
daß sich nicht freuen die Töchter der Philister,
daß nicht fohlocken die Töchter der Unbeschnittenen!«

(2. Samuel 1, 20)

David wollte die Fehler Sauls nicht hinausposaunen, sondern zudecken. Wenn wir von jemand kritisiert werden oder wenn sich jemand gegen uns wendet, sind wir sehr stark versucht zurückzuschlagen, indem wir seinen Ruf untergraben und seine Fehler und Schwächen vor anderen bloßstellen. Davids Absicht war es, eine Decke über die Schwächen Sauls zu werfen und Gott, dem HERRN, die Möglichkeit zu geben, ihn zu rechtfertigen und sein Wesen zu verteidigen. Wie es in Sprüche 17, 9 heißt: »*Wer Vergehen zudeckt, strebt nach Liebe, wer aber eine Sache immer wieder aufrührt, entzweit Vertraute*«, und auch in Sprüche 19, 11: »*Die Einsicht eines Menschen macht ihn langmütig, und sein Ruhm ist es, an der Übertretung vorüberzugehen.*« Was für eine Herausforderung!

Davids Einstellung zum Tod Sauls ist uns ein großes Vorbild, wie wir uns angesichts der Fehler und Schwächen unserer Geschwister im Herrn verhalten sollten, besonders wenn es Meinungsverschiedenheiten mit ihnen gibt. F.W. Krummacher, ein großer Verkündiger im 19. Jahrhundert, schreibt über diesen Vers treffend:

»Die Worte des Liedes: '*Berichtet es nicht in Gat, verkündet die Botschaft nicht auf den Straßen von Aschkelon*', sind seit jener Zeit im Kreis der Gläubigen zu einem Sprichwort geworden. Man hört es häufig, wenn jemand aus der Versammlung auf seine Wege nicht achtgegeben und dadurch Anlaß für Ärgernis gegeben hat. Würde doch dieser Ruf treuer beachtet werden, als es meist geschieht! Würde doch die Ehre des *geistlichen* Zion den Kindern des Reiches immer so sehr am Herzen liegen, wie die des *irdischen* am Herzen Davids lag! Doch wie oft geschieht es, daß sie sich sogar mühen, die Schwachheiten ihrer Brüder vor den Augen der Welt aufzudecken, und so die Bosheit Hams wiederholen und Verräter der Gemeinde werden, die Christus mit Seinem eigenen Blut erkauft hat. So machen sie sich schuldig, über das Evangelium *Schande* zu bringen, während sie die Tore für solche Schande durch vielleicht völlig böswilliges Geschwätz öffnen.«[3]

David freute sich nicht über das Versagen Sauls. Sprüche 10,12 erinnert uns: »*Haß erregt Zänkereien, aber Liebe deckt alle Vergehen zu.*«

Viertens lehnte es David nicht nur ab, die Schwächen Sauls anzugreifen, sondern er kehrte auch dessen Stärken hervor. In seinem Lied ruft er dazu auf, Saul öffentlich als Zierde Israels, als tapferen und mutigen Helden zu ehren, der für sein Volk Sieg und neuen Wohlstand errungen hatte. David täuschte nicht irgendwelche belanglosen Schmeicheleien vor, und er brauchte auch nicht Errungenschaften Sauls zu erfinden. Es gab wirklich Gutes bei Saul, an das man denken konnte; er wollte seinen Blick auf das richten, was bei diesem tragischen Mann anziehend und positiv war. Man findet auch nicht ein Wort über die Sünden oder Vergehen Sauls. Liebe breitet darüber eine Decke aus und lenkt die Aufmerksamkeit auf die Stärken des anderen.

Die Haltung Davids Saul gegenüber ist von großer Bedeutung. Nichts ist entscheidender als unsere Haltung, mit der wir schwierigen Menschen gegenübertreten; sie wirkt sich auf drei Bereiche unmittelbar aus: auf unsere Beziehung zu uns selbst, zu Gott und zu anderen Menschen. Da David Saul so behandelt hatte, konnte er ein reines Gewissen haben und war ohne jede Schuld. Es gibt kaum größeren Segen als ein reines Gewissen, und der Herr segnete ihn für die Haltung, die er einnahm. Eine unversöhnliche Einstellung gegen Saul hätte sich auf seine Gemeinschaft mit Gott vernichtend ausgewirkt.

Es gibt keine lebhaftere Darstellung davon als in Hiob 42, 10. Im ganzen Buch wird Hiob ständig von Männern angegriffen, die behaupten, seine Freunde zu sein. Als Freunde und Ermutiger waren sie jedoch schreckliche Versager. Doch wir lesen: »Der HERR wendete das Geschick Hiobs, *als dieser für seine Freunde Fürbitte tat.*« Ohne Zweifel: horizontale Beziehungen beeinflussen die vertikalen.

Gott ehrte David vor den Augen der Menschen für seine Haltung Saul gegenüber. In 2. Samuel 3,36 lesen wir: »*Und alles Volk nahm es wahr*« — wie David mit seinen Feinden umging. — »*Und es war gut in ihren Augen, wie alles, was der König tat, in den Augen des ganzen Volkes gut war.*« Als das Volk sah, wie David Saul und dessen Verbündete behandelte, freuten sie sich, da sie sahen, wie sich Gottes Gnade und Vergebung in seinem Leben offenbarten.

Die letzten Worte über einen verlorenen Freund

»Wie sind die Helden gefallen mitten im Kampf!
Jonathan liegt durchbohrt auf deinen Höhen.
Mir ist weh um dich, mein Bruder Jonathan!
Über alles lieb warst du mir.
Wunderbar war mir deine Liebe,
mehr als Frauenliebe.
Wie sind die Helden gefallen,
verlorengegangen die Waffen der Schlacht!«
(2. Samuel 1, 25-27)

Mit diesen zu Recht berühmten Worten voller Trauer und Schmerz kommen wir an das Ende des Berichts über die Freundschaft von David und Jonathan. Davids Liebe für Jonathan war völlig selbstlos. Er hatte Gefallen an der Treue und Verbundenheit, die Jonathan zu seinem Vater hatte, obwohl es diese Treue war, durch die sie entzweit wurden. Ein Kennzeichen wahrer biblischer Freundschaft ist, daß sie nicht selbstsüchtig und besitzergreifend ist. Wenn eine Freundschaft andere ausschließt, ist sie in Wirklichkeit nicht länger christlich. Wahre Liebe streckt sich danach aus, andere miteinzubeziehen. Sie errichtet keine Mauern, um andere auszuschließen.

Wir können sogar heute nach einem Zeitraum von 3000 Jahren den Schmerz Davids nachempfinden, als ihn die Trauer über den Verlust eines Freundes wie Jonathan überkam. Es tut weh, jemand zu verlieren, aber der Verlust eines Freundes wie Jonathan ist bitter und süß zugleich, weil ein großer Schatz von Erinnerungen und eine tiefe Dankbarkeit Gott gegenüber zurückbleiben. Anläßlich des Todes seines Freundes Arthur Henry Hallam schrieb der Dichter Tennyson sein größtes poetisches Werk *In Memoriam*. Darin setzt er sich in vierzehn knappen Worten mit dem Wert der Liebe auseinander:

»'Tis better to have loved and lost
Than never to have loved at all.«[4]

Der Verlust eines Freundes ist ein Schock, aber ein Teil dieses Stachels verliert sich, wenn ich mir bewußt mache, daß mein Freund wußte, wie sehr ich ihn liebte und schätzte. Ein Mann teilte mir vor kurzem unter Tränen mit, obwohl sein Freund bereits vor acht Jahren verstorben war, daß das Schlimmste an diesem Verlust die Ungewißheit sei, ob sein Freund gewußt habe, wie sehr er ihn schätzte. Eine solche Sorge kannte David bezüglich Jonathans nicht. Sie hatten ihre Wertschätzung und Dankbarkeit füreinander offen ausgesprochen. Warte nicht, bis es zu spät ist! »Von einem guten Wort kann ich zwei Monate lang leben«, sagte Mark Twain. Es ist wichtig, daß wir uns daran gewöhnen, Dankbarkeit zum Ausdruck zu bringen.

Freundschaften, wie sie David und Jonathan kannten, kosten viel. Sie werden auf Liebe gegründet, und wahre Liebe bringt immer drei Dinge mit sich: Wählen, Handeln, Vertrauen. Solch eine Liebe macht uns verwundbar für Verluste, und hier sehen wir, was es kostet, jemanden zu verlieren, den wir lieben. Aber wieviel mehr kostet es, nicht zu lieben! Was wäre David ohne Jonathan? Er war ein Werkzeug Gottes, um David zu dem Mann nach dem Herz Gottes zu machen.

Ich werde vielleicht nie wie David sein, aber durch Gottes Gnade kann ich ein Jonathan sein. Einer der größten Nachrufe in der Bibel ist der Kommentar des Paulus über das Leben Davids, daß »er seinem Geschlecht nach dem Willen Gottes gedient hatte« (Apg. 13, 36). Die Aufgabe Jonathans war nach dem souveränen Willen Gottes eine andere, aber auch er hatte seinen Zeitgenossen nach dem Willen Gottes gedient, indem er Davids Freund war. Hätte David ohne Jonathan sein können, was er war? Wenn Du Dich dafür einsetzt, ein Jonathan im Leben eines anderen zu sein, könntest Du in dieser Generation einen Einfluß für Gott ausüben, den erst die Ewigkeit offenbaren wird.

Anmerkungen

[1] William Glasser, Reality Therapy (New York: Harper & Row, 1965), S. 7

[2] Es ist nicht sicher, ob dieser junge Amalekiter Saul wirklich umgebracht hatte. Es kann sein, daß er vom Leichnam Sauls das Diadem, das er auf seinem Kopf hatte, und die Spange, die an seinem Arm war, nur deshalb genommen hatte, um David zu gefallen. Ungeachtet dessen, ob die Behauptung des Amalekiters der Wahrheit entsprach oder nicht, hatte er in den Augen Davids ein Vorrecht Gottes angetastet. Trotz all seiner Fehler war Saul der Gesalbte Gottes, und David weigerte sich strikt, seine Hand gegen ihn zu erheben (vgl. 1. Sam. 24 und 26). David war kein Opportunist, der die Gelegenheit nützte und nach dem Thron griff. Er war ein Mann des Glaubens, der sich dem Zeitplan und dem Willen des himmlischen Vaters unterordnete.

[3] F.W. Krummacher, David, the King of Israel (Edinburgh: T. & T. Clark, 1867), S. 202-3.

[4] »Es ist besser, zu lieben und zu verlieren, als niemals geliebt zu haben.«

7.
Rettung in höchster Not

Im Jahre 1928 gab es in Massachusetts einen interessanten Fall vor Gericht. Ein Mann war einen Anlegesteg für Boote entlangspaziert, als er plötzlich über ein Seil stolperte und in das kalte, tiefe Wasser der Meeresbucht stürzte. Er tauchte zappelnd und um Hilfe schreiend auf und versank dann wieder; man sah, daß er in Gefahr schwebte. Seine Freunde waren zu weit weg, um ihn erreichen zu können. Aber nur wenige Meter entfernt, auf einem anderen Steg, lag ein junger Mann in einem Liegestuhl und nahm ein Sonnenbad. »Hilfe, ich kann nicht schwimmen!« kam der verzweifelte Schrei. Aber der junge Mann, ein ausgezeichneter Schwimmer, drehte nur seinen Kopf und beobachtete, wie der Mann im Wasser um sich schlug, unterging, in totaler Panik wieder auftauchte und dann endgültig versank.

Die Angehörigen des Ertrunkenen waren über diese kalte Gleichgültigkeit derart entrüstet, daß sie den sonnenbadenden Mann verklagten. Sie verloren. Das Gericht entschied mit Widerwillen, daß der Mann auf dem Steg rechtlich in keiner Weise dazu verpflichtet sei, das Leben des anderen Mannes zu retten.[1] In der Tat stimmt die Rechtsordnung Kain zu: Ich bin nicht der Hüter meines Bruders, und es ist mein gutes Recht, mich um meine eigenen Angelegenheiten zu kümmern, ohne mich in irgendetwas verwickeln zu lassen.

Jeder von uns wird zugeben, daß Gleichgültigkeit, obwohl sie vielleicht legal ist, moralisch gesehen doch nicht recht ist. Es ist eindeutig verkehrt, sich aus reiner moralischer Faulheit oder Teilnahmslosigkeit zu weigern, in dringenden Notsituationen helfend einzugreifen. Der Psychologe Rollo May hat Recht: »Nicht Haß ist das Gegenteil von Liebe, sondern Gleichgültigkeit.« Wie auch George Bernard Shaw bemerkt: »Die größte Sünde an unseren Mitmenschen ist nicht, sie zu hassen, sondern ihnen gleichgültig gegenüberzustehen; das ist das Wesen der Unmenschlichkeit.« Ein Christ ist darüber hinaus nicht an das Gesetz dieser Welt gebunden, sondern an das Gesetz des Christus, an das königliche Gesetz der Liebe.

Wie reagiere ich, wenn mein Freund vom Steg seines christlichen Wandels fällt? Er ist in Sünde gefallen, aber er schreit nicht um Hilfe. Vielleicht ruft er sogar: »Spring' doch hinein, das Wasser ist herrlich!« Und doch weiß ich, daß er sich selbst und vielleicht andere mit sich zerstören wird, wenn er in dieser Sünde verharrt. Es wäre viel einfacher, mich in Gleichgültigkeit (»Das ist seine Sache«) oder mit Verachtung (»Was hast du denn erwartet? Er ist ein Versager!«) abzuwenden. Aber *»ein Freund liebt zu jeder Zeit«* (Spr. 17, 17), sogar wenn mein Freund meine Hilfe nicht will, oder seine Not gar nicht erkennt, ich aber nicht gleichgültig zusehen kann.

Das Wort Gottes sagt sehr klar, daß ich Verantwortung für meinen Freund habe, wenn er in Sünde verstrickt ist. Das wird in Versen wie den folgenden deutlich: *»Habt acht auf euch selbst! Wenn dein Bruder sündigt, so weise ihn zurecht, und wenn er es bereut, so vergib ihm.«* (Lk. 17, 3)

»Brüder, wenn auch ein Mensch von einem Fehltritt übereilt wird, so bringt ihr, die Geistlichen, einen solchen im Geist der Sanftmut wieder zurecht. Und dabei gib auf dich selbst acht, daß nicht auch du versucht wirst!« (Gal. 6, 1)

»Meine Brüder, wenn jemand unter euch von der Wahrheit abirrt und jemand ihn zurückführt, so wißt, daß der, welcher einen Sünder von der Verirrung seines Weges zurückführt, dessen Seele vom Tode erretten und eine Menge von Sünden bedecken wird.« (Jak. 5, 19-20)

Die letzte Stelle wirft ein Problem auf. Wie bringe ich meinen Freund auf den Weg zurück, ohne ihn abzustoßen? Wie kann ich ihn wieder aufrichten und ihn nicht einfach nur tadeln? Ich möchte es ganz klar machen: Wir sprechen nicht von Situationen, wo jemand gegen uns sündigt. In diesem Fall trifft Matth. 18 zu. Aber nehmen wir an, jemand hat nicht mich beleidigt, sondern ist dem Herrn ungehorsam. Wie kann ich ihm helfen, wieder in lebendige Gemeinschaft mit seinem Heiland zu gelangen?

In der Freundschaft zwischen David und Jonathan finden wir keine Beispiele für einen solchen Dienst; aber es gibt ein solches in der Beziehung zwischen David und seinem späteren Freund, dem Propheten Nathan. Wenn wir uns ansehen, wie Nathan David diente und ihn wieder aufrichtete, lernen wir, wie der Herr auch uns in jenen traurigen Zeiten verwenden kann, wenn unsere Freunde in Versuchung fallen.

Die große Sünde Davids (2. Samuel 11, 1-5)

Nur wenige Geschichten der Bibel sind so bekannt wie die Geschichte von David und Bathseba. Tatsächlich wissen sogar Leute, die kaum eine Ahnung von der Bibel haben, zwei Dinge über David. »Aber natürlich, er ist doch derjenige, der den Riesen getötet hat und mit der Frau seines Offiziers Ehebruch beging.« Aber so bekannt die Geschichte auch sein mag, ist sie auch voll von weniger bekannter Unterweisung darüber, wie und warum selbst der geistlichste Christ in furchtbare Sünde fallen kann:

»Und es geschah bei der Wiederkehr des Jahres, zur Zeit, wenn die Könige ins Feld ausziehen, da sandte David Joab und seine Knechte mit ihm und ganz Israel aus. Und sie verheerten das Land der Söhne Ammon und belagerten Rabba. David aber blieb in Jerusalem. Und es geschah zur Abendzeit, daß David von seinem Lager aufstand und sich auf dem Dach des Königshauses erging. Da sah er vom Dach aus eine Frau baden. Die Frau aber war von sehr schönem Aussehen. Und David sandte hin und erkundigte sich nach der Frau. Und man sagte: Ist das nicht Bathseba, die Tochter Eliams, die Frau Urias, des Hetiters? Da sandte David Boten hin und ließ sie holen. Und sie kam zu ihm, und er lag bei ihr. Sie hatte sich aber gerade gereinigt von ihr Unreinheit. Und sie kehrte in ihr Haus zurück. Und die Frau wurde schwanger. Und sie sandte hin und berichtete es David und sagte: Ich bin schwanger.« (2. Samuel 11, 1-5)

Vorsicht: Erfolg!

Thomas Carlyle, der große Schriftsteller und Sozialkritiker im England des 19. Jahrhunderts, war begeistert von den großen Männern der Geschichte. Er war davon überzeugt, daß Geschichte von Helden geschrieben wird. Deshalb studierte und schrieb er über das Leben solcher Männer. Eine seiner Beobachtungen trifft auf David zu dieser Zeit seines Lebens zu: »Schlechte Zeiten setzen einem Mann manchmal hart zu; aber auf einen Mann, der gute Zeiten durchstehen kann, kommen hundert, die schlechte Zeiten durchhalten können.« Erfolg kann gefährlich sein!

Davids klägliches Versagen fiel in eine Zeit, die wie keine andere von Erfolg gekennzeichnet war. Er hatte zwanzig Jahre regiert und stand jetzt, Ende vierzig, in der Blüte seines Lebens. Er hatte Sieg um Sieg errungen, so daß sich die Grenzen Israels erweiterten und Israel zur größten militärischen Macht seiner Zeit wurde. »So half der HERR dem David überall, wohin er zog« (2. Sam. 8, 14). Unter seinem Volk hatte er außerordentlich großen Rückhalt. »Und David war König über ganz Israel. Und David übte Recht und Gerechtigkeit an seinem Volk« (2. Samuel 8, 15).

David war auch auf einem geistlichen Höhepunkt in seinem Leben angekommen. Er hatte zwanzig Jahre lang den ungetrübten Segen Gottes erfahren, denn wir lesen: »David wurde immer mächtiger, und der HERR, der Gott der Heerscharen, war mit ihm« (2. Sam. 5, 10). David hatte in seinem Herz ehrliche Liebe, und Gottes Sache war ihm vornehmstes Anliegen. Dies zeigt sich daran, wie er für die Bundeslade Gottes sorgte, wie er ständig nach dem Willen Gottes fragte, wie er dem Herrn einen Tempel bauen wollte, und auch in seinen Psalmen, die seine Liebe zu Gott deutlich machen. Er war wahrhaftig ein Mann nach Gottes Herz, und er wußte, wie man durch Glauben in Gemeinschaft mit Ihm wandelt.

Aber sogar ein Mann Gottes hat eine sündhafte Natur und ist zu schrecklichen Greueltaten fähig, wenn er nicht im Geist wandelt. Paulus war nicht zimperlich, als er schrieb: »Ich zerschlage meinen Leib und knechte ihn, damit ich nicht, nachdem ich anderen gepredigt habe, selbst verwerflich werde« (1. Kor. 9, 27). Selbstdisziplin, durch den Heiligen Geist bewirkt, ist ein ständiges Erfordernis im Leben eines Gläubigen. In zwei Bereichen versagte Davids Selbstdisziplin.

Erstens hatte er einen zügellosen Lebensstil entwickelt, besonders auf dem Gebiet der Sexualität. Gott hatte die Könige Israels im besonderen davor gewarnt, sich zahlreiche Frauen zu nehmen (5. Mose 17, 14-17); David hatte sich in seiner Amtszeit schon bald zumindest sechs Frauen genommen (2. Sam. 3, 2-5). Zügellosigkeit befriedigt ein erwachtes Verlangen nicht, sondern facht es an. Sogar sechs Frauen genügen einem Mann nicht, wenn er nicht bereit ist, seine sexuellen Triebe dem Willen Gottes unterzuordnen. So lesen wir später in 2. Sam. 5, 13: »Und David nahm noch Nebenfrauen und Frauen aus Jerusalem, nachdem er von Hebron gekommen war.«

Einen zweiten, weniger offensichtlichen Gefahrbereich finden wir in der einleitenen Bemerkung von 2. Samuel 11. Während sein Heer im

Kampf war, blieb David in Jerusalm. David drückte sich nicht vor seiner Verantwortung. Er wurde einfach nicht gebraucht, als sein Heer bei Rabba, der Hauptstadt der Ammoniter, Säuberungsaktionen durchführte, und so entschloß er sich, Urlaub zu machen. Aber die Zeit der Erholung kann zu einer großen geistlichen Gefahr werden, wenn wir die Realität des geistlichen Kampfes vergessen. David mag von dem Kampf gegen Ammon beurlaubt gewesen sein, aber es gab keinen Urlaub vom Kampf gegen das Fleisch. Weil David dieses Prinzip mißachtete, verlor er die größte Schlacht seines Lebens. C.S. Lewis erinnert uns:

»Gut und Böse vermehren sich wie Zinseszinsen. Darum sind auch unsere kleinen, alltäglichen Entscheidungen so unerhört folgenschwer. Die geringfügigste gute Tat von heute ist wie die Eroberung eines strategisch wichtigen Stützpunkts, von dem aus man viele Monate später Siege erringen kann, an die man nie gedacht hätte. Eine scheinbar belanglose Liebesaffäre oder ein heftiger Zornesausbruch kommen dem Verlust einer Hügelstellung, eines Eisenbahnknotenpunktes oder eines Brückenkopfs gleich, von dem aus der Feind unsere Stellungen womöglich im Sturm nehmen kann.«[2]

David hatte in seiner geistlichen Unachtsamkeit tatsächlich den Brückenkopf aufgegeben, und es zeigte sich jetzt im Angriff, wie verwundbar ein sorgloser Gläubiger sein kann. »Daher, wer zu stehen meint, sehe zu, daß er nicht falle« (1. Kor. 10, 12).

Wie man mit Versuchungen nicht umgeht

»Und es geschah zur Abendzeit, daß David von seinem Lager aufstand und sich auf dem Dach des Königshauses erging. Da sah er vom Dach aus eine Frau baden. Die Frau aber war von sehr schönem Aussehen. Und David sandte hin und erkundigte sich nach der Frau. Und man sagte: Ist das nicht Bathseba, die Tochter Eliams, die Frau Urias, des Hetiters? Da sandte David Boten hin und ließ sie holen. Und sie kam zu ihm und er lag bei ihr. Sie hatte sich aber gerade gereinigt von ihrer Unreinheit. Und sie kehrte in ihr Haus zurück.« (2. Samuel 11, 2-4)

Irgendwie würden wir erwarten, daß ein Ereignis, das derartig verheerende Folgen nach sich zog, von undurchsichtigen Umständen begleitet wäre. Wir meinen vielleicht, Sünde müsse immer häßlich und abstoßend wirken, und wir würden sie daher automatisch meiden. Ein Abendspaziergang an einem ruhigen, kühlen Abend im Frühling auf Deiner eigenen Dachterrasse in Jerusalem und ein unbekümmerter Blick in den Hof deines Nachbarn, scheinen kaum der Rahmen für eine Katastrophe zu sein. Doch als David auf den nackten Körper einer sehr schönen Frau blickte und ihn begehrte, setzte sich eine Kette von Vorgängen in Bewegung, denen David nicht mehr entfliehen konnte.

Es war nichts Schlimmes daran, den anziehenden Körper Bathsebas zu sehen. Aber als David seinen Blick auf ihr ruhen ließ, wurde der Blick zur Lust, und Versuchung wurde zur Sünde. Es ist sehr wichtig, die unterschiedliche Natur des männlichen und des weiblichen Geschlechtstriebs zu verstehen, wenn wir nicht nur David, sondern auch uns selbst verstehen wollen. James Dobson hat zwei wesentliche Unterschiede beschrieben, wie bei Männern und Frauen sexuelles Verlangen geweckt wird:

»Zunächst einmal erfolgt die Stimulierung beim Mann hauptsächlich auf visuellem Weg. Sie wird angeregt durch weibliche Nacktheit. Frauen sind dagegen weitaus weniger visuell ausgerichtet. Gewiß haben auch sie Gefallen an einem gut aussehenden männlichen Körper. Aber der physiologische Sexmechanismus wird von Natur aus nicht durch das in Gang gesetzt, was sie sehen; Frauen werden hauptsächlich über den Tastsinn stimuliert...

Zweitens (und wichtiger noch) sind Männer nicht sehr wählerisch in bezug auf die Persönlichkeit in einem aufregenden Körper. Ein Mann kann von einem knapp bekleideten Mädchen im Vorbeigehen auf der Straße in Stimmung versetzt werden, ohne den blassesten Schimmer von ihrer Persönlichkeit, ihren inneren Werten oder intellektuellen Fähigkeiten zu haben. Er wird allein von ihrem Körper angezogen. Entsprechend kann ihn das Foto eines unbekannten Nacktmodells beinahe genauso erregen wie die direkte Begegnung mit der Frau, die er liebt. Tatsächlich konzentriert sich die biologische Kraft des männlichen Sexualtriebs größtenteils auf den physischen Körper einer attraktiven Frau...

Frauen sind in bezug auf den Gegenstand ihres sexuellen Interesses sehr viel wählerischer. Sie erregen sich seltener am Anblick eines hübschen Playboys oder der Fotographie eines behaarten Muskelpakets; vielmehr konzentriert sich ihr Verlangen in der Regel auf eine spezielle Person, die sie achten oder bewundern. Eine Frau wird stimuliert durch die Romantik, die ihren Mann umgibt, durch seinen Charakter und seine Persönlichkeit. Sie gibt sich dem Mann hin, der ihr nicht nur physisch, sondern auch seelisch zusagt.«[3]

Es ist klar, daß dies Verallgemeinerungen sind, aber die Tatsache bleibt, daß David durch den bloßen Anblick einer Frau, die er nicht kannte, sexuell erregt wurde, obwohl er von attraktiven Frauen und Nebenfrauen umgeben war. Sein Fehler war nicht, daß er Bathseba sah, sondern daß er nicht die Flucht ergriff, als er sie sah (1. Korinther 6, 18; 2. Timotheus 2, 22).

In einer von Sex gesättigten Welt, wie der unseren, müssen wir die Haltung Hiobs annehmen: »*Einen Bund habe ich mit meinen Augen geschlossen. Wie hätte ich da auf eine Jungfrau lüstern blicken sollen?*« (Hiob 31, 1). David ist nicht schuldig, weil er Bathseba sah, sondern weil er den Blick auf sie heftete. Auch Bathseba war nicht ohne Schuld. In ihrem Mangel an Zurückhaltung mag sie zwar nicht beabsichtigt haben, David zu verführen, aber es hatte diese Wirkung. Für christliche Frauen ist es äußerst notwendig, ihr Leben nicht nach den Modezwängen der Welt, sondern nach biblischen Prinzipien der Sittsamkeit auszurichten.

Es ist von Bedeutung, daß David, als er von der Versuchung zum Ehebruch schritt, darauf aufmerksam gemacht wurde, daß er sich in Sünde verstrickte. Auf seine Anfrage erhielt er zur Antwort: »Ist das nicht Bathseba, die Tochter Eliams, die *Frau* Urias, des Hetiters?« (Hervorhebung vom Autor). Wer auch immer diesen Bericht brachte, er war aufmerksam genug, um Davids Absichten zu erkennen; aber selbst diese Information schreckte David nicht ab. Uria zählte zu den besten Kriegern (2. Sam. 23, 39), und war zu dieser Zeit für seinen König im Krieg. Aber auch diese Tatsachen konnten David in seiner Lust nicht bremsen. Alle Feinde hatte er besiegt, aber sein größter Feind war sein Ich. Bathseba war offenbar ein williger Partner, der sich einsam und von der Aufmerksamkeit des Königs geschmeichelt fühlte. Der Sohn, der aus ihrer Ehe hervorging, sollte später Worte schreiben, die sexuelle Ausschweifung treffend beschreiben:

> *»Gestohlenes Wasser ist süß,*
> *Und heimliches Brot schmeckt lieblich. —*
> *Und er weiß nicht, daß dort die Schatten sind,*
> *in den Tiefen des Scheol ihre Geladenen.«*
> (Sprüche 9, 17-18)

Unvermeidliche Folgen

»Und die Frau wurde schwanger. Und sie sandte hin und berichtete es David und sagte: Ich bin schwanger.« (2. Samuel 11, 5)

Zweifellos haben David und Bathseba ihre Liebelei als schönes und angenehmes Vergnügen betrachtet, als sie sich auf diese Sünde einließen. Vielleicht versuchte David, die Situation mit »Vernunft« wegzudiskutieren, indem er sein Verhalten mit dem anderer Könige verglich, die alle Frauen in ihrem Reich als ihr sexuelles Eigentum ansahen. Kein Volk des Nahen Ostens hätte die Tat Davids als Sünde betrachtet. Sie wäre höchstens als Kavaliersdelikt bezeichnet worden. Aber der König Israels war nicht der Urheber des Gesetzes, sondern er war dem Gesetz Gottes unterstellt. Egal wie die Maßstäbe der Menschen und der Gesellschaft aussahen, Gott betrachtete die Tat Davids als häßliche Sünde und als direkten Angriff auf Seine Person. Menschen mögen Sünden beschönigen oder sie in vielfältiger Weise durch Vernunft erklären, *»in den Augen des HERRN aber war die Sache böse, die David getan hatte«* (2. Sam. 11, 27).

Die sichtbarste Auswirkung der Sünde Davids war die Schwangerschaft Bathsebas. Als David Wochen nach dem Vorfall die Nachricht von Bathseba erhielt, muß die Welt für ihn eingestürzt sein. Eine einzelne vergangene Tat konnte nicht verborgen bleiben. Er hatte die Auswirkungen auf seine Beziehung zu Gott bereits gespürt, sie aber verdrängt. Doch ein Baby konnte man nicht ignorieren, und so begann David fieberhaft zu handeln.

Die Sünde Davids war der größte Fehler, den er machte, aber nun beging er einen beinahe ebenso großen. Er hätte seine Sünde bekennen und Gott um Gnade und Vergebung anflehen sollen. Aber er beschloß, die Sache selbst in die Hand zu nehmen, und anstatt seine Sünde zuzudecken, vergrößerte er sie noch. Wir sehen hier eine anschauliche Darstellung der grundlegenden Wahrheit des Wortes Gottes: *»Wer seine Verbrechen zudeckt, wird keinen Erfolg haben; wer sie aber bekennt und läßt, wird Erbarmen finden«* (Sprüche 28, 13).

Im Sog der Sünde

Davids Entscheidung, seine Sünde lieber zu verbergen als sie dem Herrn zu bekennen, hat sich auf alle weiteren Schritte fatal ausgewirkt. Die Bibel warnt uns vor dem »Betrug der Sünde«. Zunächst erscheint der Fall so einfach — eine vergnügliche Nacht mit einer schönen Frau. Die Anhänger des Hedonismus propagieren lautstark die sexuellen Freuden und den Genuß der Lustbefriedigung; aber sie zeigen uns nie die Kehrseite der Medaille. Die Schlange spricht mit geschickter Rede darüber, wie begehrenswert die verbotene Frucht ist, schweigt aber vielsagend über den unvermeidlichen Lohn der Sünde.

Die große Anstrengung Davids, alles zu kaschieren, brachte ihn in eine zunehmend niederträchtige Beziehung zu Uria. Zuerst versuchte er mit einem Trick, Uria zu bewegen, mit seiner Frau zusammenzukommen, um seine eigene Sünde zu verdecken. Als sich zeigte, daß Uria ein rechtschaffener Mann war, der für solche Methoden unempfänglich blieb, unternahm David den Versuch, ihn betrunken zu machen. Wiederum schlug der Trick fehl. Schließlich blieb für den großen König Israels in seiner Verzweiflung nichts anderes übrig, als den ehrbaren und mutigen Mann umzubringen. Kaltblütig verfaßte er das Todesurteil über Uria, sandte es sogar durch Uria selbst an den Heerführer Joab und hörte später mit Genugtuung, daß sein Plan erfolgreich verlaufen war. Es ist nicht leicht, den Zorn über seine »aufmunternde« Botschaft an Joab zurückzuhalten, der immerhin einen seiner besten Krieger verloren hatte. *»Laß die Sache nicht so schlimm sein in deinen Augen! Denn das Schwert frißt bald so, bald so«* (2. Sam. 11, 25).

Aber in den Augen Gottes war es äußerst schlimm!

An diesem Punkt, nachdem David Bathseba zur Frau genommen hatte, mag David gedacht haben, nun sei es ihm gelungen, seine Sünde zu verheimlichen. Aber er konnte den Auswirkungen seiner Schuld nicht entfliehen. Er schien sich verhärtet zu haben und begann, andere mit ungewöhnlicher Brutalität und Strenge zu behandeln. Beachte, wie er mit den Ammonitern verfuhr, als man die Stadt Rabba einnahm! *»Das Volk aber, das darin war, führte er heraus und stellte es an die Steinsäge, an die eisernen Pickel und an die eisernen Beile und ließ sie als Sklaven an den Ziegelformen arbeiten«* (2. Sam. 12, 31; vgl. 1. Chron. 20, 3). Solche Brutalität und unmenschliche Grausamkeit entsprach nicht im geringsten dem Wesen Davids; aber er war verhärtet durch die Sünde, die er gegen Uria begangen hatte.[4]

Am meisten beeinträchtigte die Sünde Davids jedoch seine Beziehung zu Gott und sein persönliches Glaubensleben. Diese geistliche Leere beschrieb er in Psalm 32, 3-4:

> *»Als ich schwieg, zerfielen meine Gebeine*
> *durch mein Gestöhn den ganzen Tag.*
> *Denn Tag und Nacht lastete auf mir deine Hand;*
> *verwandelt wurde mein Saft in Sommergluten.«*

Für den Mann, der das Leben so sehr liebte, als er mit seinem Gott lebte, war das Gefühl, verlassen zu sein, unerträglich und schmerzhaft. Es gab keinen Ausweg. Und doch verbrachte David ein ganzes Jahr in diesem Zustand. Erst als ein geisterfüllter Mann von Gott beauftragt wurde, David zur Rede zu stellen, wurde er befreit und aus seiner geistlichen Depression gerettet. Wie Nathan dabei vorging, ist von großer praktischer Bedeutung.

Echte Liebe weist zurecht

»Und der HERR sandte Nathan zu David. Und er kam zu ihm und sagte zu ihm: Zwei Männer waren in einer Stadt, der eine reich und der andere arm. Der Reiche hatte Schafe und Rinder in großer Menge. Der Arme hatte aber nichts als nur ein einziges kleines Lamm, das er gekauft hatte. Und er ernährte es, und es wurde groß bei ihm, zugleich mit seinen Kindern. Von seinem Bissen aß es, aus seinem Becher trank es, und in seinem Schoß schlief es. Es war ihm wie eine Tochter. Da kam ein Besucher zu dem reichen Mann; dem aber tat es leid, ein Tier von seinen Schafen und von seinen Rindern zu nehmen, um es für den Wanderer zuzurichten, der zu ihm gekommen war. Da nahm er das Lamm des armen Mannes und richtete es für den Mann zu, der zu ihm gekommen war.

Da entbrannte der Zorn Davids sehr gegen den Mann, und er sagte zu Nathan: So wahr der HERR lebt, der Mann, der das getan hat, ist ein Kind des Todes. Das Lamm aber soll er vierfach erstatten, dafür daß er diese Sache getan hat, und weil es ihm um den Armen nicht leid getan hat.

Da sagte Nathan zu David: Du bist der Mann! So spricht der HERR, der Gott Israels: Ich habe dich zum König über Israel gesalbt, und ich habe dich aus der Hand Sauls errettet, und ich habe dir das Haus deines Herrn gegeben und die Frauen deines Herrn in deinen Schoß und habe dir das Haus Israel und Juda gegeben. Und wenn es zu wenig war, so hätte ich dir noch dies und das hinzugefügt. Warum hast du das Wort des HERRN verachtet, indem du tatest, was böse ist in seinen Augen? Uria, den Hetiter, hast du mit dem Schwert erschlagen, und seine Frau hast du dir zur Frau genommen. Ihn selbst hast du ja umgebracht durch das Schwert der Söhne Ammon. Nun denn, so soll das Schwert von deinem Haus auf ewig nicht weichen, dafür daß du mich verachtet und die Frau Urias, des Hetiters, genommen hast, damit sie deine Frau sei. So spricht der HERR: Siehe, ich lasse aus deinem eigenen Haus Unglück über dich erstehen und nehme deine Frauen vor deinen Augen weg und gebe sie deinem Nächsten, daß er bei deinen Frauen liegt vor den Augen dieser Sonne! Denn du, du hast es im Verborgenen getan; ich aber, ich werde dies tun vor ganz Israel und vor der Sonne!

Da sagte David zu Nathan: Ich habe gegen den HERRN gesündigt. Und Nathan sagte zu David: So hat auch der HERR deine Sünde hinweggetan, du wirst nicht sterben. Nur weil du den Feinden des HERRN durch diese Sache Anlaß zur Lästerung gegeben hast, muß auch der Sohn, der dir geboren ist, sterben. Und Nathan ging in sein Haus zurück.« (2. Samuel 12, 1-15a)

Der Mann, den Gott wählt

Nathan war der Mann, den Gott erwählt hatte, um die notwendige Operation im Leben Davids vorzunehmen. Soweit es aus der Schrift ersichtlich ist, waren sich die beiden nur einmal in 2. Samuel 7 begegnet. In diesem Kapitel wird vom Höhepunkt des Lebens Davids berichtet, als Gott, der HERR, in einen feierlichen Bund mit ihm trat und ihm in Seinem Namen versprach, daß er den Thron Davids auf ewig festigen werde. Der Bund Davids, der eine ewige Nachkommenschaft, einen ewigen Thron und ein ewiges Königreich verheißt, ist die Grundlage für das Kommen des Messias. In diesem Sinn ist er eines der bedeutendsten und erhabensten Ereignisses der ganzen Geschichte der Menschheit.

Es war kein Zufall, daß Gott gerade Nathan zu David sandte. Er durfte ermahnen, weil er zuvor ermutigt hatte. Dieses Prinzip ist von enormer Bedeutung. Es gibt Christen, die scheinbar daran Gefallen haben, die Sünden anderer aufzuzeigen. Sie erwecken den Eindruck, als habe der Herr sie dazu ausersehen, sein »Exekutionskommando« zu sein, und scheinen sich an Verdammung und Schuld zu ergötzen. Sie haben ein Talent dafür, jene Gebiete im Leben aufzudecken, die nicht ganz in Ordnung sind. Sie nehmen an, daß der Heilige Geist seine Aufgabe nicht ausreichend erfüllt, und wollen ihn beim Überführen von Sünde unterstützen. Ich habe erlebt, wie Christen Scharen von Geschwistern im Herrn abschreckten und das Werk des Herrn hinderten, weil sie ermahnen wollten, anstatt zu ermutigen und zu fördern. Der Dienst der Ermutigung ist eine ständige Tätigkeit des Christen; Konfrontation sollte die Ausnahme sein. Wenn unser Leben diese Ausgewogenheit nicht besitzt, werden wir Menschen zerstören, anstatt sie wieder zurechtzubringen.

Wir müssen uns auch unserer Motivation gewiß sein und unserem Freund, der in Sünde gefallen ist, als Bruder und nicht als Richter begegnen. Es ist unverkennbar, daß Nathan von tiefer Liebe zu David gedrängt war. Wahrscheinlich wäre er dieser Aufgabe lieber ausgewichen. Dem König gegenüberzutreten und ihn wegen einer persönlichen Sünde anzuklagen, war alles andere als erfreulich. Aber es gibt eine einfache Regel: Wenn es dir Freude bereitet, die Sünde deines Bruders aufzuzeigen, dann laß es bleiben. Deine Haltung ist nicht recht. Konfrontation im Sinn Gottes kostet viel und ist eine unangenehme, aber unerläßliche Verantwortung, die man aus Liebe wahrnimmt.

Außerdem wußte Nathan, daß Gott ihn berufen hatte. »Der HERR sandte Nathan.« Meine Verantwortung, meinem Bruder gegenübertreten zu müssen, muß mir durch Zeit, die ich vor dem Herrn verbringe, bewußt werden. Das Wort Gottes ruft mich dazu auf, diesen Dienst zu tun; doch bedarf ich auch der Führung des Heiligen Geistes. Andernfalls werde ich impulsiv losziehen und im Leben eines anderen Schaden anrichten, der kaum wiedergutzumachen ist.

Diese drei Fragen sind sehr wichtig, um meine Verantwortung richtig einzuschätzen. Habe ich im Leben meines Freundes einen ermutigenden Einfluß ausgeübt und ihm meine wohlwollende Liebe gezeigt? Komme ich als Bruder oder als Kritiker, der einen Splitter aus dem Auge herausziehen will? (Matthäus 7, 1-5). Habe ich diesen Dienst dem Herrn anbefohlen, so daß ich mir Seiner Führung sicher sein kann? Wenn ich all diese Fragen bejahen kann, dann bin ich dazu geeignet, vom Heiligen Geist gebraucht zu werden, meinen Freund wieder zurechtzubringen. Aber wie soll ich die Sache angehen? In der Begegnung zwischen Nathan und David können wir sieben Grundsätze erkennen, die einen solchen Dienst des Zurechtbringens auszeichnen sollten.

Der Weg, den Gott wählt

Die erste unentbehrliche Voraussetzung: *die Tatsachen kennen*. Achte nicht auf Gerüchte oder Informationen aus zweiter Hand. Nathan wußte genauestens, was geschehen war, und er konnte mit David auf der Grundlage unbestreitbarer Tatsachen reden. Es ist nicht fair und sogar gefährlich, wenn man aufgrund von Geschwätz oder nur bruchstückhafter Information handelt. Liebe Deinen Freund so sehr, daß Du Dich um genaue Informationen bemühst!

Ein zweites Prinzip, das wir in der Handlungsweise Nathans sehen: *den rechten Zeitpunkt wählen*. Wir müssen uns bewußt machen, daß der Herr ein ganzes Jahr wartete, nachdem David gesündigt hatte, bevor Er Nathan zu David sandte. Nathan zögerte nicht aus Feigheit, sondern weil er wußte, daß es manchmal notwendig ist zu warten, bis der Herr das Herz des Bruders darauf vorbereitet hat, das Wort Gottes aufzunehmen. Deshalb müssen wir uns der Führung Gottes anbefehlen, sowohl bei der Entscheidung, ob wir hingehen sollen, als auch, wann wir hingehen sollen. Nicht nur einmal habe ich dem Herrn dafür gedankt, daß Er mich zurückgehalten hat, solange Er es für richtig hielt und nicht ich.

Bei Nathan sehen wir einen weiteren Grundsatz: *die Worte sorgfältig wählen*. Er stürzte nicht zu David hin und verurteilte ihn nicht mit einem Wortschwall. Er näherte sich ihm auch nicht auf eine Art und Weise, die David in den Augen anderer demütigen würde. Es ist deutlich, daß Nathan sehr sorgfältig überlegt hatte, was er sagen würde und wie er es sagen würde. Nichts war besser geeignet, Davids Herz zu treffen, als die Geschichte von einem armen Hirten und seinem Lieblingsschaf. David kannte die Situation aus eigener Erfahrung, und als er die Geschichte hörte, identifizierte er sich so sehr damit, daß er aus Zorn über den reichen Schafbesitzer beinahe die Beherrschung verlor. Wir sind vielleicht nicht so geschickt wie Nathan, Gleichnisse zu erfinden, die jemanden einer Schuld überführen; aber wir können unter Gebet überlegen, wie wir einen Freund ansprechen sollen, damit wir zum Kern der Sache kommen und er sich im Angesicht Gottes sieht.

Ein viertes Merkmal der Methode Nathans ist *heilige Freimütigkeit*. Sie zeigt sich, als Nathan zu der Pointe der Geschichte kommt: »Du bist der Mann!« Wir sehen sie aber schon früher, als sich Nathan entschloß, David persönlich unter vier Augen zu sprechen. Er schrieb weder einen Brief, noch machte er einen Telefonanruf; und er hat David auch nicht in aller

Öffentlichkeit mit einem Seitenhieb bedacht, während er sich hinter einem Rednerpult versteckte. Er brachte den König nicht hinter seinem Rücken ins Gerede. Nathan war so rechtschaffen und freimütig, daß er dem König von Angesicht zu Angesicht die Wahrheit sagte: »Du bist der Mann!« Der Herr Jesus läßt uns nicht in Zweifel, daß auch wir so vorgehen sollen. Er sagt uns: »*Wenn aber dein Bruder sündigt, so geh hin, überführe ihn zwischen dir und ihm allein*« (Matthäus 18, 15).

Es ist wichtig zu sehen, daß Nathan sofort das Wort Gottes zitierte, nachdem er die Schuld Davids ausgesprochen hatte: »So spricht der HERR, der Gott Israels.«. Nathan diskutierte nicht über die Umstände, wie es zur Sünde gekommen war, sondern er verwies den Sünder auf Gott, gegen den er gesündigt hatte. Wenn man jemanden in biblischer Weise ermahnt, ist es unumgänglich, daß man auf Gott ausgerichtet ist. Sünde ist nicht eine Angelegenheit zwischen mir und meinem Bruder, er ist auch nicht mir verantwortlich, sondern Gott. Die Botschaft Gottes lautete: »Du hast *mich* verachtet.« Es war nötig, daß David seine Sünde dem Herrn bekannte.

Jemand, der in Sünde gefallen ist, wird die Ernsthaftigkeit der Sünde und ihre Auswirkungen erst dann erkennen, wenn er sich am absoluten Maßstab des Wortes Gottes mißt. Nathan stellte David nicht durch menschliche Maßstäbe in Frage, sondern durch den absoluten Maßstab der Bibel, und so konnte er die häßlichen Folgen der Sünde Davids frei aussprechen. Davids Handlung war Auflehnung gegen Gott gewesen, und er mußte auf schmerzhafte Weise lernen, daß der Mensch nicht so sehr das Gesetz Gottes bricht, als daß er vielmehr selbst daran zerbricht. Für den Rest seines Lebens würde David die Früchte seiner Sünde ernten, wie Nathan es vorhersagte. Uns geht es aber um das Prinzip, daß wir unseren Freund dazu bringen, daß er seine Sünde im Angesicht Gottes betrachtet, indem wir ihn auf Gottes Wahrheit in der Heiligen Schrift hinweisen.

Da Nathan treu war, als er David darauf hinwies, daß seine Sünde eine Auflehnung gegen Gott war, können wir erkennen, wie das sechste Prinzip angewendet wird: *ein Dienst der Vergebung*. Davids Aufschrei in Vers 13 war der ehrliche Schrei aus seinem Herzen: »Ich habe gegen den HERRN gesündigt«; David schildert ihn in seiner Länge in Psalm 51. Sogleich antwortete Nathan mit dem Segen des gütigen Gottes: »So hat auch der HERR deine Sünde hinweggetan, du wirst nicht sterben.«

In Psalm 32 schreibt David von der Freude, die ihm dieser Zuspruch bereitete, und in demselben Kapitel betet er vor dem Herrn an. Gleichzeitig lernen wir eine sehr wichtige Lektion. Vergebung stellt zwar unsere Gemeinschaft mit Gott wieder her, aber sie beseitigt nicht die Folgen unserer Handlungen. Bis an sein Lebensende sollte die Sünde Davids eine Narbe in seinem Leben hinterlassen (1. Könige 15, 5), aber er sollte auch die Freude erleben, mit Gott durch diese Schwierigkeiten zu gehen. Das Wort Gottes gibt uns das Vorrecht, behaupten zu können, daß unsere Beziehung zu Gott unverzüglich wiederhergestellt wird, wenn wir Sünde bekennen und lassen (1. Joh. 1, 9).

Der letzte Schritt im Dienst Nathans an David war, daß *er ihm seine Liebe bezeugte*. David wußte, daß nicht nur Gott ihm vergeben hatte, sondern daß er auch von Nathan angenommen war. Etwa ein Jahr später wurde David und Bathseba wieder ein Sohn geboren, den David *Salomo* (»Friede«) nannte. Daran sehen wir, daß David die Vergebung Gottes angenommen hatte. Aber es wird uns berichtet, daß Nathan ihm einen besonderen Namen gab: »*Jedidja, um des HERRN willen*« (2. Sam. 12, 25). *Jedidja* bedeutet »der Liebling Jah's«. Was für ein Gott der Gnade! Das Kind von Ehebrechern, denen vergeben war, darf einen solch wunderbaren Namen tragen, und dieser Sohn sollte sogar der Erbe Davids sein, den der Heilige Gott dazu ausersehen hatte, Seinen Tempel zu bauen! Nathan hatte David nicht nur von der vergebenden Liebe Gottes erzählt, er hatte sie auch vorgelebt.

In 1. Könige 15, 5 finden wir eine Zusammenfassung des Lebens Davids: »*David hatte getan, was recht war in den Augen des HERRN, und von allem, was er ihm geboten hatte, war er nicht abgewichen alle Tage seines Lebens, außer in der Sache mit Uria, dem Hetiter.*« Nathan konnte die Sünde Davids nicht ungeschehen machen, aber er wurde von Gott dazu verwendet, ihn soweit wieder zurechtzubringen, daß dies der einzige Makel seines Lebens bleiben sollte. So sieht der Dienst des Zurechtbringens aus. Gibt es jemanden, für den dich der Herr als »Nathan« verwenden möchte?

Anmerkungen

[1] David Augsburger, The Freedom of Forgiveness (Chicago: Moody, 1970), S. 104.

[2] C.S. Lewis, Pardon ich bin Christ, Basel, Brunnen Verlag, 1977, S. 106.

[3] James Dobson, Das solltest du über mich wissen ..., Aßlar, Schulte + Gerth, 1976, S. 131-133.

[4] Wir sollten bemerken, daß die Zerstörung Rabbas chronologisch bald nach 2. Samuel 11, 25 erfolgt sein muß, obwohl sie erst am Ende des 12. Kapitels berichtet wird. Ein Jahr verging, bevor Nathan David gegenübertrat; Joab hätte nicht so viel Zeit benötigt, um Rabba einzunehmen.

8.
Wie man sich Freunde nicht auswählen soll

So oder so: Wir brauchen andere Menschen. Dies ist ein gottgegebenes Bedürfnis, das die Tür zu einigen der größten Segnungen des Lebens öffnet. Deshalb können wir uns ohne größere Bedenken der Philosophie anschließen, daß wir alle Freunde brauchen, die wir nur finden können.

Freundschaft hat jedoch eine Kehrseite. Es besteht nämlich die Gefahr, daß wir unser Leben den falschen Menschen öffnen. Es ist einfach doch nicht wahr, daß wir jeden Freund brauchen, den wir finden können. Es gibt manche Freunde, die wir mit Sicherheit nicht brauchen! Das wird auf tragische Weise im Leben des König Joasch deutlich.

Als junger Knabe stand er unter dem Einfluß des gottesfürchtigen Priesters Jojada. Jojada war um neunzig Jahre älter als Joasch, der bereits im Alter von sieben Jahren König von Juda wurde. Unter dem ständigen geistlichen Rat Jojadas war Joasch geistlich und politisch erfolgreich. *»Aber nach dem Tod Jojadas kamen die Obersten von Juda und beugten sich vor dem König nieder; und der König hörte auf sie. Und sie verließen das Haus des HERRN, des Gottes ihrer Väter, und dienten den Ascherim und den Götzenbildern. Da kam ein Zorn vom HERRN über Juda und Jerusalem wegen dieser ihrer Schuld«* (2. Chronik 24, 17-18).

Unter dem Einfluß dieser gottlosen Freunde führte Joasch sein Volk in Sünde, war verantwortlich für die Ermordung des Propheten Secharja, des Sohnes Jojadas, und erlitt eine militärische Niederlage durch ein kleines Heer von Aramäern. Tatsächlich fiel er so tief, daß ihn seine eigenen Knechte ermordeten, und seine Untertanen nicht zuließen, daß er in den Gräbern der Könige von Juda in Jerusalem begraben wurde.

Es ist offensichtlich, daß Joasch solche Freunde nicht nötig hatte. Viele unserer Bekanntschaften im Laufe des Lebens können wir nicht beeinflussen. Für gewöhnlich können wir uns unsere Nachbarn oder unsere Kollegen in der Arbeit oder in der Schule nicht aussuchen. Aber wir können unsere Freunde auswählen und tun das auch, wobei die Menschen, mit denen wir unsere Zeit verbringen, einen gewaltigen Einfluß auf unsere Persönlichkeit und unser Wertsystem ausüben. Man muß nicht unbedingt Christ sein, um eine solche grundlegende Tatsache des Lebens zu erkennen. Paulus zitierte den heidnischen griechischen Dichter Menander, als er die Christen in Korinth mit diesen Worten aufforderte: *»Irrt euch nicht: Böser Verkehr verdirbt gute Sitten!«*

Es ist leicht, einen solchen Rat als leere Phrase abzutun, wie eine Moralpredigt von Eltern, denen die Freunde ihres Teenagers nicht gefallen. Es ist keine leere Phrase, sondern eine Lebensregel, die für Senioren wie für Teenager gilt. Joasch war über dreißig Jahre alt, als ihn eine falsche Wahl von Freunden zu Fall brachte, und Salomo war sogar noch älter, als seine Frauen sein Herz von Gott abwandten. Sprüche 13, 20 gilt allgemein: *»Wer mit Weisen umgeht, wird weise; aber wer sich mit Toren einläßt, dem wird es schlechtgehen.«*

Die Auswahl von Freunden

Welche Kriterien sollten uns wichtig sein, wenn wir eine Freundschaft aufbauen wollen? Welche Charaktereigenschaften werden auf uns zerstörend wirken? Was mich betrifft: Welche positiven Eigenschaften sollte ich in meinem Leben fördern, und an welchen Mängeln sollte ich arbeiten, damit meine Freundschaft einen guten Einfluß auf andere hat? Das Buch der Sprüche hilft uns, diese Fragen zu beantworten, und macht uns dazu fähig, Freundschaften auszuwählen und aufzubauen, die Gott verherrlichen:

Lerne, alleine zu stehen!

Die Sprüche sind ein Lehrbuch für das tägliche Leben; es will uns lehren, in Weisheit zu leben. Das Wort *Weisheit* im Alten Testament beschreibt nicht intellektuellen Scharfsinn oder Anhäufung von Wissen, sondern es bedeutet einen »Einblick in die Fülle der Dinge und Lebenszusammenhänge«. Gemäß den Sprüchen sind zwei Dinge notwendig, um ein weises Leben zu führen: die rechte Einstellung zum Wesen Gottes (»Furcht Gottes«) und die rechte Einstellung zur Wahrheit Gottes (Verständnis und Gehorsam).

Heißt die Lebensphilosophie der Welt »Leben und Lernen«, so lautet die Philosophie des Buches der Sprüche umgekehrt »Lernen und Leben«. Es ist höchst bezeichnend, daß Salomo gleich nach den ersten sieben Versen, in denen er uns diese Schau vermittelte, in seiner ersten Botschaft auf die Auswahl unserer Freunde zu sprechen kommt und uns nachdrücklich davor warnt, mit den falschen Leuten zu verkehren.

»Gehorche, mein Sohn, der Zucht deines Vaters
und verwirf nicht die Weisung deiner Mutter!
Denn ein anmutiger Kranz für dein Haupt sind sie
und eine Kette für deinen Hals. —
Mein Sohn, wenn Sünder dich locken,
so folge ihnen nicht!
Wenn sie sagen: 'Geh mit uns!
Wir wollen auf Blut lauern,
wollen ohne Grund dem Rechtschaffenen nachstellen.
Wir wollen sie wie der Scheol lebendig verschlingen
und vollständig wie solche, die im Nu in die Grube hinabfahren.
Allerlei kostbaren Besitz werden wir finden,
werden unsere Häuser mit Beute füllen.
Dein Los wirf nur in unserer Mitte;
ein Beutel soll uns allen sein!'
Mein Sohn, geh nicht mit ihnen auf dem Weg,
halte deinen Fuß zurück von ihrem Pfad!
Denn ihre Füße laufen zum Bösen
und eilen, Blut zu vergießen.
In den Augen aller Vögel

ist das Fangnetz ja auch ohne Absicht bestreut;
doch jene lauern auf ihr Blut,
sie stellen ihrem Leben nach.
So sind die Pfade eines jeden, der unrechten Gewinn macht:
Der nimmt seinem Besitzer das Leben.«

(Sprüche 1, 8-19)

In diesem Abschnitt können wir eines der wichtigsten und tiefstgehenden Prinzipien für unser Leben lernen. Es scheint paradox zu sein: *Wer am besten zu guten Freundschaften fähig ist, ist auch am besten geeignet, allein zurechtzukommen.* Wenn jemand bereit ist, fest zu seinen Überzeugungen zu stehen, egal wieviel an Beliebtheit oder gesellschaftlicher Anerkennung er dadurch verliert, so kann man sich darauf verlassen, daß er seinen persönlichen Verpflichtungen nachkommt, auch wenn es etwas kostet. Einen aufrichtigen Charakter, den Mut, freundlich aber bestimmt 'nein' zu sagen, in schwierigen Situationen seinen Mann zu stehen und nicht unter Gruppenzwang klein beizugeben — solche Eigenschaften sollten wir bei unseren Freunden schätzen und in unserem eigenen Leben sorgfältig entwickeln.

Das Buch der Sprüche stellt uns vier Typen von Menschen vor, wobei drei von ihnen in Sprüche 1,22 von der Weisheit angesprochen werden: »Bis wann, *ihr Einfältigen*, wollt ihr Einfalt lieben und haben *Spötter* ihre Lust an Spott und hassen die *Toren* Erkenntnis?« (Hervorhebung vom Autor). Der vierte ist der *Weise*, der verständige Mensch (1,5). Sowohl wir als auch unsere Freunde gehören zu einer dieser Gruppen, und wir müssen sie unterscheiden lernen, nicht nur damit wir das Buch der Sprüche verstehen, sondern damit wir auch Menschen richtig einschätzen lernen.

Der erste Typ wird von der Schrift als *einfältig* oder unerfahren bezeichnet. Der Begriff kommt von einem hebräischen Verb, das 'offen sein' bedeutet, und das für jemand verwendet wurde, der empfänglich war für Überredungen und daher leicht verleitet oder überzeugt werden konnte. Mit anderen Worten, ein solcher Mensch hatte nie feste Überzeugungen gewonnen. Seine Wege können daher immer hinterfragt werden. Weil es ihm an Überzeugungen und moralischen Richtlinien mangelt (1,32), fehlt ihm auch die Urteilskraft (7,7). Weil er keine Leitlinien hat, glaubt er jedem Wort (14,15), kann leicht verführt werden (7,6) und ist blind für geistliche Gefahren (22,3; 27,12). Er ist aber kein hoffnungsloser Fall. Wenn er nur auf die Lehre der Weisheit hört, kann auch der Einfältige weise werden.

Der *Spötter* befindet sich in einer weit gefährlicheren Lage. Er wird durch drei Dinge gekennzeichnet: durch unglaublichen Stolz und maßlose Arroganz (21,24), durch Spaß, geistlichen Dingen gegenüber eine zynische, verächtliche und spöttische Haltung einzunehmen (1,22), und durch starke Abneigung gegen Ermahnung oder Zurechtweisung durch jede menschliche oder göttliche Autorität (9, 7-8; 13,1; 15,12). Eine spöttische Haltung zieht Konflikte und Trennung unmittelbar nach sich (22,10; 29,8), aber vor allem bringt sie einen Menschen unter das Gericht Gottes (3, 33-35).

Der dritte Typ ist der *Tor*. Dieser Titel will nicht seine geistigen Fähigkeiten beurteilen, sondern seine geistliche Einstellung. Unter den intelligentesten Menschen der Geschichte gab es solche, die das Buch der Sprüche als Toren bezeichnen würde. Das Hauptmerkmal solcher Menschen ist die Auflehnung gegen die Person und die Wahrheit Gottes (1,7). Tatsächlich liebt ein Tor seine Torheit (10,23; 26,11) und haßt die Wahrheit Gottes (1,22; 15,14). Ein verwandtes Wort im Hebräischen bedeutet 'Vertrauen' und erfaßt das wesentlichste Merkmal eines Toren: er richtet sein Vertrauen auf sich selbst anstatt auf Gott. Aber so gewiß er sich seiner eigenen Weisheit auch ist, so sprudelt sein Mund doch Torheit hervor (13,16; 14,7; 15,2.7; 18,7). Sein Name steht ihm ausgezeichnet, denn jeder, der sein eigener Helfer sein will, ist ein Tor. Er wird nicht nur sich selbst zerstören (1,32), sondern auch seine Freunde zugrunderichten (13,20).

In völligem Gegensatz zu den drei anderen steht der *Weise*. Weisheit bedeutet in der Bibel weit mehr als Intelligenz. Das sieht man schön in der Beschreibung der Handwerker, die das Heiligtum bauten. *»Und Bezalel und Oholiab und alle Männer mit einem weisen Herzen, denen der HERR Weisheit und Verstand eingegeben hatte, damit sie die ganze Arbeit zum Bau des Heiligtums ausführen könnten, ...«* (2. Mose 36, 1-2; 35, 30-35). Das Wort *Weisheit (hokmah)* weist uns darauf hin, daß Weisheit eine Geschicklichkeit ist, die durch Übung und Erfahrung erlernt werden kann.

Ein weiser Mensch besitzt Geschicklichkeit in den Dingen des Lebens, die auf seine Gottesfurcht und sein Vertrauen Gott gegenüber gegründet ist und die er sich dadurch erworben hat, daß er das Wort Gottes lernt und im täglichen Leben anwendet. Das Neue Testament erwähnt noch zwei weitere Elemente der Weisheit. Der Herr Jesus lehrt uns, daß Weisheit auf einem festen Fundament errichtet werden muß (Matthäus 7,24), und Paulus sagt uns, daß Weisheit in unserer Einstellung zum Kreuz erkennbar wird. Die Weisheit der Welt hat für das Kreuz nichts übrig, aber die Weisheit Gottes sagt uns, daß nichts kostbarer ist als *»Christus, Gottes Kraft und Gottes Weisheit«* (1. Korinther 1,24).

Der Prüfstein der Weisheit ist die Frage, ob jemand bereit ist, sich von der Wahrheit Gottes belehren zu lassen. Ein Mensch, der das Wort Gottes nicht hören und ihm nicht gehorchen will, ist nicht weise. Einem weisen Menschen bedeutet es viel, die Wahrheit Gottes zu hören, und darauf mit Gehorsam zu antworten. Dieser Prüfstein der Weisheit wird in Sprüche 9, 7-11 sehr treffend beschrieben:

> *»Wer den Spötter zurechtweist, holt sich nur Schande;*
> *und wer den Gottlosen rügt, holt sich selbst einen Makel.*
> *Rüge nicht den Spötter, damit er dich nicht haßt;*
> *rüge den Weisen, so wird er dich lieben!*
> *Gib dem Weisen, so wird er noch weiser;*
> *belehre den Gerechten, so lernt er noch mehr!*
> *Die Furcht des HERRN ist der Weisheit Anfang;*
> *und Erkenntnis des allein Heiligen ist Einsicht.*
> *Denn durch mich werden zahlreich deine Tage,*
> *und es mehren sich dir die Jahre des Lebens.«*

Diese vier Menschentypen sind heute genauso aktuell wie zur Zeit Salomos. Der Heilige Geist hat sie uns als Richtschnur gezeichnet, damit wir Menschen richtig einschätzen können. Wir sollen nicht einen richtenden und kritiksüchtigen Geist in unseren Beziehungen zu anderen Menschen haben, aber das bedeutet nicht, daß wir nicht den Charakter unserer Freunde und Bekannten einschätzen sollten. Unterscheidungsvermögen ist ein Zeichen von Reife, und wenn wir den Weg der Weisheit gehen wollen, müssen wir lernen, andere Menschen in Güte realistisch zu betrachten und ihren Einfluß auf unser Wesen zu erkennen.

Die Strategie der Versuchung

Menschen sind nicht sittlich neutral. Sie beeinflussen unser Leben entweder zum Guten oder zum Bösen. Sie bewirken, daß wir ihnen ähnlich werden. Weil sie uns in die Kategorie von Menschen hineinziehen, der sie selber angehören, müssen wir die grundlegende Lebensregel in Sprüche 13,20 beachten: »*Wer mit Weisen umgeht, wird weise; aber wer sich mit Toren einläßt, dem wird es schlechtgehen.*« Deshalb die Warnung in Vers 10: »*Mein Sohn, wenn Sünder dich locken, so folge ihnen nicht!*« In Wirklichkeit ist es keine Frage, daß Sünder einen Gläubigen verlocken werden. Die eigentliche Frage ist, ob ein Gläubiger darauf eingeht oder nicht.

Es fällt auf, daß das Wort *verlocken* in 1,10 das Verb ist, von dem der Ausdruck *einfältig* stammt. Wie wir bereits gesehen haben, ist seine erste Bedeutung: 'offen sein', und weiter: 'eine offene Gesinnung haben, sodaß man getäuscht oder verlockt werden kann'. Das Wort selbst zeigt uns einen wesentlichen Aspekt in der Strategie der Versuchung, nämlich den Aufruf, für neue Erfahrungen und neue Werte offen zu sein. Alle werden uns verleiten, ihnen unser Leben zu öffnen: der Spötter, der biblische Werte verhöhnt, der Tor, der biblische Werte kritisiert und der Einfältige, dem biblische Werte fehlen und der in einem sittlichen Vakuum lebt. »Na los, leb' dich aus! Öffne dich! Erweitere deinen Horizont!« Diese Verlockungen werden empfängliche Saiten in unserer sündhaften Natur zum Schwingen bringen.

Unsere Überzeugungen werden aber selten direkt angegriffen. Versuchung ist ein Prozeß; er wird in 1, 11-14 beschrieben. Zu Beginn steht die *Einladung:* »Geh mit uns!« Es eröffnet sich der schöne Ausblick, mit dabei zu sein, gefragt zu sein, dort zu sein, wo etwas los ist. Immerhin handelt es sich um Menschen, die uns interessant erscheinen und die wir bewundern, und haben sie uns nicht versichert, daß sie unsere Empfindungen und Überzeugungen verstehen und sie ernst nehmen? Alles geht hier ohne Zwang! Und so schließen wir uns ihnen an.

Dann folgt als zweiter Schritt die *Beeinflussung* (Verse 11-13). Wir sind Teil der Gruppe geworden, und sie bemühen sich, ihre Taten aufregend und verlockend darzustellen. Nicht viele würden Worte wie in diesen Versen wählen. Der Aufruf »Wir wollen auf Blut lauern!« stößt die meisten von uns ab. Aber der Heilige Geist möchte uns zeigen, daß jede Sünde in den Augen Gottes ein Greuel ist, egal, wie schön sich die Menschen ausdrücken. Der Verführer malt die Sünde in aufregenden und schillernden Farben. Wir werden von einer fortwährenden Flut von Propaganda überschwemmt, die uns unterschwellig dazu verführt, Sünde mit den Augen der Welt zu betrachten anstatt mit Gottes Augen. Und je mehr Zeit wir mit Menschen verbringen, die diesen Lebensstil propagieren und vorleben, umso stärker werden wir beeinflußt.

Hier hilft es uns, die Erfahrung Daniels zu betrachten. Als Jugendlicher wurde er von zu Hause verschleppt und in die größte und schlimmste heidnische Stadt seiner Zeit gebracht, um in der babylonischen Kultur unterrichtet zu werden. Von seiner Umgebung und seinen Eltern abgeschnitten, durch die Pracht und die heidnische Kultur Babylons eingeschüchtert, mit der heidnischen Propaganda der Bildung Babylons überschüttet, mit einem neuen Namen benannt, damit er sich mit seiner neuen Umwelt identifizieren könnte, und mit allen Voraussetzungen für einen königlichen Lebensstil in Luxus — so sollte er zu einem Babylonier gemacht werden und alle Art seiner hebräischen Vergangenheit ablegen. Dieses Vorhaben scheiterte jedoch, weil Daniel wußte, wo die Grenze zu ziehen war. »*Aber Daniel nahm sich in seinem Herzen vor, sich nicht mit der Tafelkost des Königs und mit dem Wein, den er trank, unrein zu machen*« (Daniel 1,8). Dies betraf zwei Dinge: er weigerte sich, die Speisegebote Gottes zu übertreten, und er lehnte es ab, einen heidnischen Lebensstil anzunehmen. Er war klug genug zu erkennen, daß er bald genauso wie sie denken würde, sollte er sich dazu überreden lassen, so wie sie zu leben. Diese Wahrheit gilt auch heute! Wenn wir uns einmal einen Christ-fremden Lebensstil zu eigen gemacht haben, ist die entscheidende Kapitulation bereits erfolgt.

Als letzter Schritt folgt schließlich die *Verstrickung:* »*Dein Los wirf nur in unserer Mitte*« (Sprüche 1,14). Wir haben einen langen Weg hinter uns von dem einfachen: »*Geh mit uns*« in Vers 11. In einem langsamen und unvermeidlichen Prozeß sind moralische Schranken niedergerissen worden, und so ist aus dem Beteiligten von Vers 11 ein aktiver Teilnehmer geworden, der nicht nur an der Freude, die Vers 14 verspricht, Anteil hat, sondern auch an den unausweichlichen Folgen, die in den Versen 16 bis 19 beschrieben werden. Es ist wichtig, daß wir diese Entwicklung erkennen.

Vor mehreren Jahren hatte meine Tochter eine frustrierende Allergie. Gegen alles, was blühte, war sie allergisch. Das ist kein Problem, wenn man in Saudi Arabien lebt, aber unter normalen Verhältnissen wird das Leben dadurch ziemlich schwer. Als die Diagnose feststand, mußte sie sich einer Reihe von Injektionen unterziehen, wodurch sie allmählich weniger empfindlich wurde. Die Behandlung dauerte etwa sechs Monate, aber am Ende dieser Zeit zeigten viele der Dinge, die früher sofort eine Reizung hervorgerufen hatten, keine Wirkung mehr. Dadurch, daß sie einem Stoff schrittweise ausgesetzt wurde, ist sie mit der Zeit dagegen immun geworden. Im geistlichen Bereich ist der Verlust unserer geistlichen Empfindsamkeit hingegen kein Segen. Die fortgesetzte Freundschaft mit dem Einfältigen, mit Spöttern oder mit Toren wird uns allmählich zu Handlungen und Haltungen verleiten, die uns zu Beginn unserer Beziehung nicht einmal in den Sinn gekommen wären.

Lerne, nein zu sagen

Die große Lektion, die wir aus dem Buch der Sprüche lernen sollen, ist die Tatsache, daß andere uns zwar verlocken, unsere Zustimmung aber nicht erzwingen können. Es gibt drei praktische Wahrheiten, die wir lernen müssen:

1. *Wir müssen der Verführung mit unseren Überzeugungen entgegentreten.* Wenn Sünder uns verlocken, wird es kaum nützen, wenn wir mit Vorurteilen (»Ich finde«), Meinungen (»Ich denke«) oder Vorlieben (»Mir gefällt«) antworten. Die einzig angemessene Antwort auf den äußeren Druck der Verführung sind innere gottgegebene Überzeugungen, die auf dem Wort Gottes basieren. Das ist auch die Botschaft von 5. Mose 11, 16-18: *»Hütet euch, daß euer Herz sich ja nicht betören läßt* (wörtlich 'verlocken')... *Und ihr sollt diese meine Worte auf euer Herz und auf eure Seele legen und sie als Zeichen auf eure Hand binden.«* Wenn Gottes Wort uns beherrscht, werden wir fähig sein, auch den äußersten Belastungen standzuhalten.

2. *Überzeugungen müssen bestimmt und mit Güte ausgedrückt werden.* »So folge ihnen nicht!« Dieser Rat fordert die offene und klare Weigerung, sich auf Sünde einzulassen. Das wichtigste Wort, das wir lernen können, ist das kleine Wort: 'Nein'; nicht mit frommer Selbstgerechtigkeit oder schlechtgelaunter Verachtung, sondern gütig, bestimmt und endgültig. Aber wir müssen es aussprechen. Wir dürfen nicht mit schwachen Ausreden oder nebensächlichen Argumenten spielen. Auch hier ist uns Daniel ein großes Vorbild. Er behauptete nicht, daß er gegen manche Lebensmittel allergisch reagiere. Er sprach seine Überzeugung deutlich aus. Er hat sich nicht gewunden, sondern war vielmehr erfinderisch und gütig, aber dennoch unnachgiebig.

3. *Bestimmte Freundschaften sollten wir vermeiden und nicht anstreben.* Vers 15 drückt es so aus: *»Mein Sohn, geh nicht mit ihnen auf dem Weg, halte deinen Fuß zurück von ihrem Pfad!«* Das ist die deutliche Anweisung, keine Freundschaften mit Spöttern oder Toren einzugehen. *»Wer sich mit Toren einläßt, dem wird es schlechtgehen«* (Sprüche 13,20). *»Den Pfad der Gottlosen betritt nicht, beschreite nicht den Weg der Bösen! Laß ihn liegen, geh nicht darauf, weiche von ihm und geh vorbei!«* (Sprüche 4, 14-15).

Gott warnt uns, daß es besser ist, keine Freunde zu haben, als die falschen Freunde. Es ist besser, allein zu sein, als mit den falschen Menschen zusammen zu sein. Daran erinnern uns auch die ersten Verse im Buch der Psalmen: *»Glücklich der Mann, der nicht folgt dem Rat der Gottlosen, den Weg der Sünder nicht betritt und nicht im Kreis der Spötter sitzt, sondern seine Lust hat am Gesetz des HERRN und über sein Gesetz sinnt Tag und Nacht!«* (Psalm 1, 1-2).

Vorsicht: Ansteckende Krankheiten!

Das Buch der Sprüche begnügt sich nicht mit einer allgemeinen Warnung vor engen Freundschaften mit Spöttern und Toren, sondern führt uns auch fünf besondere Wesenszüge vor Augen, damit wir uns vor ihnen in acht nehmen, weil sie besonders ansteckend sind:

1. Der Schwätzer

»Wer Anvertrautes preisgibt, geht als Verleumder umher;
und mit dem, der seine Lippen aufsperrt, laß dich nicht ein!«

(Sprüche 20,19)

Das Wort, das hier mit 'Verleumder' übersetzt ist, vermittelt im hebräischen Urtext ein interessantes Bild. Es beschreibt einen Menschen, der als Händler oder Verkäufer von einem Ort zum nächsten zieht. In unserem Zusammenhang beschreibt es jemand, der mit Auskünften und Geschwätz handelt — ein Mensch, der immer Neuigkeiten über andere auf Lager hat, die er mit großem Vergnügen herumreicht. Das Wort 'Anvertrautes' bezieht sich auf vertrauliche Gespräche, die zwischen zwei Menschen stattfanden; aber ein solcher Mensch kennt keine Treue, und Anvertrautes wird offen und unverhüllt anderen preisgegeben. *»Wer als Verleumder umhergeht, gibt Anvertrautes preis; wer aber zuverlässigen Sinnes ist, hält die Sache verborgen«* (11,13). *»Ein Ohrenbläser entzweit Vertraute«* (16,28; vgl. 17,9; 18,8).

Die Warnung ist deutlich: *»Mit dem, der seine Lippen aufsperrt, laß dich nicht ein!«* Der Ausdruck: 'die Lippen aufsperren' ist eine bildhafte Darstellung. Menschen, die ihren Mund nicht halten können, sollten wir meiden. Erstens, weil sie Dir nicht treu sein werden; zweitens, weil sie anderen nicht treu sein werden und Deine Meinung von anderen Menschen verdrehen werden; und drittens, weil sie Dich mit ihrer kritischen Haltung anderen gegenüber anstecken werden und Du Deine Zeit damit verbringen wirst, die Fehler und das Versagen anderer zu untersuchen, was für niemand von Nutzen sein wird, am allerwenigsten für Dich.

2. Der Jähzornige

»Laß dich nicht ein mit einem Zornigen,
und mit einem Mann, der sich schnell erregt, verkehre nicht,
damit du dich nicht an seine Pfade gewöhnst
und eine Falle stellst für dein Leben!«

(Sprüche 22, 24-25)

Dieser Spruch denkt an einen Menschen, dessen Gefühle außer Kontrolle geraten sind. Er ist gewohnt, den ganzen Druck, den er in sich aufgestaut hat, abzulassen, aber Menschen in seiner Nähe verbrennen sich dabei oft. Ein Zorniger ist jemand, der von seinem Zorn beherrscht wird. Seine mangelnde Fähigkeit, die Gefühle im Zaum zu halten, macht deutlich, daß er von Groll und Bitterkeit erfüllt ist. Eine solche Haltung reißt andere schnell mit. *»Ein zorniger Mann erregt Streit, und ein Hitziger ist reich an Vergehen«* (29,22).

Kaum etwas ist so ansteckend wie ein kritischer und empfindlicher Geist.

Wenn ich mit Menschen verkehre, die ständig ihre Bitterkeit und ihre negative Einstellung zum Ausdruck bringen, werde ich es sehr schwer haben, mich von ihrer Lebenseinstellung nicht anstecken zu lassen. Wenn ich meine Zeit mit jemand verbringe, der sich nicht beherrschen kann, werde ich in einige sehr peinliche Situationen geraten, weil sein unkontrollierter Zorn sich auch auf mich auswirken wird. *»Wer maßlos zornig ist, muß seine Geldbuße zahlen; denn greifst du auch ein, so machst du es nur noch schlimmer«* (19,19). Eine unbeherrschte Gesinnung, voll von Verbitterung und Zorn, wird nur allzu leicht meine Gesinnung verbittern, meine Motivation zerstören und mir jede Freude nehmen. Daher gibt uns Gott den Rat: *»Laß dich nicht ein mit dem Zornigen.«*

3. Der Treulose und Unzufriedene

»Fürchte den HERRN, mein Sohn, und den König!
Mit Aufrührern laß dich nicht ein!
Denn plötzlich erhebt sich ihr Verderben
und ihrer beider Untergang unvermutet.«
(Sprüche 24, 21-22)

Die Menschen, die hier als 'Aufrührer' bezeichnet werden, sind nicht kreative Erfinder, die den Fortschritt vorantreiben, sondern Rebellen und Untreue. Sie bilden die Gesellschaft der Unzufriedenen, die ständig hadern mit dem Willen Gottes für ihr Leben und mit denjenigen, deren Autorität sie unterstellt sind. Das Wort Gottes ruft uns zu einer Haltung der Gottseligkeit und Genügsamkeit auf (1. Timotheus 6,6). Wenn ich mich mit Menschen umgebe, die sich dauernd beschweren und Autoritäten untergraben, sei es Gottes Autorität oder eine von Ihm eingesetzte Autorität, so wird es schwierig für mich werden, Gott und den Menschen die rechte Ehre zukommen zu lassen.

4. Der Zügellose

»Wer das Gesetz befolgt, ist ein verständiger Sohn;
wer sich aber mit Schlemmern einläßt, macht seinem Vater Schande.«
(Sprüche 28,7)

Das Wort 'Schlemmer' gibt uns im Hebräischen ein lebhaftes Bild. Der Wortstamm bedeutet: 'leicht sein', und es nahm die Bedeutung an: 'für leicht halten, wenig Wert beimessen' und dann auch: 'verschwenden, der Verschwendung frönen'. Schlemmerei ist nur ein Symptom dieser Krankheit. Eigentlich handelt es sich um jede Form von ausgelassener Zügellosigkeit, angefangen von der deutlichen Konsumhaltung, die immer das Beste und Neueste haben muß, bis zur Genußsucht, die immer dem letzten Schrei folgt.

Warum werden wir vor solchen Menschen gewarnt? Wenn wir uns von einem zügellosen Lebensstil welcher Art auch immer einfangen lassen, werden unsere Herzen langsam von der Herrschaft Jesu Christi fortgezogen.

Wir können nicht gleichzeitig den Lebensstil der Welt annehmen und als Jünger Christi leben. Wenn wir uns also mit ausgelassenen und zügellosen Freunden umgeben, werden wir in einen unmittelbaren Konflikt mit den Ansprüchen geraten, die der Herr an uns stellt.

5. Der Unsittliche

»Ein Mann, der Weisheit liebt, erfreut seinen Vater;
wer sich aber mit Huren einläßt, richtet den Besitz zugrunde.«
(Sprüche 29,3)

Wie dieses Sprichwort es feststellt, ist die Botschaft so klar, daß sie nicht in Frage gestellt werden kann. Offensichtlich ist die Freundschaft mit Huren für einen Christen undenkbar. Man kann dieses Prinzip aber ausweiten. Wenn ich mich mit Freunden umgebe, deren Maßstäbe und Praxis der Sexualität dem Wort Gottes widersprechen, dann bin ich auf dem Weg ins Verderben. Das Prinzip geht noch tiefer. Wenn ich mit Menschen Umgang pflege, die Spaß an schmutzigem Gerede haben und deren moralische Normen sich auf niedrigstem Niveau bewegen, statt von der Erhabenheit Gottes geprägt zu sein, dann habe ich die falschen Freunde gewählt.

Die andere Seite

Immer wieder haben wir im Buch der Sprüche dieselbe Botschaft gefunden: *»Wer sich mit Toren einläßt, dem wird es schlechtgehen«* (13,20). Ich werde den Menschen ähnlich werden, mit denen ich freiwillig meine Zeit verbringe, und es ist notwendig, daß ich den Einfluß, den bestimmte Menschen auf mein Leben ausüben, realistisch einschätze.

Heißt das aber, daß ich solche Menschen einfach abschreiben muß und nichts mit ihnen zu tun haben sollte? Wer wird diese Menschen erreichen, wenn ich sie nicht beachte? Die Antwort finden wir in der ersten Hälfte von Sprüche 13,20, die uns eine weit positivere Schau vermittelt: *»Wer mit Weisen umgeht, wird weise.«* Wenn ich meine engsten und bedeutendsten Freundschaften mit Menschen pflege, die sich an die Weisheit Gottes halten, stehe ich auf festem Grund, um auch andere zu erreichen. Wir sollten die Haltung des Psalmisten fördern: *»Ich bin der Gefährte aller, die dich fürchten, derer, die deine Vorschriften einhalten«* (Psalm 119,63). Wenn wir uns Freunde auswählen, dann sollten wir vor allem dafür sorgen, daß diejenigen, die uns am stärksten beeinflussen werden, Menschen sind, die den Herrn Jesus Christus kennen und Ihm gehorchen.

Es ist bedeutsam zu erkennen, nach welchen Kriterien David seine Freunde auswählte. In Psalm 101 schreibt er von Eigenschaften, die er in den Menschen suchte, die um ihn waren, und von solchen, denen er aus dem Weg ging. Als König hatte er Gewalt über Menschen, die wir nicht haben, aber es ist bezeichnend, daß der »Mann nach Gottes Herz« sehr wählerisch in seinem Umgang war. Weil er wirklich ein Mann Gottes sein wollte, war es ihm nicht gleichgültig, welche Menschentypen in seiner Nähe waren. Wenn du den Psalm liest, achte darauf, welche positiven Eigenschaften David im Leben derer suchte, die einen Dienst in seinem Leben ausüben durften:

> »Von Gnade und Recht will ich singen;
> dir, HERR, will ich spielen.
> Ich will einsichtig handeln auf vollkommenem Weg.
> Wann wirst du zu mir kommen?
> Ich will mit lauterem Herzen wandeln in meinem Hause.
> Ich will keine heillosen Dinge ins Auge fassen;
> Übertretungen zu begehen, hasse ich;
> Das soll nicht an mir kleben.
> Ein verkehrtes Herz soll von mir weichen,
> Böses will ich nicht kennen.
> Wer seinen Nächsten heimlich verleumdet,
> den will ich stumm machen.
> Wer stolze Augen und ein hochmütiges Herz hat,
> den will ich nicht dulden.
> Meine Augen sind auf die Treuen im Lande gerichtet, damit sie bei
> mir wohnen.
> Wer auf vollkommenem Weg wandelt, der darf
> mir dienen.
> Im Innern meines Hauses soll nicht wohnen, wer Trug übt.
> Wer Lügen redet, soll nicht bestehen vor meinen Augen.
> Jeden Morgen will ich alle Gottlosen des Landes stumm machen,
> um aus der Stadt des HERRN alle Übeltäter auszurotten.«

(Psalm 101, 1-8)

David wußte, daß er in einem Kampf um die Reinheit seines Wesens stand. Durch seine Hingabe an den Herrn hatte er ein klares Verständnis von Freundschaft erlangt. Was möchtest Du für Deinen Herrn sein? Wenn Du diese Frage beantwortet hast: Passen Deine Freundschaften dazu?

9.
Ein Weg weit darüber hinaus...

Ich verbrachte meine Mittelschulzeit an einer Schule, die zu Ehren des großen britischen Politikers Sir Winston Churchill benannt war. Vielleicht ist das mit ein Grund, warum mich das Leben und die Karriere dieses Mannes, der sein Land vom Rand der Niederlage im Zweiten Weltkrieg wieder aufrichtete, schon immer fasziniert hat. Wegen seiner glänzenden Laufbahn als politischer Anführer sehen und achten wir ihn als eine der größten Gestalten dieses Jahrhunderts, doch wir neigen dazu, all die langen Jahre zu übersehen, die er vorher in der politischen Einöde verbracht hatte. Milde ausgedrückt, war sein Aufstieg stürmisch, und manchmal war er der am meisten verachtete und verschmähte Mann in der Politik Großbritanniens. Und doch war es Churchill, an den sich das verzweifelte Volk in seiner kritischsten Stunde wandte. Sein Mut hat den Löwen des britischen Wappens wieder zum Brüllen gebracht.

Während der letzten zwanzig Jahre seines Lebens war Sir Charles Wilson, der spätere Lord Moran, Hausarzt Churchills. Auf Grund dieser Stellung sah Moran Churchill, wie ihn sonst nur wenige sehen konnten, und das verleiht seinen Aufzeichnungen besonderen Wert. In seinem letzten Kapitel versucht er, das Leben Churchills zu durchleuchten und der Frage auf den Grund zu gehen: »Was war das letztendliche Geheimnis für Churchills meisterhaften Umgang mit Menschen?« Nachdem er mehrere Aspekte diskutiert und verworfen hat, zielt er auf einen ab, durch den sich Churchill auszeichnete:

»Wie kam es, daß man jenen Mann, der in Friedenszeiten isoliert dastand und von keiner Partei Unterstützung erhielt, im Krieg grob gesprochen tun und lassen ließ, was er wollte? Wie Smuts sagte, war er der eine unabkömmliche Mann! Er hatte etwas an sich, das andere nicht hatten. Ich denke, er war ein Weiser. Er scheint kein genialer Soldat gewesen zu sein. Er hatte sogar nicht einmal eine angeborene Führungsgabe. Was übrig bleibt, ist eine außergewöhnliche Konzentration auf ein einziges Ziel ... sie wurde zu einer fixen Idee ... den Sieg um jeden Preis. Er hatte nur eins im Sinn, und das verlieh ihm diese unvergleichliche Kraft während des Krieges. Laut William James ist dies der entscheidende Faktor für die Größe eines Menschen. Denn ein Genie unterscheidet sich von gewöhnlichen Menschen nicht durch besondere, angeborene geistige Fähigkeiten, sondern durch die Ziele und Absichten, die er verfolgt, sowie durch das Ausmaß an Konzentration, das er aufbringt, um sie zu erreichen.«[1]

In Morans Augen war das Einzigartige an Churchill sein großes Zielbewußtsein und sein unerschütterlicher Einsatz, das Ziel zu erreichen. Diese Fähigkeit, die Nebelwand zu durchbrechen, das Wesentliche zu erkennen und es ständig im Auge zu behalten, führt in nahezu jedem Lebensbereich zum Erfolg. Auch im Glaubensleben darf dieser Gedanke nicht vernachlässigt werden. Wenn wir dem Herrn Jesus Christus Ehre machen wollen, müssen wir Wesentliches von Unwesentlichem unterscheiden können. Wie auch D.J. Moody sagte: »Gebt mir einen Mann, der sagt: 'Eins aber tue ich', und nicht: 'mit diesen hundert Dingen möchte ich mich ein wenig befassen'.«

Was ist diese eine, unentbehrliche Sache, auf die wir zielstrebig unsere ganze Aufmerksamkeit und all unsere Handlungen richten sollen? Wo liegt die größte Not der Gemeinde? Eine Umfrage würde zweifellos eine Unzahl von Antworten bringen: konsequente biblische Unterweisung, eine neue Schau für Evangelisation und Mission, mehr soziales Engagement, stärkere Betonung des Verstandes, und viele andere. All das ist wichtig, ja sogar notwendig; aber ich erinnere mich an einen Gedanken, den mir ein gottesfürchtiger alter Bruder weitergab, als ich noch ein Teenager war: »Gary, ich habe die Erfahrung gemacht, daß mein größtes Problem nicht darin liegt, Gut und Böse zu unterscheiden, sondern zu erkennen, was gut, besser und am besten ist.«

Jeder Jünger des Herrn sollte sein Leben nicht für das bloß Gute, sondern für das Beste hingeben. In 1. Korinther 13 führt uns der Heilige Geist zu einem »Weg noch weit darüber hinaus«. Es gibt unter Gläubigen kaum bekanntere Stellen als dieses großartige 'Hohelied der Liebe', und doch ist das Verständnis dieser Stelle oft nur oberflächlich und die Anwendung auf unser Leben sogar noch oberflächlicher. Bis jetzt haben wir unsere Aufmerksamkeit besonders dem Thema Freundschaft gewidmet. In den folgenden Kapiteln wollen wir darüber hinausblicken und sorgfältig studieren, was uns 1. Korinther 13 über Liebe sagt.

Im ersten Kapitel haben wir gesehen, daß der Herr Jesus in Joh. 15,13 Freundschaft mit Liebe in Verbindung bringt: »*Größere* Liebe *hat niemand als die, daß er sein Leben hingibt für seine* Freunde« (Hervorhebung vom Autor). Der Herr macht deutlich, daß echte Freundschaft auf echter Liebe beruht, jener Liebe, die Er in Seinem Tod am Kreuz sichtbar gemacht hat und die das Thema von 1. Korinther 13 ist. Unser Ziel ist es, das großartige 'Hohelied der Liebe' des Paulus im Hinblick darauf zu studieren, daß wir das besondere Wesen biblischer Freundschaft besser verstehen.

Die Wahrheiten in 1. Korinther 13 beschränken sich jedoch nicht auf jenen Teil unserer Beziehungen, die wir als Feundschaften betrachten, sondern sie verlangen danach, in allen Beziehungen des Lebens angewandt zu werden. Deshalb werden wir unser Augenmerk in den folgenden Kapiteln nicht so sehr auf den Überbau einer Freundschaft, sondern auf die Liebe, die Grundlage all unserer Beziehungen, richten. Indem Gott Seine Liebe in uns ausgießt, kann sie auf unsere Freunde um uns überfließen. Ein sorgfältiges Studium von 1. Korinther 13 wird unser Verständnis für eine Freundschaft nach Gottes Plan vertiefen.

Einer der größten Fehler, die wir beim Lesen von 1. Korinther 13 begehen, ist der, daß wir das Kapitel aus dem Zusammenhang reißen, als stünde es wie ein separates literarisches Werk da. Aber Paulus hat es nicht als ein literarisches Meisterwerk gedacht (was es zweifellos ist), sondern als Teil eines Briefes, den er an eine Gruppe von Christen schrieb, die mit einigen Schwierigkeiten in ihren persönlichen Beziehungen zu kämpfen hatten. Wenn wir dieses Kapitel aus seinem Zusammenhang im Brief des Paulus herauslösen und es als selbständigen Abschnitt betrachten, so verzerren wir seine Botschaft zunächst unmerklich und nehmen es von seinem eigentlichen Platz weg: von der rauhen Wirklichkeit und dem Trubel des Alltags. Wir weisen ihm den Platz in einer sorgfältig behüteten Umgebung zu, wo Theorie und Scheinheiligkeit herrschen.

1. Korinther 13 ist nicht so sehr ein Hymnus als vielmehr eine Schlachtordnung. Wir werden das deutlicher erkennen, wenn wir sehen, wie gut die Ausführungen von Paulus über die Liebe in seine Abhandlung der Geistesgaben in Kapitel 12 passen. In diesem gesamten Kapitel hat Paulus den verwirrten Korinthern erklärt, daß die Geistesgaben die Ausrüstung und Versorgung des Herrn für Seinen Leib, die Gemeinde, sind. Aber es gibt einen besseren, ja sogar einen besten Weg — den Weg der Liebe. Eine Betrachtung der letzten Verse in Kapitel 12 offenbart seinen Gedankenfluß:

»Ihr aber seid Christi Leib, und einzeln genommen, Glieder. Und die einen hat Gott in der Gemeinde gesetzt erstens zu Aposteln, zweitens andere zu Propheten, drittens zu Lehrern, sodann Kräfte, sodann Gnadengaben der Heilungen, Hilfeleistungen, Leitungen, Arten von Sprachen. Sind etwa alle Apostel? Alle Propheten? Alle Lehrer? Haben alle Kräfte? Haben alle Gnadengaben der Heilungen? Reden alle in Sprachen? Legen alle aus? Eifert aber um die größeren Gnadengaben.

Und einen Weg noch weit darüber hinaus zeige ich euch: Wenn ich in den Sprachen der Menschen und der Engel rede, aber keine Liebe habe, so bin ich ein tönendes Erz geworden oder eine schallende Zimbel. Und wenn ich Weissagung habe und alle Geheimnisse und alle Erkenntnis weiß und wenn ich allen Glauben habe, so daß ich Berge versetze, aber keine Liebe habe, so bin ich nichts. Und wenn ich alle meine Habe zur Speisung der Armen austeile und wenn ich meinen Leib hingebe, damit ich verbrannt werde, aber keine Liebe habe, so nützt es mir nichts.«
(1. Korinther 12,27 - 13,3)

Der bessere Weg: Der Wert der Geistesgaben

Die Korinther waren Leute, die von Gott mit geistlichen Gaben reich gesegnet waren. Jeder Gläubige besitzt zumindest eine besondere Begabung für den Dienst, sobald er Christus angenommen hat und mit dem Heiligen Geist versiegelt worden ist. Auch bei diesen Gläubigen war das nicht anders. Aber durch ihren heidnischen Hintergrund der griechischen Kultur waren sie der irrigen Meinung, das Geistliche sei mit dem Spektakulären und mit schwärmerischen Verzückungen verbunden. Als Folge dieses Denkens begannen sie den Wert jener Gaben, die weniger spektakulär und mehr dienstorientiert waren, geringzuschätzen, und sie bestanden darauf, daß jeder Gläubige nach den sichtbareren und begehrenswerteren Gaben, wie etwa dem Reden in Sprachen, streben sollte.

Das ganze zwölfte Kapitel hindurch hat der Apostel Paulus mit großer

Geduld die Wahrheit entfaltet, daß geistliche Gaben nicht durch menschliches Mühen erlangt werden, sondern vom Heiligen Geist in souveräner Weise ausgeteilt werden. Ihr Zweck ist nicht Selbsterbauung oder Selbsterhöhung, sondern die Erbauung der Gemeinde des Christus und die Förderung zum Nutzen aller. *»Jedem aber wird die Offenbarung des Geistes zum Nutzen gegeben... Dies alles aber wirkt ein und derselbe Geist und teilt jedem besonders aus, wie er will«* (Verse 7 und 11).

Auf dieser Grundlage baut Paulus in den Versen 12 und 13 auf und stellt das Wesen der Gemeinde als Leib Christi dar. Dadurch, daß alle Gläubigen in einem Geist zu einem Leib getauft worden sind (V. 13), besteht auf Ewigkeit eine Einheit; diese Einheit bringt aber eine vom Geist bewirkte Vielfalt und gegenseitige Abhängigkeit mit sich, die nur verzerrt werden, wenn bestimmte Gaben überbetont werden oder sich jemand unabhängig fühlt. Diese zwei Gedanken entwickelt Paulus in den Versen 14 bis 26. Die Vielfalt im Leib des Herrn ist von Gott gegeben. Dieses Wissen wird uns unsere Minderwertigkeitsgefühle und unsere Unzufriedenheit nehmen. Die wechselseitige Abhängigkeit innerhalb des Leibes ist klar ersichtlich und muß alle Gedanken der Überlegenheit oder der Eigenständigkeit zurückweisen.

Im Licht dieser Wahrheiten faßt der Apostel die Lehre über die Gemeinde in den Versen 27 bis 31 zusammen, die uns unmittelbar zum Kapitel 13 führen. Drei Aspekte möchte er uns näherbringen.

Die Wichtigkeit der Geistesgaben (Verse 28-29)

Die geistlichen Gaben sind die Grundlage für das Leben und den Dienst in der örtlichen Gemeinde, und aufgrund der besonderen Natur der Gemeinde sind sie außerordentlich wichtig. *»Ihr aber seid Christi Leib«*, erinnert uns Paulus. Diese Tatsache muß unser Leben bestimmen. Er sagt nicht, daß die Korinther Christi Leib sein *sollten,* oder so leben sollten, als wären sie Christi Leib. Sie stellen dar, was jede örtliche Gemeinde in den Augen Gottes *ist:* eine Miniatur der weltweiten Gemeinde. Sie tragen den Namen des Herrn und offenbaren der Welt Sein Wesen. Deshalb dürfen wir die örtliche Gemeinde niemals leichtnehmen. Gott hat sie mit der Würde Seines eigenen Sohnes ausgestattet!

Geistesgaben können sich nur in der Gemeinde entfalten. Sie sind wichtig, weil wir alle einzeln Glieder davon sind. Darüber hinaus sind sie wichtig, weil sie von Gott, dem Haupt der Gemeinde, gegeben sind. *»Gott hat in der Gemeinde gesetzt...«* heißt es in Vers 28. Meine Geistesgabe ist von Gott bestimmt und ist ein göttlicher Auftrag. Deshalb soll ich mich meiner Gabe nicht rühmen, als würde ich Anerkennung verdienen, noch soll ich mit Neid auf die Gaben blicken, die Gott meinem Bruder gegeben hat. *»Wie jeder eine Gnadengabe empfangen hat, so dient damit einander als gute Verwalter der verschiedenartigen Gnade Gottes«* (1. Petrus 4,10).

Vers 28 ist eine Stelle, in der Geistesgaben aufgezählt werden, und wenn wir diesen Abschnitt mit den Versen 8-10, mit Epheser 4,11 und Römer 12, 3-8 vergleichen, erhalten wir eine ziemlich vollständige Liste der Gaben, die der Heilige Geist gibt. Die Bibel teilt diese Liste selbst in drei Kategorien ein. Zunächst das Fundament: die Apostel und Propheten (Epheser 2,20). Diese Gaben stellen die Grundlage für die göttliche Offenbarung dar, auf denen die Gemeinde aufgebaut ist. Zweitens gibt es die Gaben des Dienstes, jene praktischen Gaben, die es geben wird, solange sich die Gemeinde hier auf Erden befindet, und die den Dienst aneinander in der Gemeinde erst ermöglichen. Drittens gibt es zeichenhafte Gaben; Gaben, die von Gott dazu bestimmt waren, im ersten Jahrhundert das Zeugnis der Apostel zu bestätigen (siehe Hebräer 2, 2-4). Für diese letztgenannten Gaben hatten die Korinther die rechte Sicht verloren, und 1. Korinther 12 bis 14 ist geschrieben worden, um ein rechtes Verständnis dieser Gaben zu erlangen.

Die Vielfalt der Geistesgaben (Verse 29-30)

Zuerst betont Paulus den Wert der Geistesgaben im allgemeinen, und dann betont er in den Versen 29 und 30 den Wert jeder einzelnen Gabe. Es gibt keine Gabe, nach der alle trachten sollten, noch gibt es eine Gabe, die alle besitzen. Es gibt vielmehr eine von Gott bestimmte Vielfalt, die man schätzen sollte. Paulus gebraucht ein sehr einfaches Mittel, um seine Botschaft klarzumachen. Er stellt sieben Fragen, wovon jede bedingt durch die griechische Satzkonstruktion die Antwort 'Nein' verlangt. »*Sind etwa alle Apostel?*« Offensichtlich nicht. Es war das Vorrecht von einigen wenigen. »*Alle Propheten?*« Wieder ist die Antwort 'Nein'. Und das Prinzip, welches für diese beiden Gaben gilt, trifft nicht nur auch auf alle anderen Gaben zu, die Paulus in der Folge anführt, sondern auf alle beliebigen Gaben, die wir aufzählen könnten. Jede Meinung, es gäbe eine besondere Gabe, nach der jeder Gläubige streben solle und die jeder haben müsse, um geistlich zu sein, widerspricht völlig der Lehre dieser Verse.

Der Wert der Geistesgaben (Vers 31a)

Nach dieser Auslegung geht Paulus über zur Aufforderung: »*Eifert aber um die größeren Gnadengaben*«.[2] Diese Aussage darf man nicht losgelöst vom Zusammenhang betrachten. Im ganzen zwölften Kapitel hatte Paulus betont, daß man Gaben nicht suchen, sondern annehmen solle. Gaben werden vom Haupt der Gemeinde in Seiner Souveränität gegeben und werden in der Gemeinde so zugeteilt, wie der Herr will. Das Wort *eifern* steht im Griechischen in der Mehrzahl und spricht die ganze Versammlung an. Weil sie eine Versammlung waren, sollten sie jene Gaben nicht überbetonen, die einzeln gesehen spektakulär waren, und stattdessen jene Gaben schätzen, die größer sind, weil sie die Gemeinde als Leib erbauen und ermutigen. Die Korinther waren ernstlich verwirrt, weil sie den Weg der Liebe aus den Augen verloren hatten, und die Gaben wurden daran gemessen, wie sie der Selbstverherrlichung, der Selbstauferbauung und der eigenen Freude dienten. Wenn die ganze Gemeinde nach den größeren Gaben streben möchte, so verlangt dies, daß der Nutzen aller zum vorrangigen Anliegen wird und daß man den Herrn bittet, jene Gaben hervorzubringen, die zur Erbauung des ganzen Leibes beitragen. In einer Zeit, da im religiösen Bereich Sensationslust herrscht, ist das eine wichtige Herausforderung.

Aber so wichtig Gaben auch sind — sie reichen nicht aus. Der Text macht uns das deutlich und zeigt, daß unsere Einstellung zu unseren Gaben ihre Wirksamkeit wesentlich bestimmt. Gaben mögen »besser« sein, aber Paulus will, daß wir uns auf das Beste konzentrieren.

Der beste Weg: Der überragende Wert der Liebe

Mit den Worten: »*Und einen Weg noch weit darüber hinaus zeige ich euch*« legt Paulus seinen Finger auf eine wunde Stelle der Gemeinde in Korinth. Und diese Not ist heute nicht geringer. Der Weg, um den es hier geht, ist natürlich der Weg der Liebe. Wir sollen ihn nicht nur als Schlüssel für das Gemeindeleben, sondern auch als Schlüssel für unser persönliches geistliches Leben und als Grundlage für unsere Freundschaften betrachten. Es ist ein Weg, der — wie Paulus wörtlich sagt — »*weit besser über alle Maßen*« ist.

Das heißt nicht, daß Liebe die geistlichen Gaben ersetzt und sie entbehrlich macht, aber es bestätigt, daß meine Fähigkeit zu lieben wichtiger ist als meine Begabungen und Aktivitäten. Meine Freunde brauchen meine Liebe und meine Verfügbarkeit weit mehr als meine Begabungen, meine Fähigkeiten oder meine Geistesgaben. Diese Wahrheit ergibt sich nicht nur aus dieser Stelle. Im Neuen Testament gibt es vier Abschnitte, in denen die geistlichen Gaben beschrieben werden, und in jedem wird unsere Aufmerksamkeit auf das Thema der Liebe gelenkt.[3]

Dieser Schwerpunkt entspricht dem Neuen Testament, das dem, was wir sind, den größten Wert beimißt und uns dazu ermuntert, ein Leben der Vortrefflichkeit zu leben. Es ist wichtig, was ich tue, doch es ist entscheidend, was ich *bin*. Meine Geistesgabe befähigt mich zum Dienst, aber mein Dienst wird erst wirkungsvoll durch die geistliche Frucht, die mein Leben hervorbringt, wenn ich im Geist wandle. Ein Mensch, der Gaben, aber keine Liebe hat, wird seine Gaben einsetzen, um seine Autorität und Bedeutung zu vergrößern und wird Menschen für seine eigenen Ziele verwenden. Ein begabter Gläubiger hingegen, der von der Liebe Christi geleitet wird, ist frei, anderen zu dienen. Diese Ausgewogenheit wird in 1. Korinther 14,1 aufgezeigt: »*Strebt nach der Liebe, eifert aber nach den geistlichen Gaben.*« Wir brauchen beides, aber bei der Aufforderung, nach Liebe zu streben, gebraucht Paulus ein Wort, das einen Jäger beschreibt, der seine Beute entschlossen verfolgt. Die Liebe Christi sichtbar machen — das ist der vorzügliche Weg, den wir mit all unserer Kraft verfolgen sollten.

Die Griechen hatten ein treffendes Wort dafür

Was verstehen wir unter 'Liebe'? Nur wenige Wörter vermitteln eine solche Vielfalt von Vorstellungen; die Bandbreite reicht von tiefgründigen Gedanken, über das Triviale bis hin zum Verdorbenen. Wir verwenden das Wort ebenso, um ein augenblickliches und unbändiges Lustgefühl, die Freude über einen neuen Wagen oder ein heldenhaftes und aufopferndes Leben zu beschreiben. Daher müssen wir sorgfältig überlegen, was das Neue Testament meint, wenn von Liebe die Rede ist, und im besonderen, welche Bedeutung das Wort *agape* hat, das jene Liebe beschreibt, die unser Leben prägen soll.

Die griechische Sprache besitzt verschiedene Wörter, um den Gedanken der Liebe auszudrücken. Eines der gebräuchlichsten ist das Wort *eros*, wovon das Wort 'Erotik' abgeleitet wurde. Eros ist die Liebe des Vergnügens, die Liebe dessen, was mir gefällt. Aristoteles sagte, daß Eros bei den Augen beginnt, und es ist daher ein Gefühl, das mit unseren Wünschen und Sehnsüchten zusammenhängt. »Ich liebe Fußball«, »Ich liebe Vanille-Eis«, »Ich liebe deinen Körper (und habe sexuelles Verlangen nach dir)«. Das ist *eros*-Liebe; Liebe, die uns berauscht und uns auf einer Gefühlswelle mitreißt. Eros ist die Liebe, die für sich selbst begehrt und die liebt, was sie vom anderen bekommen kann. Diese Liebe baut auf Äußerlichkeiten auf, was im folgenden Gedicht treffend dargestellt wird:

»Das Mädchen von John ist reich und stolz,
meines ist arm wie Ton.
Das Mädchen von John ist jung und schön,
meines sieht aus wie Stroh.
Das Mädchen von John ist fein und klug,
meines ist dumm, doch gut.
Doch würde ich tauschen mit John?
Wetten, ich würde es tun!«[4]

Eine andere Art von Liebe wird von den Griechen mit dem Wort *storge* beschrieben. Das Wort kommt im Neuen Testament in genau dieser Form nicht vor,[5] aber es beschreibt in erster Linie die Liebe, die in familiären Beziehungen aufgebaut wird. Plato schrieb: »Ein Kind liebt *(storge)* seine Eltern und wird von ihnen geliebt.«

Gebräuchlicher und wichtiger ist das Wort *philia*. Es beschreibt eine anziehende Liebe. Sie geht weit tiefer als Eros, weil sie eine warmherzige Liebe der Zuneigung und Freundschaft ist. Aristoteles beschreibt sie mit diesen Worten: »Des Liebhabers Lust ist der Anblick seiner Geliebten, und der Geliebten Lust ist es, Aufmerksamkeit von ihrem Liebhaber zu empfangen. Aber wenn die Schönheit der Geliebten schwindet, schwindet die Freundschaft — *philia*.«[6]

Das ist das Gefühl, welches wir meistens *Liebe* nennen, uns es ist auch die Einstellung, die man gewöhnlich als Grundlage einer guten Ehe oder Freundschaft bezeichnet. *Philia* ist bedeutend und sogar aufregend, aber sie ist letztlich kein geeignetes Fundament für feste Beziehungen. Wenn die gegenseitige Anziehung aus irgendeinem Grund abnimmt, endet die Beziehung oder sie wird langweilig. Es liegt am Fehlen von *philia*, daß der Scheidungsrichter aufgesucht wird, daß Freundschaften zerbrechen und daß Ehen brüchig sind. Während das Neue Testament dieses Wort also sehr häufig in positivem Sinn verwendet, gebraucht es am häufigsten ein tieferes und kostbareres Wort für Liebe.

Das gebräuchlichste Wort für Liebe im Neuen Testament ist *agape*. Das überrascht eigentlich sehr, da *agape* in der griechischen Umgangssprache sonst ein eher mattes und unbedeutendes Wort war, das selten verwendet wurde. Wenn es gebraucht wurde, so beschrieb es die Anerkennung und Sympathie zwischen Gleichgesinnten, vielleicht auch Zufriedenheit oder Sehnsucht und manchmal einfach nur eine herzliche Begrüßung. Getrennt von Christus hat *agape* keine sehr tiefe Bedeutung. Als jedoch das Alte Testament ins Griechische übersetzt wurde, suchten die Übersetzer ein Wort, um die Liebe Gottes zu beschreiben, und sie wählten das Wort *agape,* um ihr einzigartiges Wesen zu betonen.

Die Liebe Gottes zu uns beruht weder auf Vergnügen oder Leidenschaft *(eros),* noch auf einer natürlichen Beziehung *(storge)* oder auf natürlicher Zuneigung *(philia).* Gottes Liebe hat ihren Ursprung in Seiner eigenen Person, und deshalb wurde das neutrale Wort *agape* gewählt und dieser Begriff mit dem Inhalt der Liebe Gottes gefüllt. Dieses Wort verwendet das Neue Testament in den meisten Fällen, wenn von Liebe gesprochen wird, da es auf die übernatürliche Liebe hinweist, die aus dem Herzen Gottes hervorgeht. *Agape* ist das Kennzeichen einer biblischen Freundschaft — einer wertvollen Freundschaft, wie sie in der Person des Herrn Jesus Christus verkörpert wird.

Was Liebe ist

Es entsteht oft der Eindruck, daß 1. Korinther 13 Gottes Beschreibung von *agape* ist. Das ist jedoch irreführend. Wie wir sehen werden, ist es zwar eine wunderschöne Beschreibung einer tätigen Liebe, doch müssen wir anderswo nach einer Definition suchen. Paulus beschreibt hier mehr, wie Liebe handelt, als was sie ist. Die Definition von Liebe ist immer eng mit dem Kreuz verknüpft, wie wir in 1. Johannes 4, 9-10 sehen. Wenn wir an dieser Beschreibung festhalten, werden wir für immer jede Vorstellung zerstören, Liebe sei nur Toleranz, leere Sentimentalität oder eine idealisierte Romantik. Gottes Liebe ist eine zähe Liebe, eine Liebe, die gibt und für uns verblutet. »Hierin ist die Liebe Gottes zu uns geoffenbart worden, daß Gott seinen eingeborenen Sohn in die Welt gesandt hat, damit wir durch ihn leben möchten. *Hierin ist die Liebe:* nicht daß wir Gott geliebt haben, sondern daß er uns geliebt und seinen Sohn gesandt hat als eine Sühnung für unsere Sünden« (Hervorhebung vom Autor).

Fünf Dinge sind auffallend:

1. Die *Quelle* von *agape* liegt nicht in der Persönlichkeit eines geliebten Menschen oder etwa in seiner Not, sondern im *Wesen des Liebenden.* Gott liebt uns infolge Seines Wesens und nicht wegen unseres Charakters.
2. Das *Wesen* dieser Liebe ist bedingungslos. Sie wird nicht den Würdigen zuteil, sondern den Unwürdigen. Nicht der Wert eines Menschen, sondern seine Not motiviert diese Liebe. Unser Gott liebt Sünder.

3. Das *Ziel* der Liebe ist das *Wohl des Geliebten*. *Agape* trachtet nach dem größten Nutzen für den anderen, was immer es kosten möge. Unseren Vater kostete es das gewaltige Opfer Seines Sohnes; den Sohn, daß Er für uns zur Sünde gemacht wurde. Er starb, »damit wir durch ihn leben möchten«.

4. Der *Beweis* der Liebe ist die *Tat*. *Agape* besteht nicht bloß aus Gefühlen oder Worten. Sie setzt Taten. Gott liebte die Welt so sehr: Er *gab* Seinen einzigen Sohn, wie uns Johannes 3,16 sagt. Liebe ist daher nicht vom Gefühl, sondern vom Willen abhängig. *Agape* zieht es vor, im besten Interesse des anderen tätig zu werden.

5. Das *Ausmaß* der Liebe ist *Aufopferung*. Gott hat »Seinen Sohn gesandt als eine *Sühnung* für unsere Sünden.« Ohne Opfer gibt es keine Liebe, denn Liebe ist ihrem Wesen nach freigebig und nicht selbstsüchtig. Liebe handelt nicht bloß, wenn es leicht ist; sie handelt auch, wenn es etwas kostet.

Die Vorzüglichkeit der Liebe

Ich muß gestehen, daß ich jahrelang ein sehr unbehagliches Gefühl bei 1. Korinther 13 hatte. Das war zweifellos auf meine Unreife und meine Fleischlichkeit zurückzuführen. Doch war ich abgestoßen durch das aufgesetzte Lächeln und das eklige sentimentale Gehabe vieler Leute, die mit diesem Kapitel ihre Toleranz und das Fehlen echter Überzeugungen oder ihre unklaren Traumvorstellungen rechtfertigten.

Paulus verfaßte das Hohelied der Liebe jedoch nicht in einer Märchenwelt, geschrieben an Menschen, die in Zurückgezogenheit lebten. Es ist von einem Christen geschrieben worden, der sich im Kampf bewährt hatte, gerichtet an eine umkämpfte Gruppe von Christen, die in der heidnischsten Stadt der Welt lebte. Dieses Kapitel forderte die Gläubigen heraus, die durch Herkunft und Vorurteile gespalten waren, und den Mut brauchten, dem Leben ehrlich gegenüberzutreten und die Liebe Christi kennenzulernen. Es hat sein Zuhause in einem Milieu von tiefverwurzelten Persönlichkeitskonflikten, von schmerzhaften Spaltungen, von belasteten Beziehungen und von zerrütteter Gemeinschaft. Wenn es einen Abschnitt in der Schrift gibt, der die Probleme des Lebens direkt anspricht, so ist es dieses Kapitel. Jede Tat der Liebe, die Paulus beschreibt, verlangt einen Preis. Hier ist kein Platz für Sentimentalität! Hier geht es um die rauhe Wirklichkeit! Wir dürfen diese Worte nicht lesen, als würden sie sich auf Beziehungen im Himmel beziehen. Sie fordern uns auf, unsere Freundschaften hier und jetzt zu überprüfen und sie mit dem Wort Gottes in Einklang zu bringen.

Paulus hat drei Schwerpunkte in diesem Kapitel. Zunächst möchte er den *Vorzug der Liebe* hervorheben (Verse 1-3). Er vergleicht dabei die Liebe mit jeder der drei Hauptkategorien von geistlichen Gaben, die er vorher in Kapitel 12 beschrieben hat. Auch wenn jemand die hervorragendsten Zeichengaben, Gaben des Dienstes oder grundlegenden Gaben besitzt, aber keine Liebe hat, so ist er ein Versager. Die Verse 4 bis 7 zeigen uns die

Praxis der Liebe und vermitteln uns ein lebhaftes Bild einer tätigen Liebe. Liebe ist nicht nur aktiv, sie hält auch an. Liebe wird nicht verschenkt, sondern investiert. Das Kapitel schließt mit einer Beschreibung der *Beständigkeit der Liebe* (Verse 8-13). Kurz zusammengefaßt, ist Liebe unentbehrlich (1-3), wirksam (4-7) und ewig (8-13).

Liebe ist vorzüglicher als jede Zeichengabe (Ver 1)

Paulus verschwendet keine Zeit, um zum Kern des Problems zu kommen. Die Korinther schenkten dem Reden in Sprachen übertriebene Beachtung. Offenbar betrachteten sie die Erfahrung, in einer Sprache reden zu können, die man nie gelernt hatte, als eine der höchsten Erfahrungen des christlichen Lebens. Diese Meinung ist keineswegs auf das erste Jahrhundert beschränkt. Daher holte sie Paulus dort ab, wo sie standen und packte das Problem bei der Wurzel an. *»Wenn ich in den Sprachen der Menschen und der Engel rede...«*, schlug er vor.

Das Reden in Sprachen wird in Apostelgeschichte 2 erklärt als die Fähigkeit, in einer menschlichen Sprache sprechen zu können, die man nie gelernt hatte. Es war kein verzücktes Reden oder sog. »geistgeführtes« Gestammel. Aber hier finden wir einen Mann, dessen Sprachenreden all unsere Vorstellungen übertrifft! Er spricht nicht einfach nur in einigen Sprachen, sondern in allen irdischen und himmlischen Sprachen. Er besitzt die Fähigkeit, sich sofort mit der ganzen Schöpfung zu verständigen. Stelle dir vor, wie gut die Wycliff Bibelübersetzer einen solchen Mann gebrauchen könnten! Seinen evangelistischen Möglichkeiten wären keine Grenzen gesetzt.

Nun wollte Paulus nicht, daß wir denken, es gäbe einen solchen Mann oder eine solche Gabe. Er übertrieb, um unsere Phantasie anzuregen, damit wir uns die großartigste Zeichengabe vorstellen würden, die es gibt. Kannst Du Dir so eine »Supergabe« ausmalen? Nun, dann solltest Du Dir klarmachen, sagt Paulus, wenn ich sogar eine solche Supergabe besitze, »aber keine Liebe habe, so bin ich ein tönendes Erz geworden oder eine schallende Zimbel«. Das Erz war ein förmloses Stück Bronze, das zwar einen lauten vibrierenden Ton abgab, wenn es angeschlagen wurde, aber keine Musik. Der Begriff »schallende Zimbel« beschreibt den klirrenden Lärm von unmelodischen Metallen, die aufeinander geschlagen werden. Es beschwört das Bild von kleinen Kindern herauf, die gerade den Küchenschrank geplündert haben und nun durch das Haus marschieren und Töpfe und Pfannen zusammenschlagen. Das ist Lärm ohne Musik, irritierend und nicht erbauend. Und da solche Erze und Zimbeln in heidnischen Tempeln verwendet wurden, sollten wir vielleicht hinzufügen, daß es im Grunde genommen nichts anderes als Heidentum ist.

Die Worte von Paulus sind überraschend. Die größte Zeichengabe, die wir uns vorstellen können, ist nicht mehr als unerbaulicher, irritierender, halbheidnischer Lärm, wenn sie ohne Liebe ausgeübt wird. Egal, wie groß meine Gaben sind, werde ich nichts von bleibendem Wert vollbringen, wenn meine Zunge nicht von der Liebe gezügelt wird. Wie Jonathan Edwards schrieb: »Ich habe es mir in meinem Leben zum Ziel gesetzt, niemals eine Predigt oder ein Buch zu schreiben, wenn ich nicht davon überzeugt bin, daß die Liebe zu meinen Hörern oder Lesern mein Motiv ist.« Sprachen ohne Liebe erreichen nichts.

Liebe ist vorzüglicher als jede der grundlegenden Gaben (Vers 2)

Der zweite Vers macht uns auf eine andere Art von Gaben aufmerksam. Wir werden aufgefordert, uns einen Mann vorzustellen, der die größte Gabe der Prophetie besitzt, die Menschen gegeben ist. »*Wenn ich Weissagung habe und alle Geheimnisse und alle Erkenntnis weiß...*« Hier ist von einem Mann die Rede, der alles weiß, was ein Mensch je wissen könnte. Ihm sind die Geheimnisse Gottes, die verborgenen Wahrheiten des Heilsplanes Gottes geoffenbart worden, und darüber hinaus besitzt er auch alle Erkenntnis. Ein solcher Mann wüßte alles, was Gott einem Menschen zu wissen ermöglicht hat, und könnte als Sprachrohr Gottes sprechen, als Sein Prophet. Aber dieser Mann hat nicht nur das Wissen, sondern auch den Glauben. Er besitzt die Gabe des Glaubens, »so daß (er) Berge versetzen kann«. Es gibt keine unüberwindbaren Hindernisse in seinem Leben, da er die Fähigkeit besitzt, alle Kräfte des Himmels zu Hilfe zu rufen. Neben einem solchen Mann würden Elia und Mose vor Bedeutungslosigkeit verblassen.

Natürlich gibt es keinen solchen Mann, aber nehmen wir an, sagt Paulus, ich wäre einer. Wenn ich all diese Gaben besitze, »aber keine Liebe habe, so bin ich nichts«. Dieser Mann könnte viel leisten, aber keine seiner Errungenschaften würde ihm Wert verleihen. Man kann sich keinen kräftigeren Ausdruck vorstellen. Ein solcher Mann wäre nicht bloß unbedeutend, sondern vollkommen wertlos. Die Menschen würden sich selbstverständlich um diesen Menschen scharen, sie würden ihn wertschätzen, seine Bücher kaufen und seine Programme unterstützen. Aber in den Augen Gottes, wo es auf wahren Wert ankommt, wäre er nichts. Das ist ein grundlegendes Prinzip, das wir lernen müssen. *Nicht unsere Gaben und unsere Leistungen machen uns wertvoll, sondern unsere Liebe.*

Liebe ist vorzüglicher als die Gaben des Dienstes (Vers 3)

Paulus ist noch nicht fertig. Er fordert uns dazu auf, daß wir uns noch einen anderen Mann vorstellen, der sich nicht durch spektakuläre oder unergründliche Dinge, sondern durch einen Dienst auszeichnet, in dem er sich bis zum Letzten selbst aufopfert. Dieser Mann dient, und er stillt Bedürfnisse mit seinem Besitz und seinem Leib. »*Und wenn ich alle meine Habe zur Speisung der Armen austeile...*« sagt er. Der Text spricht den entscheidenden Schritt an, mit dem er alle seine Besitztümer flüssig macht, das ganze Kapital in überschaubare Summen aufteilt, um möglichst vielen Nöten begegnen zu können, und schließlich alles hergibt. Dadurch hat er sich selbst zum Bettler gemacht, aber sein ganzes Wesen war auf Wohltätigkeit ausgerichtet, den Armen zu helfen.

Seine Selbsthingabe hört jedoch hier nicht auf. Er gibt nicht nur, was er hat, sondern auch sich selbst. Wir können nicht mit Sicherheit sagen, was Paulus im Sinn hatte, als er sagte: *»wenn ich meinen Leib hingebe, damit ich verbrannt werde«.* Manche denken, daß er einen Mann beschreibt, der sich als Sklave verkauft hat und als solcher mit einem Brandmal gekennzeichnet wurde. Es ist aber eher anzunehmen, daß er von Märtyrertum spricht. Wie immer die Handlung auch aussehen mag — sie ist jedenfalls freiwillig: *»wenn ich meinen Leib hergebe«.* So sollten wir an die äußerste Handlung denken, mit der ich meinen Leib zum Wohl anderer hingebe.

Es ist schwer, solche Handlungen überhaupt zu begreifen. Wenn sie aber auch noch so großartig sein mögen, sagt Paulus, ich »aber keine Liebe habe, so nützt es mir nichts«. Es mag vielleicht anderen nützen, für mich wird es aber ohne Liebe keinen Wert haben. Wie könnte aber ein Mensch sich selbst so aufopfern, ohne Liebe zu haben? Sind Opfer nicht ein wesentlicher Bestandteil von *agape?* Zweifellos, doch ist nicht jede Art von Aufopferung Liebe. Man kann nicht lieben, ohne Opfer zu bringen, aber man kann Opfer bringen, ohne zu lieben. Man kann nicht lieben, ohne zu geben, aber man kann geben, ohne zu lieben. Ich kann meinen Besitz, die Zeit und sogar meinen eigenen Leib geben, ohne mich jemals selbst hinzugeben und mein Inneres dem anderen auszuliefern. Mein Verhalten ist korrekt aber kühl. Niemand kann mir Fehler vorhalten, doch habe ich mich von außen sorgfältig abgeschirmt, so daß niemand je die Chance hat, mich kennenzulernen.

Es ist durchaus möglich, daß man dient und sich aufopfert, aber niemals zuläßt, daß andere mir in meinen Nöten dienen. Es gibt auch andere Motive, die Selbstaufopferung ohne Liebe bewirken. Vielleicht gebe ich, weil es edel ist, oder weil Menschen mich dafür loben werden, oder weil ich mir die Gunst Gottes durch eigenes gesetzliches Bemühen erwerben möchte. Was immer mein Beweggrund sein mag, sagt mir das Wort Gottes, daß ohne Liebe sogar der größte Akt der Selbsthingabe wertlos ist.

Wie man lieben lernt

Der Apostel Paulus hat die Vorzüglichkeit der Liebe betont. Nicht einmal die erstaunlichsten Geistesgaben können ihren Platz einnehmen. Ohne Liebe habe ich nichts, bin ich nichts und nützt es mir nichts. Angesichts dieser Wahrheit falle ich auf die Knie. Wieviel von dem, was ich tue, ist von Liebe motiviert? Wieviele meiner Beziehungen bauen auf *agape* auf? Welche meiner Handlungen werden Bestand haben, da sie auf Liebe gegründet sind?

Aber wir lernen nicht zu lieben, indem wir unseren Mangel an Liebe beklagen. *»Wir lieben, weil Gott uns zuerst geliebt hat«* (1. Joh. 4,19). Wir lernen zu lieben, wenn wir zur Quelle der Liebe gehen und Zeit damit verbringen, Ihn anzubeten und von Ihm zu lernen. Wenn wir nicht richtig anbeten, werden wir niemals richtig lieben.

Solche Anbetung hat Gehorsam zur Folge. Lieben ist nicht Handeln gemäß unseren Gefühlen, sondern Handeln auf der Grundlage des Wortes Gottes. Diese Erfahrung, sein Leben auf die Lehre des Wortes Gottes zu gründen, war es, die das Leben von D.L. Moody radikal veränderte, als der Herr ihm diese Not in seinem Leben bewußt machte: »Ich nahm dieses Wort 'Liebe', und ich weiß nicht mehr, wieviel Wochen ich damit verbrachte, alle Stellen zu studieren, in denen es vorkommt, bis ich zuletzt nicht mehr anders konnte, als die Menschen zu lieben. Ich hatte mich so lange von Liebe ernährt, daß es mich drängte, jedem, dem ich begegnete, Gutes zu erweisen.

»Ich war davon erfüllt. Es floß aus meinen Händen. Greife das Thema der Liebe in der Bibel auf! Du wirst davon so erfüllt werden, daß Du nichts anderes mehr zu tun brauchst, als Deine Lippen zu öffnen, und ein Strom der Liebe Gottes wird hervorkommen.«

Vielleicht hat D.L. Moody deshalb vorgeschlagen, daß jeder Arbeiter im Reich Gottes einmal in der Woche 1. Korinther 13 lesen soll. Doch nicht nur sie brauchen diese Herausforderung! »Was wir in unserem Leben als Christen am meisten brauchen, ist Liebe; mehr Liebe zu Gott und mehr Liebe zueinander. Könnten wir uns doch alle in diesem Kapitel der Liebe ansiedeln und darin leben!«[7]

Anmerkungen

[1] Lord Moran, Churchill: Taken from the Diaries of Lord Moran (Boston: Houghton Mifflin, 1966), S. 825.

[2] Es soll vermerkt werden, daß die griechische Zeitwortform doppeldeutig ist. *Zeloute* kann Imperativ oder Indikativ Präsens sein. Im letzteren Fall würde es heißen: »Ihr eifert aber um die größeren Gnadengaben.« Paulus würde sich darüber beklagen, daß die Korinther ein falsches Verständnis von Gaben haben und nach solchen eifern, die sie für größer halten, besonders nach der Sprachenrede. Dies wäre grammatikalisch möglich, aber dieselbe Form wird in 14,1 eindeutig als Imperativ verwendet. Außerdem kann nicht bewiesen werden, daß »größer« im negativen Sinn verwendet wird, besonders weil Paulus in Vers 28 die Gaben in eine »Rangordnung« gebracht hat und auch das Kapitel 14 aufzeigen möchte, daß Prophetie größer ist als Reden in Sprachen. Diese und andere Gründe lassen den Imperativ wahrscheinlicher erscheinen: »Eifert aber um die größeren Gaben.«

[3] Vgl. Röm. 12, 9-21 und 12, 3-8; Eph. 4, 2.15-16 und 4, 7-16; 1. Petr. 4, 8-9 und 4, 10-11; und natürlich 1. Korinther 13 zwischen den Kapiteln 12 und 14.

[4] Die englische Originalfassung:
»John's girl is rich and haughty,
    my girl is poor as clay.
John's girl is young and pretty,
    mine looks like a bale of hay.
John's girl is smart and clever,
    my girl is dumb but good.
But would I trade my girl for John's girl?
    You bet your life I would.«

[5] Das verwandte Wort *philostorgos* bedeutet in Röm. 12,10 »Herzlichkeit, innige Liebe«. Ein anderes Wort, *astorgos* (»ohne natürliche Liebe, lieblos«), kommt in Röm. 1,31 und 2. Tim. 3,3 vor.

[6] W. Barclay, Begriffe des Neuen Testaments, Wuppertal. Aussaat Verlag, 1979, S. 10.

[7] D.L. Moody, in der Einleitung zu Henry Drummond, The Greatest Thing in the World (Old Tappan, N.J.: Revell, o.J.), S. VIII.

10.
Eigenschaften der Liebe

Nur wenige Worte unseres Wortschatzes werden in einer derart verwirrenden Vielfalt verwendet wie das Wort *Liebe*. Einmal beschreibt es dieses geheimnisvolle und berauschende Gefühl romantischer Liebe, die oft zu einer lebenslangen gegenseitigen Hingabe führt. Ein anderes Mal wird es verwendet, um eine überwältigende sexuelle Anziehung zu beschreiben, die nichts anderes als Triebbefriedigung in einer einzigen Nacht sucht. Wir verwenden das Wort für die Opfertat von Eltern, die ihr Kind aus einem brennenden Haus retten, oder um die hingebungsvolle Fürsorge eines Paares für einander auszudrücken, das durch sechzig Jahre Ehe verbunden ist; aber in einem anderen Fall bedeutet es nicht mehr als die Vorliebe für Nuß-Eis oder die Freude über einen Sieg beim Tennis. Wie die steigende Scheidungsrate und die Zahl an unehelichen Kindern beweisen, ist die Verwirrung über die Liebe weit mehr als nur ein semantisches Problem. Tragischerweise geht der Pfeil Amors oft nach hinten los.

Ein großer Teil unserer Verwirrung geht auf die Situationsethik oder auf die neue Moral zurück, eine Lebensphilosophie, die behauptet, es gebe keine absolute moralische Instanz außer jener der Liebe. Ihre Befürworter erklären uns, daß Liebe der einzige höchste Maßstab sei, das einzige absolut Gute, und was immer aus »Liebe« getan werde, sei »moralisch«, egal wie die traditionelle Moral es auch betrachten mag. Dann wird solch eine Anschauung auch noch mit einigen Bibelstellen als Beweis untermauert, die aber behutsam aus dem Zusammenhang gelöst wurden. In einer Gesellschaft, die nach Rechtfertigung für ihre Sittenlosigkeit und Unmoral sucht, ist dies zu einem bestens verkäuflichen Gut geworden.

Es stellt sich aber eine eindringliche Frage. Wie ein Kritiker bemerkte, schwimmt das Wort *Liebe* wie ein glatter Fisch durch diese Philosophie. Man kann ihn nie so richtig in den Griff bekommen. In der Praxis kann das Wort alles bedeuten, was der einzelne gern darunter verstehen möchte. In der Folge können wir beinahe jeden egoistischen Wunsch im Namen der Liebe rechtfertigen. Richard Wurmbrand erinnert uns zu Recht: »Die Sprache der Liebe und die Sprache der Verführung sind gleich. Der sich ein Mädchen zur Frau wünscht und der sie nur für eine Nacht will, um sie anschließend wegzuwerfen, sie beide sagen: 'Ich liebe dich'. Der Herr Jesus aber forderte uns auf, die Sprache der Verführung von der Sprache der Liebe zu unterscheiden, ebenso die Wölfe im Schafspelz von den wahren Schafen.«[1]

Was ist Liebe? Wie sieht sie aus, wenn sie handelt? Das ist eine sehr wichtige Frage, nicht nur, damit wir den Sumpf der Situationsethik meiden, sondern damit wir dem »neuen Gebot« unseres Herrn Jesus Christus gehorchen, *»damit wie ich euch geliebt habe, auch ihr einander liebt«* (Joh. 13, 34-35). 1. Korinther 13, 1-13 lehrt mich, daß Liebe in den Augen Gottes der wichtigste Aspekt meines Lebens als Christ ist, — wichtiger als meine Geistesgaben, meine Fähigkeiten, meine Besitztümer oder mein christlicher Dienst. Tatsächlich sagt er mir, daß ich ohne Liebe nichts erreiche, nichts bin und keinen Nutzen habe. Da liegt offensichtlich der Schlüssel für meine Verantwortung in meiner Familie, in der Gemeinde und in meinen Freundschaften.

Oft wird gesagt, daß wir in 1. Korinther 13 die Definition der Liebe haben, die wir brauchen. Bei sorgfältiger Betrachtung des Textes sehen wir aber, daß dies nicht der Fall ist. Das großartige Hohelied der Liebe von Paulus beschreibt die Liebe, bringt aber eigentlich keine Definition. Es zeigt uns weit eher, wie Liebe handelt, als was sie ist. Es ist möglich, eine Definition der Liebe von 1. Korinther 13 abzuleiten. Wie wir aber bereits gesehen haben, verwendet die Bibel das Kreuz des Herrn Jesus Christus, um die Liebe zu definieren. Liebe ist das Handeln in Übereinstimmung mit dem Willen und der Person Gottes. Motiviert durch das Wesen des Liebenden und die Not des Geliebten, wird sie tätig zum Wohl anderer — ohne Rücksicht auf persönliche Nachteile. Nur am Kreuz können wir solch eine Liebe sehen. Jede Definition der Liebe ohne Bezug zu Golgatha wird unzulänglich sein.

Damit wollen wir nicht den Wert von Beschreibungen herabsetzen; Beschreibungen sind oft sogar hilfreicher als abstrakte Definitionen. Wenn ich zum Beispiel nur weiß, daß der Gegenstand ein »reiner, kristalliner Kohlenstoff« ist, werde ich das strahlende Gesicht einer jungen Frau nicht verstehen, wenn sie ihren Verlobungsring herzeigt. Der Wert eines Diamanten übersteigt seine Definition bei weitem. So ist es auch mit der Liebe. Eingebettet zwischen der Vorzüglichkeit der Liebe (13, 1-3) und dem Lob ihrer Dauerhaftigkeit (13, 8-13), gibt uns Paulus eine großartige Beschreibung einer aktiven Liebe in den Versen 4-7.

Im griechischen Text sind alle fünfzehn Worte, die die Liebe beschreiben, Zeitwörter und keine Eigenschaftswörter. Das ist kein unbedeutendes Detail, sondern eine bewußte Ermahnung, daß Liebe nie passiv oder statisch ist. Liebe ist immer aktiv, immer in Bewegung. In der Übersetzung wird das deutlich:

»Die Liebe handelt langmütig und gütig; sie neidet nicht; sie tut nicht groß, sie bläht sich nicht auf, sie benimmt sich nicht unanständig, sie sucht nicht das Ihre, sie läßt sich nicht erbittern, sie rechnet Böses nicht zu, sie freut sich nicht über die Ungerechtigkeit, sondern sie freut sich mit der Wahrheit, sie erträgt alles, sie glaubt alles, sie hofft alles, sie erduldet alles.« (1. Korinther 13, 4-7)

Vielleicht hast Du von der Anregung gehört, daß man beim Lesen dieser Verse das Wort 'Liebe' durch den Namen des Herrn Jesus Christus ersetzen sollte. »Jesus Christus ist langmütig und gütig...« Wenn uns das hilft, die Liebe unseres Herrn zu uns besser zu verstehen, so ist sie berechtigt. Sie birgt aber möglicherweise eine Gefahr, weil 1. Korinther 13 nicht beschreiben soll, was der Herr tut, sondern was *ich* tun soll. Es mag eine wunderschöne Darstellung unseres Herrn sein, aber ich soll es als Herausforderung für mein Leben betrachten.

Ich schlage vor, daß Du Deinen Namen in das Hohelied der Liebe einsetzest und siehst, wie er da paßt. Wenn Du mir ähnlich bist, dann ist es eine scharfe Anklageschrift. »Gary Inrig ist langmütig…« Au! Ich handle weit weniger in Liebe, als ich es zugeben würde. Wenn Liebe so handelt, dann drängt es mich zu bekennen, daß ich eine lieblose Person bin. So lernte ich, 1. Korinther 13 auf meinen Knien zu lesen und den Herrn zu bitten, daß Sein Wesen in mir Gestalt gewinnen möge durch den Heiligen Geist, der in mir wohnt. Wenn ich meine Handlungen meinen Freunden gegenüber anhand dieser Beschreibung untersuche und mich frage, ob meine Beziehungen diesem Vorbild entsprechen, dann wird mir bewußt, wieviel ich noch über biblische Freundschaft zu lernen habe.

Die Aufzählung der fünfzehn Handlungen der Liebe sind in drei Gruppen gegliedert. Der Apostel beginnt mit den zwei grundlegenden Eigenschaften der Liebe, daß sie langmütig und gütig ist. Diese Eigenschaften erklärt er dann näher und zählt acht Dinge auf, welche die Liebe nicht tut. Er schließt mit fünf positiven Tätigkeiten der Liebe. Da Liebe ein so bedeutender Teil unseres Lebens ist, wollen wir diese Beschreibungen gründlich erarbeiten, damit wir eine klare Vorstellung bekommen, was es heißt, ein Leben der Liebe zur Ehre unseres Herrn Jesus Christus zu leben.

Grundeigenschaften der Liebe

Unser größter Fehler im Verständnis von Liebe liegt darin, daß wir sie in erster Linie als Gefühl oder innere Bewegung betrachten. Aber Emotionen ändern sich, und Gefühle schwanken. Oft ist das, was wir als »Liebe« oder »Romanze« bezeichnen, kaum mehr als Verliebtheit oder sexuelle Anziehung. Wenn die Gefühle vorbeigehen oder erkalten, ist damit auch die Basis unserer Beziehung dahin. Als Folge wird die Ehe geschieden oder die Freundschaft aufgelöst. Zugegeben, es ist unmöglich und auch nicht wünschenswert, Liebe und Gefühle zu trennen, doch ist die Liebe Gottes nicht *in erster Linie* eine Sache der Gefühle, sondern des Willens. Daher nennt Gott am Beginn Seiner Beschreibung der Liebe zwei Merkmale, die wenige von uns an den Anfang stellen würden: »Die Liebe ist langmütig, die Liebe ist gütig.« Das ist wohl kaum der Stoff, aus dem die romantischen Lieder gemacht sind! Aber der Heilige Geist möchte uns von Anfang an das rechte Gerüst für unser Verständnis von Liebe geben und uns die Grundeigenschaften lehren, auf denen *agape*-Liebe aufbaut.

Die Langmut der Liebe

»Die Liebe ist geduldig« heißt es in manchen Übersetzungen, aber eine wörtlichere Übersetzung erfaßt diese Eigenschaft besser: »Die Liebe ist langmütig.« Das griechische Wort *makrothumeo* heißt wörtlich »ein großes Gemüt haben«. Es ist bezeichnend, daß wir von Menschen sprechen, die leicht »hochgehen«, oder bei denen »schnell die Sicherung durchbrennt«. Mit *makrothumeo* kann man sehr gut jemand beschreiben, der sehr lange braucht, bis er sich erhitzt. Liebe braucht sehr lange, bis sie zum Explodieren gebracht werden kann.

Es gibt ein anderes Wort, das mit 'Langmut' nahe verwandt ist: das Wort

erdulden, das wir in Vers 7 finden. Die Beschreibung der Liebe ist einge-
schlossen von diesen beiden Eigenschaften: »Die Liebe ist langmütig ...
sie erduldet alles.« Von ihrer Bedeutung her zwar sehr ähnlich, gibt es doch
einen wesentlichen Unterschied. Wir erdulden Umstände, aber wir üben
Langmut gegen Menschen. Schwierigkeiten bewältigt man, wenn man sie
erduldet; mit Menschen kommt man zurecht, wenn man Langmut besitzt.
So beschreibt das allererste Merkmal der Liebe eine Haltung, welche die
Probleme mit Menschen stets langmütig erträgt. Jede wahre Liebe, die von
Gott selbst kommt, beinhaltet eine gottgegebene Ausdauer, da Seine Liebe langmütig ist.

Zwei Gedanken sind mit der Langmut der Liebe verbunden. Zunächst
drückt sie die *Ablehnung von Vergeltung* aus. Daß Liebe geduldig ist, bedeutet, daß sie sich weigert, jemand etwas heimzuzahlen, was er falsch gemacht hat. Die Griechen verwendeten noch ein anderes Wort:
megalopsyche, »ein weites Herz haben«. Aber obgleich sie einen Menschen
mit einem »weiten Herz« schätzten, sahen sie hochmütig auf jemand herab, der »langmütig« war. Warum? Weil ein Mensch mit *megalopsyche,*
wie Aristoteles sagt, jemand war, der keinen Angriff auf seine Person tolerieren konnte. Er schlug immer härter zurück, als er bekommen hatte.
Die Griechen rühmten einen Menschen, der Rache und Vergeltung übte.
Wenn wir uns in unseren Bücherläden umsehen, finden wir Titel wie »Auf
der Suche nach dem Stärksten«, »Erfolg durch Einschüchterung« oder
»Kreative Aggression«. Die alten griechischen Werte florieren wieder! Wir
legen nicht sehr viel Wert auf die Tugend, langmütig zu sein!

Aber das Wort Gottes hält das hoch, was die Welt verachtet. In den
Augen eines Christen ist nicht groß, wer nach Vergeltung trachtet, sondern der Gläubige, der es ablehnt, Vergeltung zu üben, und der auch dann
noch dient, wenn er verletzt oder im Stich gelassen wird. Und so ist es kein
Zufall, daß Gott gerade damit Seine Beschreibung der Liebe beginnt, weil
Liebe nicht in einer Märchenwelt zu Hause ist. Sie wohnt in einer sündhaften Welt, in der Freunde versagen, verletzen und enttäuschen, aber dennoch lehnt sie es ab, zurückzuschlagen oder aufzugeben. Das Wesen der
Langmut wird in Matthäus 18,27 deutlich, wo der Herr Jesus vom Vater
sagt, daß Er Geduld hat und sich weigert, von uns eine Bezahlung anzunehmen, und unsere Schuld vergibt.

Ein zweiter Gedanke, der mit der Langmut der Liebe zusammenhängt,
ist der, daß sie sich *weigert, Menschen aufzugeben.* Der griechische Schreiber Strabo verwendete das Wort *makrothumeo* für eine Stadt, die es trotz
ihrer schwierigen Situation ablehnte aufzugeben. Die Bewohner weiger-
ten sich, eine Niederlage hinzunehmen, auch wenn sie unausweichlich erschien; sie arbeiteten und kämpften weiter um den Sieg. So sieht Liebe
aus, die mit den Menschen langmütig ist. Ein Liebender ist ein Optimist,
weil er an die Fähigkeit Gottes glaubt, daß Er Herzen verändern kann;
er ist ein Realist, der sich weiterhin einsetzt und im Vertrauen auf Gott
Erfolg erwartet.

Es ist so einfach, Menschen aufzugeben, sie »abzuschreiben«! Aber die
Liebe des Herrn Jesus zu mir ist unglaublich ausdauernd. Ich versage, ich

falle und sündige, und doch hört Er nicht auf, mich in Seinen liebenden Armen zu bergen und an sich zu ziehen. Weil Er mich so liebt, soll auch ich andere so lieben — mit einer hingebenden, langmütigen und ausdauernden Liebe. Die erste große Eigenschaft der Liebe ist, daß sie langmütig ist. Sie gibt Menschen nicht auf, und sie sucht nicht nach Vergeltung. Das kostet etwas. Leiden tut weh — man sucht es sich nicht aus. Aber die Liebe erduldet und ist langmütig, weil sie sich danach sehnt, anderen zu dienen.

Die Güte der Liebe

Die zweite Grundeigenschaft der Liebe ist von positiverer Art. »Die Liebe ist gütig«, oder genauer: »Die Liebe handelt gütig«. Liebe hat die Haut eines Elefanten und das Herz einer Mutter. Es ist sehr hilfreich zu wissen, daß »gütig« dem Wortstamm nach »nützlich« bedeutet. Ich bin nicht dann gütig zu jemand, wenn ich sanft, lieb und harmlos bin, sondern wenn meine Handlungen ihm gegenüber nützlich sind, weil sie einer Not in seinem Leben Abhilfe leisten.

Manchmal ist gütige Liebe eine sehr schwierige Liebe, da sie eine Aussprache oder Züchtigung verlangen kann. Eine gütige oder nützliche Handlung mag erfordern, daß ich meinen Freund offen und ehrlich auf Bereiche seines Lebens anspreche, wo es Probleme gibt, oder auch, daß ich gütig auf einen Hilferuf antworte oder Einfühlsamkeit und Aufmerksamkeit schenke. Gütig zu handeln bedeutet, ohne Strenge oder Härte zu handeln. Das Wort wird in Lukas 5,39 verwendet, um den Wein zu beschreiben, der besser ist, weil er durch die Alterung milde geworden ist. Reife hat seinen Geschmack verfeinert. Wenn es also heißt, daß Liebe gütig ist, so ist damit gemeint, daß Liebe in einer nützlichen Art und Weise handelt, um Nöten mit einer reifen Güte und Milde zu begegnen. *Agape* besitzt eine gottgegebene Zartheit, verkörpert in der Sanftmut und dem Mitleid unseres Herrn.

Es ist wichtig, daß wir durch Gottes Gnade die Tugend der Güte entwickeln. Es ist traurig aber wahr, daß oft diejenigen, die lehrmäßige Orthodoxie am meisten schätzen, in ihrem Umgang mit Menschen unnachgiebig und hart werden. Wir brauchen biblische Reinheit und den Entschluß, im Glauben festzustehen; doch muß eine liebevolle und sanfte Haltung zu den Menschen ihr Verbündeter sein. »Herr, mach' die schlechten Menschen gut und die guten Menschen lieb«, betete ein kleines Mädchen, als sie offenbar darüber nachdachte, was sie im Leben von allzu vielen Menschen gesehen hatte. Es wird erzählt, daß der gottesfürchtige Georg Müller beständig betete: »Herr, bewahre mich davor, ein launischer, alter Christ zu werden.« Wenn mein Glaube an den Herrn Jesus Christus nicht bewirkt, daß ich gütig zu meinen Kindern bin, zu meiner Frau und zu meinem Freund, wenn mein Leben nicht von der Sanftmut, aber auch von der Zähigkeit des Herrn Jesus Christus geprägt ist, dann habe ich überhaupt keine Liebe.

Doch woher kommt die Fähigkeit, in Güte zu handeln? Lukas 6,35 gibt Antwort und weist uns auf das Wesen unseres Gottes hin: »*Doch liebt eu-*

re Feinde, und tut Gutes, und leiht, ohne etwas wieder zu erhoffen, und euer Lohn wird groß sein, und ihr werdet Söhne des Höchsten sein; denn er ist gütig gegen die Undankbaren und Bösen.« Gottes Güte ist Teil Seiner Gnade, die Er unwürdigen Sündern erweist. Er erweist Seine Freundlichkeit nicht denen, die sie verdienen, sondern Menschen wie uns, die sich gegen Ihn auflehnen. Güte behandelt Menschen nicht nach ihrem Verdienst oder ihrer Gerechtigkeit, sondern auf der Grundlage der Gnade Gottes. Liebe handelt freundlich, weil Liebe nichts anderes als die Gnade unseres Herrn Jesus Christus ist, die in unsere Beziehung zu den Menschen hineinströmt.

In Galater 5, 22-23 heißt es, daß die Frucht des Geistes »Liebe, Freude, Friede, Langmut (oder Geduld), Freundlichkeit ...« ist. Langmut und Freundlichkeit, die Grundeigenschaften der Liebe, sind nicht Ergebnis unserer eigenen Anstrengung, sondern die Folge eines überfließenden Lebens im Heiligen Geist. Wenn ich aus der Gnade Gottes lebe und im Geist wandle, wird Seine Liebe immer mehr Merkmal meines Lebens werden.

Die Haltung der Liebe zu anderen Menschen

Langmut und Güte sind das Fundament, auf das Paulus seine Beschreibung der Liebe aufbaut. In gewissem Sinn wird die Langmut der Liebe durch die nachfolgenden acht Aussagen näher erklärt, in denen aufgezeigt wird, wie Liebe *nicht* handelt. Die ersten vier davon gehen sehr gründlich auf unsere Haltung anderen Menschen gegenüber ein. Unsere Einstellungen bestimmen unweigerlich unsere Handlungen; wie wir uns in Beziehung zu anderen sehen, wird entscheidend dafür sein, ob wir ihnen in liebevoller Weise begegnen oder nicht.

Die Liebe neidet nicht

John war die Freude seiner Eltern. Sie hatten mitverfolgt, wie er zu einem vielversprechenden jungen Mann heranwuchs, der ein großes Verlangen hatte, den Willen Gottes zu tun. Sie beteten beständig dafür, daß er das richtige Mädchen finden möge, die ihn als Frau unterstützen würde, noch mehr zu einem Mann Gottes zu werden. Als Carol in seinem Leben auftauchte, ein schönes Mädchen, das sich zu Christus bekannte, schien sie die Antwort auf die Gebete der Eltern zu sein. Aber im Lauf der Zeit wuchsen ihre Befürchtungen. Es wurde offenbar, daß Carols geistliche Werte sehr oberflächlich waren, und ihr Hauptziel darin lag, John für sich zu gewinnen. Immerhin liebte sie ihn und wollte ihn haben. Dieses Ziel versuchte sie mit allen Mitteln zu erreichen, sei es durch sexuelle Verführung oder dadurch, daß sie John gegen seine Eltern ausspielte. Plötzlich befanden sich die Eltern in einem Kampf um ihren Sohn, und weder sie noch Carol wollten verlieren.

Es gibt zwei Arten von Eifersucht, und es ist wichtig, daß wir unterscheiden lernen, wenn wir lesen: »die Liebe neidet nicht« oder: »die Liebe ist nicht eifersüchtig«. Die Eltern von John eiferten um ihren Sohn, aber

Carol war eifersüchtig auf ihn um ihrer selbst willen. Der Eifer der Eltern wollte das Beste für ihn, Carols Eifersucht wollte das Beste für sich. Von dem Wort, das mit 'Eifersucht' oder 'Neid' übersetzt wird, kommt das Wort für 'Eifer'. Es beschreibt sowohl einen rechten Eifer als auch eine sündhafte Eifersucht.

Im Hohelied Salomos finden wir eine großartige Beschreibung der Liebe:

»Lege mich wie ein Siegel an dein Herz,
wie ein Siegel an deinen Arm!
denn stark wie der Tod ist die Liebe,
hart wie der Scheol die Leidenschaft.
Ihre Gluten sind Feuergluten,
eine Flamme Jahs.
Mächtige Wasser sind nicht in der Lage, die Liebe auszulöschen,
und Ströme schwemmen sie nicht fort.«

(Hohelied 8, 6-7)

Die wahre Eifersucht der Liebe ist nicht von Selbstsucht getragen, sondern von einem tiefen Verlangen, zu umsorgen und zu beschützen, was uns rechtens gehört. Sie eifert und sorgt sich um das Wohl, das Glück des anderen, und bewahrt ihn sowohl vor Angriffen von Menschen, als auch vor selbstzerstörerischen Handlungen. Eine Mutter, die ihre Kinder wirklich liebt, läßt sie nicht auf einer stark befahrenen Straße spielen oder mit giftigen Stoffen experimentieren. Ein wahrer Freund kann nicht gleichgültig zusehen, wie sich sein Freund langsam selbst zerstört. Ein Mann, der seine Frau wirklich liebt, kann nicht sagen: »Es ist mir egal, mit wievielen anderen sie eine Beziehung hat. Ich kann sie mit anderen teilen.«

Vor einigen Jahren kam ein Buch von einem Ehepaar auf den Markt, in dem sie diesen Gedanken der »offenen Ehe« befürworteten. Es war ein großer Verkaufserfolg und wurde für seine Aufgeschlossenheit und seine »reifen und aufgeklärten« Anschauungen über Liebe gepriesen. Doch es funktionierte nicht! Ein Seelsorger sagte, daß alle Paare, die er kannte, die diesen Weg der »offenen Ehe« ausprobiert hatten, auseinander gegangen seien. Auch die Ehe des Autors des Buches wäre beinahe am Ende gewesen. Seine Frau vertrat in ihrem nächsten Buch die Überzeugung, daß sexuelle Treue kein Relikt der Tradition sei, sondern ein angeborenes Bedürfnis, um seelische Geborgenheit zu erfahren.[2] Wahre Liebe ist nicht gleichgültig, sondern sie ergreift Besitz in einer reifen Weise und besitzt eine innige Sorge für denjenigen, den sie liebt.

Das ist gemeint, wenn uns die Bibel daran erinnert, daß Gott ein eifernder Gott ist (2. Mose 34,14). Er hat für uns die Eifersucht eines Liebenden, den Eifer, uns zu beschützen, für uns zu sorgen und das Beste für uns aufzubringen. Seine Liebe ist so stark und eifernd, daß ihr nicht einmal der Preis, für uns zu sterben, zu hoch war. In Seiner Liebe gibt es keinen Egoismus und kein Mißtrauen, sondern nur die Sorge, daß das Beste aus unserem Leben wird. Er eifert um unsere Zuneigung, damit wir nicht von den billigen Ersatzangeboten Satans fortgezogen werden (2. Korinther 11, 2-3). In meinem Leben gibt es nichts, dem Er gleichgültig gegenüberstehen würde. In gewissem Sinn ist Liebe also eifersüchtig und nur echt, solange sie eifersüchtig ist, und zwar wenn sie um das Allerbeste des geliebten Menschen bemüht ist.

Aber wenn Paulus uns sagt: »die Liebe neidet nicht«, spricht er von einer ganz anderen Art von Eifersucht oder Neid. Genau genommen sind Eifersucht und Neid zwei verschiedene Begriffe. »Was mir gehört, geht dich nichts an!« ist die Sprache der Eifersucht, mit der man sich an etwas festklammert. Neid streckt hingegen die Hand gierig aus: »Was dir gehört, ist begehrenswert, und ich möchte es haben!« Eifersucht ist in selbstsüchtiger Weise besitzergreifend und lehnt es ab, Freunde und Besitz mit anderen zu teilen. Sie trachtet danach, alles fest an sich zu ziehen; wir sehen sie in Sauls Unsicherheit David gegenüber. Neid ist hingegen das begierige Verlangen (»vor Neid platzen«) nach dem, was anderen gehört, ob es Besitztümer sind, Freunde oder Begabungen. Beide sind in höchstem Maß wetteifernd und messen ständig den eigenen Wert an dem der anderen.

Die Lieblosigkeit von Neid und Eifersucht ist offensichtlich. Liebe ist ihrem Wesen nach voller Hingabe und nicht habgierig. Neid hindert uns daran, andere um ihrer selbst willen zu schätzen, und Eifersucht verhindert, daß wir ihnen helfen, das zu werden, was wir durch Gottes Gnade sind. Anstatt andere anzunehmen und auf ihre Nöte einzugehen, befindet sich Neid in einem Wettstreit mit allen und wird sie, wenn man nicht achtgibt, alle zerstören. *»Grausam ist der Grimm und überflutend der Zorn. Wer aber kann bestehen vor der Eifersucht?«* (Sprüche 27,4). Der grundlegende Irrtum der Eifersucht ist der Glaube, daß mein Wert von meinen Gaben oder von meinem Besitz abhängt. Wenn Neid und Eifersucht blühen, wächst eine Wurzel der Bitterkeit. Aber Liebe neidet nicht; Liebe schätzt den anderen. Liebe ist nicht eifersüchtig, sondern dankt Gott dafür, daß sie geben kann. Die Liebe nimmt die Gnade Gottes in echter Zufriedenheit und Dankbarkeit an.

Die Liebe tut nicht groß

Auf den ersten Blick ist vielleicht nicht klar, was Lieblosigkeit und Prahlerei miteinander zu tun haben. In gewissem Sinn ist diese Haltung die Kehrseite von Neid und Eifersucht. Während diese Eigenschaften den Wunsch gemeinsam haben, alles für sich zu besitzen, ist es nicht selten der Fall, daß ein Prahler großzügig und freigebig ist. Hinter diesem Prahlen steckt jedoch Egoismus, der die eigene Wichtigkeit verkünden will. Aber die Liebe verkündigt nicht, was man selbst besitzt, sie rühmt sich nicht.

Die Liebe strebt nicht danach, die Aufmerksamkeit auf sich zu ziehen, um Lob und Beifall zu ernten. Prahlerei geschieht aber nicht immer mit Worten. Es gibt Hunderte von weniger offensichtlichen Wegen, wie man Erfolg proklamieren kann: das größere Haus, der elegantere Wagen, das modische Kleid, das beiläufige Erwähnen eines bekannten Namens — hinter all dem steckt die Mühe, daß andere sehen sollen, wie bedeutend wir sind. Wie die Werbung sagt: »Verkaufen Sie sich gut!«

Großtun hat etwas Humorvolles an sich. Es erinnert uns an die junge

Frau, die zu ihrem Priester ging, um ihm die Sünde der Eitelkeit zu bekennen. Als sie um nähere Erklärung gebeten wurde, sagte die Frau, daß sie bei jedem Blick in den Spiegel daran denken müsse, wie schön sie sei. Der Priester zog den kleinen Vorhang beiseite, sah sie an und sagte schließlich: »Machen Sie sich keine Sorgen, meine Liebe. Es ist keine Sünde, es ist nur ein Irrtum.« Sehr oft ist Prahlen eher ein Ausdruck von Unsicherheit als von Erfolg. Es ist ein Wink dafür, daß der Wunsch, andere zu beeindrucken, eine sehr geringe Selbsteinschätzung widerspiegelt.

Ein Psychologe, der die Todeslager der Nazis im Zweiten Weltkrieg überlebt hatte, beobachtete, daß jene unter diesem schrecklichen Druck am frühesten starben oder zerbrachen, die ihr Leben auf ihre frühere Stellung oder ihre Errungenschaften aufgebaut hatten. In einer Umgebung, wo ihre Handlungen unbedeutend und ihr Prahlen keinen Sinn hatte, verlor ihr Leben bald jede Bedeutung.

Die Lieblosigkeit der Prahlerei liegt darin, daß sie in Wirklichkeit die anderen richtet. Wenn jemand sagt: »Ich sehe gut aus«, meint er eigentlich: »Ich sehe besser aus als dieser oder jener«. Jemand, der auf seinen Erfolg aufmerksam macht, behauptet, erfolgreicher zu sein als wir. Mein Prahlen ist daher der Weg, um mich hervorzutun und gleichzeitig andere schlecht zu machen. Hinter prahlerischen Handlungen verbirgt sich eine selbstsüchtige und kritische Haltung — das Gegenteil von Liebe.

Man erzählt eine Geschichte von einem bekannten christlichen Geschäftsmann, der in einer Gemeinde auf Besuch war und gebeten wurde, ein Wort zu sagen. Leider ließ er sich dabei in seinen Ausführungen ziemlich fortreißen und berichtete der Versammlung von all den wunderbaren Dingen, die er für den Herrn getan hatte. »Ich habe ein großes Haus, eine nette Familie, ein erfolgreiches Unternehmen und einen guten Ruf. Ich habe genügend Geld, um alles zu tun, was ich will; es ist mir möglich, so manche christliche Arbeit zu unterstützen, und viele Organisationen hätten mich gern als Leiter. Ich bin gesund, und meine Möglichkeiten sind beinahe unbegrenzt. Die meisten Menschen würden gern mit mir tauschen. Was könnte Gott mir noch geben?« Als er eine eindrucksvolle Pause machte, rief eine Stimme aus den letzten Reihen: »Wie wär's mit einer kräftigen Portion Bescheidenheit?« Und, um 1. Korinther 13 zu zitieren, mit einem guten Maß an Liebe, denn *»die Liebe tut nicht groß«.*

Die Liebe ist nicht hochmütig

Der Schluß von Vers 4 macht uns auf eine Haltung aufmerksam, die versteckter liegt als Prahlerei. Prahlen ist der nach außen sichtbare Stolz, der mit Unsicherheit verbunden ist, Hochmut hingegen ist eine weit zerstörerischere innere Haltung. Paulus verwendet ein sehr anschauliches Wort: »aufgebläht sein«, »aufgeblasen sein«. Es beschreibt sehr anschaulich jenes Gefühl, das uns in unseren eigenen Augen wichtig erscheinen läßt.

Hochmut war eine sehr verbreitete Haltung unter den Korinthern. Sie bildeten eine Gruppe von Menschen, die stolz waren wegen ihrer Parteiungen (1. Kor. 4,6) und wegen ihrer vermeintlichen Reife (4, 18-21). Andere waren voll Stolz, weil sie Sünde tolerieren konnten (5, 1-2), während wiederum andere ein hochmütiges Vertrauen auf ihre geistliche Erkenntnis hatten (8,1). In Kolossä war eine Gruppe von Christen aufgeblasen wegen ihrer Gesetzlichkeit (Kol. 2,18). Dies alles ist ein beredtes Zeugnis dafür, daß wir uns wegen aller möglichen Dinge aufblähen können, sogar wegen »geistlicher Dinge«, und daß unser Hochmut meist sehr wenig mit der Realität zu tun hat. Jeder Bereich in Korinth, in dem Hochmut vorkam, war in Wirklichkeit ein Bereich der Sünde und nicht des Erfolgs, doch hatten sich diese Menschen so sehr auf sich selbst konzentriert, daß sie jeden Blick für die Realität verloren. Sie waren für ihren eigentlichen Zustand blind geworden.

Eine aufgeblasene Haltung sieht auf andere herab und zeigt sich in einem Gefühl von selbstgefälliger Zufriedenheit. Wir sehen die Fehler des anderen sehr klar, während unsere eigenen Unzulänglichkeiten unbedeutend erscheinen. Es ist offensichtlich, daß diese Haltung unsere Fähigkeit lähmt, anderen in Liebe zu dienen. Die Worte von Paulus in 1. Korinther 4, 6-7 fordern zu ernsthaftem Nachdenken auf:

»Dies aber, Brüder, habe ich auf mich und Apollos bezogen um euretwillen, damit ihr an uns lernt, nicht über das hinaus zu denken, was geschrieben ist, damit ihr euch nicht aufbläht für den einen gegen den anderen. Denn wer gibt dir einen Vorrang? Was aber hast du, das du nicht empfangen hast? Wenn du es aber auch empfangen hast, was rühmst du dich, als hättest du es nicht empfangen?«

Zwei grundlegende Gedanken in diesen Worten sollen den Hochmut austreiben. Zunächst müssen wir erkennen, daß alles, was in unserem Leben von Wert ist, ein Geschenk der Gnade Gottes ist. *»Was aber hast du, das du nicht empfangen hast?«* Das rechte Verständnis des Reichtums der Gnade Gottes muß bei uns aufrichtige Demut bewirken. Wir sehen uns so, wie wir wirklich sind, und das befähigt uns, andere zu lieben. Einer der liebsten Aussprüche von Moody lautete: »Im Augenblick habe ich solche Schwierigkeiten mit D.L. Moody, daß ich keine Zeit habe, Fehler bei anderen Geschwistern zu finden.« Die Gnade vermittelt uns eine rechte Sicht für unsere gottgegebenen Begabungen. Wenn ich mich dessen rühme, was Gott gehört, beraube ich Ihn Seiner Ehre und betrüge mich selbst.

Zweitens brauche ich einen passenden Maßstab. *»Denn wer gibt dir einen Vorrang?«* Ich werde nicht dadurch demütiger, daß ich versuche, mich geringer darzustellen als ich bin. Ich muß vielmehr aufrecht und gerade stehen und meine Stärken und Begabungen erkennen, mich dabei aber eng an den Herrn Jesus Christus halten, damit ich mich im richtigen Maß sehe. William Temple schrieb: »Demut heißt nicht, geringer von sich zu denken als von anderen Leuten, noch heißt es, eine geringe Meinung von den eigenen Gaben zu haben. Sie ist die Freiheit davon, überhaupt in der einen oder anderen Weise an sich zu denken.«[3] Das stimmt zwar, sagt uns aber nicht, wie es uns gelingen kann, nicht an uns zu denken. Die Antwort liegt darin, daß wir unser Denken mit dem Herrn Jesus Christus füllen. Anbetung verdrängt Hochmut und füllt uns mit Liebe.

Die Liebe nimmt Rücksicht auf andere

Es ist schwierig, die letzte Eigenschaft der Liebe in ihrer Haltung zu anderen Menschen treffend zu übersetzen. Wörtlich heißt es: »sie benimmt sich nicht unanständig«, »sie benimmt sich nicht in unschicklicher Weise« oder: »sie ist nicht verletzend«.

Es gibt hier zwei wichtige Aspekte. Erstens ist die Liebe feinfühlig für die Empfindungen der anderen. Liebe ist bemüht, andere nicht zu verletzen und höflich zu sein. Weil für einen Liebenden die anderen Menschen im Mittelpunkt stehen und nicht er selbst, ist er sehr darauf bedacht, daß sich andere Leute wohl und geborgen fühlen. Manchmal verwerfen wir gutes Benehmen und gute Umgangsformen als altmodisch und unnötig, aber in Wirklichkeit bilden sie einen wesentlichen Bestandteil des christlichen Lebens. Wir müssen anderen gegenüber einfühlsam sein und vermeiden, in praktischen Dingen unhöflich oder verletzend zu sein. George Sweeting erinnert uns: »Kleine Dinge, die wir für andere in ehrlicher Weise tun, beweisen unsere Liebe. Liebe benimmt sich nicht unhöflich. Habsucht, Egoismus und Angst benehmen sich so, nicht aber die Liebe.«[4]

Paulus sagt jedoch mehr, als daß die Liebe höflich ist. Das Wort »unanständig benehmen« wird im Neuen Testament durchweg in sexueller Hinsicht verwendet, wenn von den Geschlechtsorganen, von unanständiger Kleidung oder von zweideutigen Gesprächen die Rede ist. Deshalb sagt uns Paulus, daß Liebe nicht sexuell provoziert, weder durch Handlungen, noch durch Aussehen oder Gespräche. Sie ist sittsam und sensibel für die Wirkung, die sie auf andere in sexueller Hinsicht haben könnte. Liebe ist bestrebt, einem anderen Gläubigen keinen Stolperstein auf dem Gebiet seiner sexuellen Reinheit in den Weg zu legen. Das war ein wichtiges Thema für die Korinther, die in einer mit Sex übersättigten Gesellschaft lebten. Auch heute ist es nicht weniger dringlich. Sittsamkeit wird in unserer hemmungslosen Gesellschaft nicht sehr geschätzt, aber gerade deshalb müssen wir diesem Merkmal der Liebe noch mehr Aufmerksamkeit schenken.

Es wird erzählt, daß Averill Harriman von einem Reporter gefragt wurde, als er als amerikanischer Botschafter nach Frankreich entsandt wurde: »Wie steht es mit Ihrem Französisch?« — »Mein Französisch ist ausgezeichnet«, antwortete er, »bis auf die Zeitwörter.« Zeitwörter sind allerdings der Schlüssel jeder Sprache, und in derselben Weise sind Zeitwörter der Schlüssel der Liebe. Paulus hat sechs Zeitwörter aufgezählt, in denen die wichtigsten Eigenschaften der Liebe zum Ausdruck kommen. Wie steht es mit Deinen Zeitwörtern?

Anmerkungen

[1] Zitiert in Erwin W. Lutzer, The Morality Gap (Chicago: Moody, 1972), S. 95.

[2] George O'Neill & Nena O'Neill, Open Marriage: A New Life Style for Couples (New York: M. Evans, 1972) und Nena O'Neill, The Marriage Premise (New York: M. Evans, 1977).

[3] Zitiert in James T. Draper, Jr., Proverbs: The Secret of Beautiful Living (Wheaton, Illinois: Tyndale, 1977), S. 54.

[4] George Sweeting, Love Is the Greatest (Chicago: Moody, 1974), S. 64.

11.
Das Wagnis der Liebe

Es wird uns im Neuen Testament nicht allzuviel über Epaphroditus, den Freund von Paulus, berichtet, aber was wir erfahren, ist sehr bedeutsam. Wir werden sogar aufgefordert: »*Haltet solche Brüder in Ehren, denn um des Werkes Christi willen ist er dem Tod nahe gekommen und hat sein Leben gewagt, um den Mangel in eurem Dienst für mich auszugleichen*« (Philipper 2, 29-30). Epaphroditus war von den Gläubigen in Philippi zu Paulus gesandt worden, um ihm während seiner ersten Gefangenschaft in Rom beizustehen. Wir erfahren nicht, was genau passiert war. Wir wissen nur, daß Epaphroditus dem Tod nahe gekommen war, aber nicht aufgab und sein Leben wagte, um dem Apostel weiterhin zu dienen. Er erwies sich als vorbildhafter Freund, der sich auch unter großem Druck einsetzte und zur Stelle war — ein lebendiges Beispiel einer wahren Freundschaft.

Das Wort, mit dem Paulus den Dienst des Epaphroditus beschreibt (*paraboleuo*, »sein Leben wagen«), ist ein Wort aus der Welt der Spieler und hat seinen Ursprung in einem griechischen Glücksspiel, das dem Hufeisenwerfen ähnlich ist. Das Wort nahm die Bedeutung an, etwas »auf's Spiel setzen«, »die Gelegenheit wahrnehmen« — davon war das Leben des Epaphroditus gekennzeichnet. Er hatte sich freiwillig einer Gefahr ausgesetzt, um den Nöten des Paulus abhelfen zu können. Jahre später hatte es eine Gruppe von Christen gegeben, die sich nach dem Vorbild des Epaphroditus als *parabolani* (»Glücksspieler« oder »Wagemutige«) bezeichneten. Sie übernahmen die Verantwortung, Menschen zu dienen, denen sonst niemand helfen würde: sie pflegten die Kranken, besuchten die Gefangenen und begruben die Märtyrer. Als im Jahre 252 in Karthago eine Seuche ausbrach, warfen die Heiden die Leichname aus der Stadt und verschwanden dann in den Bergen. Aber eine Gruppe von »Hasardeuren Gottes« wagte ihr Leben, kümmerte sich um die Kranken und begrub die Toten.

Von Harry Ironside stammt eine sehr bedeutsame Bemerkung zu den Worten des Paulus über Epaphroditus: »Gott verlangt von den Heiligen nicht, daß sie jemand anerkennen, der sich selbst der Ehre und Wertschätzung für würdig erachtet. Aber derjenige, der sich zu den Niedrigen hält und der für sich nicht große Dinge sucht, wird von Gott zur rechten Zeit erhöht werden.«[1] Die Liebe von Epaphroditus forderte ein besonderes Wagnis, das Wagnis seiner Gesundheit. Aber jede wahre Liebe bringt Wagnis mit sich. Wenn wir uns hingeben, sind wir verwundbar und können von anderen verletzt werden, aber wir werden auch mit ihnen mitleiden, wenn sie verletzt werden. Ich habe miterlebt, wie jedes meiner Kinder wegen Schnittwunden genäht werden mußte. Jedesmal fühlte ich beim Zusehen den gleichen Schmerz wie meine Kinder bei der Behandlung. Wer liebt, leidet mit denen, die er liebt.

Die Griechen waren sich dessen bewußt. So lehrte eine ihrer bedeutendsten Philosophenschulen, daß das Ziel des Lebens darin liege, ungetrübten Seelenfrieden zu erreichen. Die größte Tugend war die Pflege der *apatheia,* jener Fähigkeit, von Gefühlen und innerer Bewegung frei zu sein. Ein Mensch galt als frei, wenn er niemand liebte und nichts fühlte, weil er dann unverletzbar war und sein Glück von nichts und niemand abhängig war. Deshalb versuchte der Philosoph, gleichgültig zu sein.

Aber ohne Wagnis schwindet das Leben dahin. Douglas MacArthur sagte einmal: »Im Krieg ist jeder Fehler entschuldbar außer Untätigkeit und die Angst vor Risiko.« Natürlich schloß er unsinniges Risiko aus, doch hat sein Wort für das Leben Gültigkeit. Ohne Wagnis gibt es keine Siege, kein Wachstum, keine positiven Errungenschaften. »Betrachte die Schildkröte: sie geht nur dann vorwärts, wenn sie ihren Hals herausstreckt.« Wenn Anteilnahme und Wagnis fehlen, dann gibt es auch keine Reife und keine Freude.

Gottes Liebe kann nicht teilnahmslos zusehen. Im Mittelpunkt des Neuen Testaments steht das Kreuz, das ewige Zeichen einer Liebe, die etwas riskiert, die mitleidet und sich verwundbar macht. Solche Liebe verlangt nach Mut, aber das Besondere einer christlichen Freundschaft liegt darin, das sie etwas riskiert und den Preis dafür bezahlt. Diese Liebe ist nicht besonders sentimental, oft ist sie sogar eine sehr harte Angelegenheit, doch gibt es keine Alternative. Lieblosigkeit läßt die Seele verkümmern. Liebe ohne Wagnis wird nicht erwidert werden. In den Versen 5 und 6 fährt Paulus fort und beschreibt fünf weitere Merkmale der Liebe, in denen das Motiv der Liebe, die Wahl der Liebe und die Freude der Liebe offenbar werden.

Das Motiv der Liebe

Von allen Eigenschaften der Liebe geht keine tiefer und fordert uns stärker heraus als die siebente: »Sie sucht nicht das Ihre.« Die bisherigen Beschreibungen haben darauf abgezielt, wie die Liebe mit anderen Menschen umgeht. Dieses Wort läßt uns jedoch darüber nachdenken, wie ein Liebender sich selbst sieht. Wir wurden darauf hingewiesen, daß Liebe nicht nach dem trachtet, was jemand anderem gehört, oder das festhält, was einem selbst gehört (»die Liebe neidet nicht«). Auch stellt sie nicht zur Schau, was ihr gehört, um Lob zu ernten (»die Liebe tut nicht groß«). Die Liebe ist vielmehr bereit aufzugeben, was ihr rechtmäßig gehört, weil sie nicht das Ihre sucht. Liebe ist in höchstem Maß selbstlos.

Am Neujahrstag 1967 riß der Offizier Jean-Bekel Bokassa die Macht in der Zentralafrikanischen Republik an sich und schützte vor, daß er die Kommunisten von der Machtergreifung abhalten wolle. Sein Land war ein kleiner unterentwickelter Binnenstaat, der den zweifelhaften Ruf hatte, eines der ärmsten Länder der Erde zu sein. Die 2,2 Millionen Einwohner hatten ein Pro-Kopf-Einkommen im Jahr von nur 110 US-Dollar, und nur 8 Prozent der Einwohner konnten lesen und schreiben.

Bokassa war jedoch sehr von sich selbst eingenommen. Er ernannte sich zum Präsidenten auf Lebenszeit und verlieh sich dermaßen viele Orden, daß man ihm eigens einen Rock anfertigen mußte, damit er alle tragen konnte. Während sein Land vor Schulden unterging und Bankrott machte, häufte er gewaltige Schätze an und hielt das Volk durch ein Militärregime in Schach.

Sein Größenwahn ging jedoch noch weiter. Er war davon überzeugt, ein neuzeitlicher Napoleon zu sein, und so ernannte er sich im Dezember 1976 zum Kaiser Bokassa I. des Zentralafrikanischen Reiches. Seine Krönung kostete mehr als 30 Millionen Dollar, was ungefähr der Hälfte des Bruttosozialprodukts seines Landes entsprach. Er machte sich Geschenke wie zum Beispiel ein zwei Meter langes Szepter aus Diamanten, einen roten Mantel aus Samt mit einer acht Meter langen Schleppe und einen zwei Tonnen schweren, mit Gold überzogenen Thron. Einem Reporter, der ihn fragte, wie er diese Ausgaben rechtfertigen könne, antwortete er: »Ohne Opfer kann man keine große Geschichte schreiben.«

Bokassa lebt nicht mehr. Seine Untertanen erhoben sich schließlich im Zorn und brachten ihn um. Aber in gewissem Sinn ist er ein Bild des modernen Menschen. Opfer sind großartig, solange andere sie bringen, und ich ihren Nutzen genieße. Die Frage: »Wer ist der Größte?« ist zum allgemeinen Lebensmotto geworden; sie steht in direktem Gegensatz zur Liebe, die nicht das Ihre sucht. Das Problem ist nicht neu. In der Versammlung in Korinth gab es viele Menschen, die ohne Rücksicht auf die anderen nach ihren eigenen Zielen strebten. Ihre christliche Freiheit war zur Selbstsucht geworden, und so erlaubten sich manche von ihnen fragwürdige Dinge, ohne auf ihre empfindlicheren Geschwister zu achten. Der Tisch des Herrn war nicht mehr der Ort, wo im Gedächtnis an den Herrn Gemeinschaft und Einheit gefeiert wurden, sondern wo ein Geist der Parteiung und der Spaltung herrschte. Ihre Selbstsucht machte aus der Lehre der Geistesgaben eine Suche nach aufregenden und außergewöhnlichen Dingen anstatt ein Verlangen, zu ermutigen und zu erbauen. Alle, die »nach dem Ihren suchten«, erhielten von Paulus die scharfe Rüge, daß sie wie die übrigen Menschen lebten und nichts wirklich Geistliches an ihnen war (1. Korinther 3, 1-4). »Sieh' auf dich selbst« ist ein beliebter Spruch; aber er drückt ebenso das Wesen des sündhaften Egoismus aus.

Ein Leben, das sich um sich selbst dreht, hat keine Liebe. Ein gutes Beispiel dieser Haltung finden wir in der Kleinanzeige, die in einer ländlichen New Yorker Tageszeitung erschien:

»Bauer, 38 Jahre, sucht Frau um 30 mit Traktor. Bitte Bild des Traktors beilegen.«

Hier wird die Haltung einer ich-bezogenen »Liebe« deutlich: »Ich liebe dich dafür, was ich von dir bekommen kann.« — »Ich liebe dich dafür, was du für mich tun kannst.«

Das Wesen der Liebe

Wenn Paulus sagt, die Liebe »sucht nicht das Ihre«, spricht er ein Grundbedürfnis an, das nicht nur die Korinther betrifft, sondern auch uns. Interessanterweise ist der Satz unvollendet, so daß man fragt: »Was ist mit dem 'Ihren' gemeint?« Ihr Ruf, ihre Rechte, ihre Zufriedenheit, ihre Besitztümer? Die Liebe als Liebe Gottes ist in radikaler Weise auf andere ausgerichtet. Der große russische Schriftsteller Dostojewskij schrieb einmal: »Jemand zu lieben, heißt ihn so zu sehen, wie Gott ihn gemeint hat.«

Das ist ein schöner Gedanke, doch geht er nicht tief genug. Jemanden zu lieben, heißt nicht nur, ihn auf diese Weise zu sehen, sondern auch so zu handeln, damit er zu dem Menschen werden kann, wie Gott ihn gemeint hat.

Einer der wichtigsten und bekanntesten Abschnitte des Neuen Testaments will uns lehren, daß Liebe nicht das Ihre sucht. Wir kommen auf diesen Abschnitt meist deshalb zurück, weil er große Wahrheiten über den Herrn Jesus Christus enthält. Der Blick wird aber in der Schrift oft auch deshalb auf den Herrn gerichtet, damit wir unsere eigenen Handlungen in klarerem Licht sehen können. Beachte, wie in Philipper 2, 1-11 die Wahrheit, daß Liebe »nicht das Ihre sucht«, entfaltet wird.

»Wenn es nun irgendeine Ermunterung in Christus gibt, wenn irgendeinen Trost der Liebe, wenn irgendeine Gemeinschaft des Geistes, wenn irgendein herzliches Mitleid und Erbarmen, so erfüllt meine Freude, daß ihr dieselbe Gesinnung und dieselbe Liebe habt, einmütig, eines Sinnes seid, nichts aus Eigennutz oder eitler Ruhmsucht tut, sondern daß in der Demut einer den anderen höher achtet als sich selbst; ein jeder sehe nicht auf das Seine, sondern ein jeder auch auf das der anderen. Diese Gesinnung sei in euch, die auch in Christus Jesus war, der in Gestalt Gottes war und es nicht für einen Raub achtete, Gott gleich zu sein. Aber er machte sich selbst zu nichts und nahm Knechtsgestalt an, indem er den Menschen gleich geworden ist, und der Gestalt nach wie ein Mensch erfunden, erniedrigte er sich selbst und wurde gehorsam bis zum Tod, ja, zum Tod am Kreuz. Darum hat Gott ihn auch hoch erhoben und ihm den Namen verliehen, der über jeden Namen ist, damit in dem Namen Jesu JEDES KNIE SICH BEUGE, der Himmlischen und Irdischen und Unterirdischen, und jede Zunge bekenne, daß Jesus Christus Herr ist, zur Ehre Gottes, des Vaters.«

Selbstlose Liebe

Wahre Liebe beginnt nach Aussage dieser Verse nicht im Herz, sondern in der Gesinnung! Für viele von uns ist das ein neuer Gedanke. Solange ich nicht richtig denke und richtige Einstellungen entwickle, kann ich nicht in der rechten Weise lieben. *»Diese Gesinnung sei in euch, die auch in Christus Jesus war.«* Lerne zu denken wie Er, dann wirst Du auch lieben wie Er! In drei Punkten muß ich sorgfältig rechte Einstellungen entwickeln: meine Einstellung zu meinen Rechten, meine Einstellung zu meinem Dienst und meine Einstellung zu meinem Herrn. Gemeinsam werden sie uns aus dem Sumpf der ich-bezogenen Liebe befreien.

1. *Wie stehe ich zu meinen Rechten?* Eine Diskussion in einer Gemeinde war ziemlich heftig geworden. Ein Mann stand zornig auf, schlug mit der Faust auf den Tisch und schrie: »Ich möchte mein Recht. Ich poche auf meine Rechte!« Daraufhin antwortete einer der reifen Leiter der Versammlung ruhig: »Mein Freund, wir gewähren dir gern das Recht zu reden, aber ich möchte dich an etwas erinnern. Wenn du wirklich dein Recht erhieltest, dann wärst du in der Hölle.« An diesem Punkt beginnt christli-

che Liebe. Wenn ich von der Gnade des Herrn Jesus überwältigt bin und mir völlig klar wird, daß ich nicht mehr mir selbst gehöre, weil ich mit einem Preis erkauft worden bin, dann werde ich weit mehr an meine Verantwortung als an mein Recht denken.

Ich kann zum Leben zwei völlig verschiedene Einstellungen haben. Ich kann der Meinung sein, daß ich ein *Anrecht* auf gewisse Dinge besitze, die mir Gott oder andere Menschen schuldig sind. Sie sind mein gutes Recht, und so strecke ich mich nach ihnen aus, um sie zu erlangen, und halte andere dafür verantwortlich, mir dabei zu helfen. Das ist nicht die Gesinnung Christi, der, da er Gott gleich war, ein Anrecht auf die Herrlichkeit des Himmels hatte. Aber Gott, der Vater, hatte Ihm einen Auftrag gegeben, und so betrachtete sich der Heiland als einer, dem ein Dienst *anvertraut* worden war. Indem Er auf Seine Rechte verzichtete, kam Er Seinen gottgegebenen Verantwortungen nach und hatte Gefallen daran, den Willen Gottes zu tun.

Das ist die andere Lebensanschauung: daß Gott mir große Möglichkeiten und Verantwortungen *anvertraut* hat. Es kann keine wahre Liebe geben, wenn ich mein Leben nicht als Verwaltung betrachte, die Gott mir anvertraut hat, und wenn ich mich nicht verpflichte, nicht das Meine zu suchen, sondern den Willen des Herrn zu tun, der mich aussendet. Diese Haltung brachte D.L. Moody schön zum Ausdruck, als er sagte: »Das Leben ist ein Gut zur Verwaltung, nicht zum Eigentum; ein anvertrautes Gut und nicht ein Geschenk. Mit einem Geschenk kann man tun, was man will, über eine Verwaltung aber muß man Rechnung legen.«

Eine Zeitschrift erklärte vor kurzem in ihrer Werbung, für welchen Leserkreis sie geschrieben werde. Das seien Menschen, so die Nummer der Zeitschrift, die von sich sagen könnten: »ICH LIEBE MICH. Ich bin nicht eingebildet, ich bin mir einfach selbst ein guter Freund. Mir ist egal, was ich tue — Hauptsache ich fühle mich wohl.« Das ist die übliche Sprache der Selbstliebe, aber solche Worte können unmöglich über die Lippen des Herrn Jesus kommen. Die Sprache Seiner Liebe leidet nicht an einer solchen »Ich-Krankheit«.

Als junger Mann wurde Charles H. Spurgeon durch einen Umstand, der scheinbar ein dummer Fehler war, davon abgehalten, ein theologisches Seminar zu besuchen. Als er zum Vorstellungsgespräch kam, wurde er in ein Zimmer geführt, wo er zwei Stunden lang wartete. Erst dann bemerkte er, daß das Dienstmädchen den Direktor der Schule in den Nebenraum geführt und keinem der beiden die Anwesenheit des anderen mitgeteilt hatte. Als der Irrtum entdeckt wurde, war der Direktor bereits fort. Spurgeon ging verwirrt und entmutigt weg. Seine Hoffnungen und Träume für die Zukunft waren zusammengebrochen. Aber während er dahinging, erinnerte ihn der Heilige Geist an Jeremia 45,5 und traf ihn damit ins Herz: »Und du, du trachtest nach großen Dingen für dich? Trachte nicht danach!« Diese Worte hatten eine gewaltige Wirkung auf Spurgeon: »Das veranlaßte mich, meine Situation von einem anderen Standpunkt aus zu betrachten und meine Motive und Absichten in Frage zu stellen. ... Obwohl ich damals Unbekanntheit und Armut als Folge meines Entschlusses erwartete, lehnte ich das Angebot, im Seminar unterrichtet zu werden, sofort feierlich ab und war entschlossen, wenigstens ein Jahr bei meinen Leuten zu bleiben und weiterhin das Wort zu predigen, solange ich die Kraft dazu hatte.«[2]

Als Spurgeon das Recht preisgab, über sein eigenes Leben zu bestimmen, und sich dem Willen Gottes unterordnete, nahm sein Leben eine wichtige Wende. Er suchte nicht das Seine, sondern das des Herrn, und innerhalb eines Jahres betraute der Herr den jugendlichen Prediger mit einem erstaunlichen Dienst in London.

Diese Preisgabe unserer Rechte, dieser Entschluß, den Willen Gottes zu tun, und die Absage, »das Unsere zu suchen«, sind es, die uns zur Liebe freimachen. Wenn ich davon überzeugt bin, daß mein Leben in den Händen Gottes liegt, daß Er für meine Rechte sorgen wird, und daß mir etwas anvertraut wurde, ich aber keinen Anspruch darauf habe, dann habe ich die rechte Einstellung, die mich zur Liebe befähigen wird.

2. *Wie stehe ich zum Werk des Herrn?* Eine zweite und nahe verwandte Einstellung ist die Haltung, dem Herrn zu dienen. Es wurde gezeigt, daß es in einem Krieg zwei sehr unterschiedliche Arten von Problemen gibt: Probleme an der Front und solche in der Etappe. An der Front ist der Feind das Hauptproblem. Dort haben wir es mit wirklichen Geschossen zu tun, mit ständigen Gefahren und dringenden Nöten. Teamarbeit ist lebensnotwendig! Weiter weg vom Pulvergeruch gewinnen jedoch zweitrangige Dinge eine größere Bedeutung. Die Leute beklagen sich dort über das Essen oder darüber, daß der Kamerad nebenan schnarcht, oder über tausend andere Dinge. Oder wenn ich, um ein anderes Bild aufzugreifen, bei einem Fußballspiel auf der Tribüne sitze, beklage ich mich vielleicht darüber, daß der Kaffee kalt ist; die Spieler der Abwehr, die vom Gegner unter Druck gesetzt werden, haben hingegen völlig andere Sorgen. Die Probleme auf den Sitzreihen sind nicht dieselben wie auf dem Spielfeld.

Im Leben eines Christen gilt dasselbe Prinzip. Wenn wir uns in den hinteren Reihen oder auf der Zuschauertribüne befinden, dann kann es leicht geschehen, daß wir uns mit nebensächlichen Dingen beschäftigen. Weil wir nicht in der Hitze des Gefechts stehen, schweift unser Blick zu unbedeutenden Dingen, und so beginnen zweitrangige Fragen, uns zu beschäftigen und zu spalten. Wenn ich mich aber entschließe, für den Herrn Jesus zu arbeiten und mich auf die wirklich wichtigen Dinge konzentriere, werde ich diejenigen schätzen lernen, die mit mir als Geschwister im Kampf stehen. Weil ich meine Aufmerksamkeit nicht auf meinen Komfort richte, sondern darauf, dem Herrn zu dienen, ist es mir möglich, mein Leben für andere hinzugeben. Das ist die Einstellung, die Paulus den Korinthern in 1. Kor. 9,19 vermitteln wollte, als er schrieb: »*Denn obwohl ich allen gegenüber frei bin, habe ich mich allen zum Sklaven gemacht, damit ich immer mehr gewinne.*« Eine Hingabe an das Werk des Herrn mit ganzem Herzen bewahrt uns davor, mit uns selbst so beschäftigt zu sein, daß wir das Unsere suchen.

Daß es heißt: »Die Liebe sucht nicht das Ihre«, bedeutet nicht, daß Liebe passiv und anspruchslos ist. Echte Liebe hat sehr klare Ziele, und ein starkes Anliegen. Liebe drängt uns nicht, etwas für uns selbst zu suchen, sondern mit Sicherheit drängt sie uns, den Willen Gottes zu tun. Sie verdrängt den Egoismus und gibt uns eine größere Schau für den Sinn unseres Lebens.

3. *Wie stehe ich zum Herrn Jesus?* Ob ich fähig bin, ein Leben zu führen, das nicht von Selbstsucht geprägt ist, hängt letzten Endes davon ab, wie sehr ich auf Christus ausgerichtet bin. *»Diese Gesinnung sei in euch, die auch in Christus Jesus war.«* Das bedeutet, daß ich Zeit mit Anbetung, mit Lobpreis, mit Danksagung und mit Nachdenken verbringen muß, wenn Seine Liebe in mir Gestalt gewinnen soll. Das Prinzip ist offensichtlich. Wenn ein Schüler den Wunsch hat, ein guter Fußballspieler zu werden, wird er gut daran tun, sich einen Profispieler als Vorbild zu wählen. Er wird Filmaufzeichnungen ansehen, seine Ratschläge lesen und seine Technik studieren; je mehr er seinen Star nachahmt, umso mehr wird er selbst ein hervorragender Spieler werden.

Auf einer höheren Ebene gilt das Prinzip ebenso für den Einfluß des Herrn Jesus auf uns, allerdings mit einem wesentlichen Unterschied. Die Beobachtung eines großen menschlichen Vorbildes inspiriert mich, aber die Zeit mit dem Herrn Jesus *verändert* mich. *»Wir alle aber schauen mit aufgedecktem Angesicht die Herrlichkeit des Herrn an und werden so verwandelt in dasselbe Bild von Herrlichkeit zu Herrlichkeit, wie es vom Herrn, dem Geist, geschieht«* (2. Korinther 3,18). Wenn ich Zeit mit »dem Knecht Gottes« verbringe, schafft Er in mir das Herz eines Dieners.

Zu einem frühen Zeitpunkt in der Geschichte der Moody-Bibelgesellschaft organisierte D.L. Moody in Amerika eine Bibelkonferenz, zu der auch Gäste aus dem fernen Europa kamen. Spät am ersten Abend bemerkte Moody, als er die Gänge entlangging, daß die Gäste aus Europa, so wie es bei ihnen üblich war, ihre Schuhe vor die Türe gestellt hatten, damit sie über Nacht geputzt würden. Moody wollte sie nicht enttäuschen und ging daher hinunter zu seinen Schülern, um ihnen die Situation zu erklären und sie zu bitten, ihm zu helfen. Der erste Schüler antwortete: »Herr Moody, ich bin hier, um für meinen Dienst zu lernen. Ich bin nicht gekommen, um Schuhe zu putzen.« Die anderen pflichteten ihm bei. So ließ Moody sie in seiner Güte gehen und verbrachte den Rest der Nacht damit, diese Schuhe selbst zu putzen.

Moody hätte auf seinem Recht bestehen und seine Schüler zwingen können zu dienen. Oder er hätte es ablehnen können, fremden Sitten Achtung zu erweisen. Aber er war ein Mann mit dem Herz eines Dieners, der Zeit mit dem Einen verbracht hatte, der gesagt hat: *»Der Sohn des Menschen ist nicht gekommen, um bedient zu werden, sondern um zu dienen und sein Leben zu geben als Lösegeld für viele«* (Matthäus 20,28). Einer der größten Kämpfe im Leben eines Gläubigen ist das Ringen darum, das Herz eines Dieners zu haben. Solch ein Herz ist unentbehrlich, will man ein Liebender gemäß der Bibel sein, denn die Liebe »sucht nicht das Ihre«.

Die Wahl der Liebe

Der Wille, mit dem wir uns dafür entscheiden, nicht das Unsere zu suchen, ist die grundlegende Wahl der Liebe, aber es wird nicht die letzte Entscheidung sein. Die Liebe trifft nämlich ihrem Wesen nach ständig eine Auswahl. Zwei dieser Entscheidungen begegnen uns am Ende von Vers 5: eine Möglichkeit, von der Liebe immer abgelehnt, und eine Alternative, die von ihr immer angestrebt wird.

Was Liebe nicht wählt: Erbitterung

Nur wenige Beschreibungen der tätigen Liebe fordern mehr heraus als jene, die wir in den Worten finden: »die Liebe läßt sich nicht erbittern«, oder: »die Lieb ist nicht verärgert«. Die Forderung ist tatsächlich so hoch, daß manche Übersetzungen die Wirkung abschwächen wollen und uns sagen, daß Liebe sich nicht »leicht« erbittern oder »leicht« verärgern läßt. Aber der griechische Text läßt nicht so »leicht« locker. Er ist vielmehr ganz eindeutig: »die Liebe läßt sich nicht erbittern«. Das griechische Wort für *erbittern,* von dem sich das Wort *Paroxysmus* (heftiger Anfall, Krampf) ableitet, bedeutet, etwas schärfen oder verschärfen. Es wurde zum Beispiel gebraucht, um den bohrenden und stechenden Schmerz nach einem Knochenbruch zu beschreiben oder die Komplikationen durch ein Fieber, wodurch sich ein Mensch gereizt und gesundheitlich am Boden fühlt.

Paulus sagt uns also, daß Liebe sich nicht erbittern läßt und nicht geneigt ist, zornig zu werden und vor Zorn außer sich zu geraten. Wer sich erbittern läßt, ist innerlich durcheinander und hat keinen Frieden; wird er falsch angefaßt, bricht die ganze Frustration hervor. »Wer reizbar ist, befindet sich in einem ständigen Countdown vor einem Temperamentsausbruch. Man ist innerlich wie eine Feder gespannt, bereit, jederzeit voller Wut auseinanderzuspringen.«[3] Ein gereizter Mensch ist beißend und stachelig. Vor allem aber ist er lieblos!

Über Reizbarkeit gibt es einiges zu sagen, das uns diesen Text ins rechte Licht stellen wird. Henry Drummond nannte dies die »Untugend der Tugendhaften«.[4] Damit wollte er ausdrücken, daß es immer der disziplinierte Mensch ist, der über den undisziplinierten und chaotischen Menschen verärgert ist. Nichts frustriert einen Perfektionisten so sehr, der Freude an Ordnung und Sauberkeit hat, wie jemand, der anscheinend von Geburt an unordentlich ist. Ein Mensch, der schnell im Denken ist, kann sich über einen anderen unsagbar aufregen, der eher langsam und bedächtig ist.

Das Problem liegt also darin, daß Reizbarkeit oft eher unsere Stärken trifft als unsere Schwächen, und niemand kann uns mehr aufregen als diejenigen, die uns am nächsten stehen. Was wir bei anderen großzügig in Kauf nehmen würden, stört uns über alle Maßen in unseren eigenen vier Wänden. Ich schäme mich, zugeben zu müssen, daß ich meinen Gästen oft weit mehr Aufmerksamkeit zuwende als meiner eigenen Familie. Vor meinen Gästen verberge ich meine Reizbarkeit, aber vor meinen Kindern stelle ich sie nur allzu oft zur Schau. Dasselbe kann auch in einer engen

Freundschaft passieren, und es ist unbestreitbar, daß mehr Freundschaften wegen langsam aufgestauter Verbitterung enden als nach einem heftigen Ausbruch oder Streit.

Reizbarkeit hat zwei Wurzeln: Egoismus und mangelnde Ruhe im Herrn. Wir lassen uns erbittern, weil andere nicht in unsere Vorstellungen und Pläne passen. Wir sind verärgert, wenn andere uns nicht die Achtung und die Aufmerksamkeit entgegenbringen, die wir doch ohne Zweifel verdienen. »Warum bedient sie diesen Menschen so lange? Ich war zuerst hier!« — »Was bildet er sich ein, daß er mich mit seinem Wagen so schneidet?« — »Jetzt nicht. Siehst du nicht, daß ich beschäftigt bin?« Dahinter steckt die Selbstsucht mit ihrer Forderung, als erster beachtet, bedient und gehört zu werden.

Die andere Wurzel der Reizbarkeit ist das fehlende Ruhen in Gottes souveränen Plänen und Absichten. Wenn ich keinen inneren Frieden habe, lasse ich mich leicht von Menschen oder aussichtslosen Umständen entmutigen. Ich kann mich totärgern, wenn mein Flugzeug auf dem Weg zu einer Konferenz Verspätung hat, oder wenn ein Schneesturm den Verkehr lahmlegt, und ich dadurch einen Termin versäume. Aber was für einen Unterschied macht es, wenn meine ängstliche Sorge einem Vertrauen auf die Souveränität Gottes Platz macht! Wenn ich im Gebet alle Einzelheiten meines Lebens meinem liebenden Vater anvertraue, der über alles Bitten und Verstehen hinaus zu tun vermag, und wenn ich mich entschließe, dankbar zu sein, in welchen Umständen immer ich mich befinde. Die Angst steigert die Reizbarkeit und veranlaßt mich noch mehr, an mich selbst zu denken. Aber ein zuversichtliches Vertrauen auf den Vater macht mich frei, damit ich die Bedürfnisse anderer stillen kann.

Es ist wichtig, daß wir erkennen, daß Reizbarkeit nicht unvermeidbar ist. Wir entschuldigen uns oft dafür: »Mir geht es heute mies!« — »Ich bin heute mit dem falschen Fuß aufgestanden!« — »Das ist einfach so meine Art!« Wir haben hundert Entschuldigungen für unsere Gereiztheit zur Hand, aber das Wort Gottes sagt mir dagegen, daß ich lieblos bin, wenn ich mich erbittern lasse. Ich darf meine Launen nicht einfach hinnehmen, ich muß sie in Frage stellen und im Licht des Wortes Gottes beurteilen. Die Liebe trifft die *Wahl*, sich nicht erbittern zu lassen, oder lehnt es ab, sich erbittern zu lassen. Das nächste Mal, wenn du so ehrlich bist, dir einzugestehen: »Ich bin gereizt«, dann füge hinzu: »und deshalb bin ich lieblos«. Irgendwie klingt es nicht so schlimm, wenn ich zugebe, gereizt zu sein. Aber wenn ich das Kind beim Namen nenne und es so bezeichne, wie Gott darüber denkt — Lieblosigkeit! — dann bin ich gezwungen, es als eine Haltung zu richten, die dem Willen Gottes nicht entspricht.

Martin Lloyd Jones gibt einen guten Rat, nicht nur für dann, wenn wir gereizt sind, sondern für alle Zeiten, in denen wir versucht sind, unseren Launen freien Lauf zu lassen. Er spricht zwar im besonderen das Problem der Depressionen an, doch treffen seine Worte ganz allgemein zu:

»Haben Sie sich klargemacht, daß der Kummer in Ihrem Leben zum größten Teil der Tatsache zuzuschreiben ist, daß Sie auf Ihr Selbst hören, anstatt daß Sie zu Ihrem Selbst reden? ... Die größte Kunst im geistlichen Leben besteht darin zu wissen, wie man mit sich selbst umgehen muß. Sie müssen an sich arbeiten, Sie müssen sich selbst ansprechen, sich selbst belehren und kritisieren. Sie müssen zu Ihrer Seele sagen: 'Was betrübst du dich, meine Seele — welche Sache hat dich so in Unruhe versetzt?' Sie müssen Ihr Selbst antreiben, tadeln, verurteilen, ermutigen, und Sie müssen ihm sagen: 'Hoffe auf Gott' — anstatt auf diese deprimierte und unglückliche Art und Weise zu jammern. Und dann müssen Sie sich an Gott erinnern: wer Er ist, was Er ist, was Er getan hat und was Er tun möchte.«[5]

Was Liebe wählt: Vergebung

Wenn die Liebe es ablehnt, sich erbittern zu lassen, so entschließt sie sich andererseits zu vergeben. Paulus sagt: »*Sie rechnet Böses nicht zu.*« Die Übersetzung: »Liebe denkt nichts Böses« gibt den Sinn nicht genau wieder, da Paulus einen Begriff aus der Sprache der Buchführung verwendet, ein Wort, das einen Buchhalter beschreibt, der jedes Geschäft in seinen Büchern sorgfältig notiert. Manche Menschen haben auf den Seiten ihres Gedächtnisses mit unauslöschlicher Tinte jedes Unrecht verzeichnet, das sie erlitten haben, jede eingebildete Kränkung und selbst die geringste schlechte Behandlung. Alle diese Ereignisse stehen so klar vor ihren Augen, als wären sie erst gestern geschehen.

Vor einiger Zeit kam ein junges Paar mit ihren Eheproblemen zu mir. Beide schilderten bis ins Detail, was sie vom anderen an Unrecht und Vergeltungen erlitten hatten, und es brauchte einige Zeit, bis mir im Verlauf des Gesprächs bewußt wurde, daß diese Ereignisse, obwohl sie noch so frisch in Erinnerung standen, bereits vor zwölf Jahren stattgefunden hatten. Sie hatten über jedes Unrecht sorgfältig Buch geführt und es aufgefrischt, indem sie jede Situation in Gedanken immer wieder nachgespielt hatten.

Wenn die Liebe Böses nicht zurechnet, wie geht sie dann damit um? Sie entschließt sich zu vergeben. Paulus wiederholte, was David geschrieben hatte: »GLÜCKSELIG DER MANN, DEM DER HERR SÜNDE NICHT ZURECHNET!« (Römer 4,8). Die Liebe wählt die Vergebung. Doch wie sieht Vergebung aus? Ein Vorschlag wäre, daß ich jemand dann vergebe, wenn ich ihn von meiner Seite nicht mehr verurteile. Ich entschließe mich, über den anderen keinen Schuldspruch zu fällen, auch wenn ich nicht übersehen kann, was er mir getan hat.

Dieses Verständnis von Vergebung ist aber nicht biblisch. Vergeben kann nur, wer verletzt worden ist. Nehmen wir an, ich schulde John 1000 Dollar, habe aber kein Geld, um meine Schuld zu bezahlen. Joe, ein anderer Freund, will mich aufmuntern: »Gary, ich vergebe dir deine Schuld!« Das ist schön zu wissen, aber ich schulde das Geld nicht ihm. Aber angenommen, John vergibt mir die Schuld. Was bedeutet das? Es heißt, daß er sich entschlossen hat, selbst den Preis zu bezahlen, damit ich frei ausgehen kann. Aus diesem Grund ist der Herr Jesus Christus als Sohn Gottes der einzige, der mir Vergebung schenken kann. Da Er Gott ist, ist Er derjenige, gegen den ich gesündigt habe, aber *Er hat sich entschieden, den Preis für meine Sünden zu bezahlen, indem Er am Kreuz starb.* Als heiliger Gott konnte Er meine Sünden nicht einfach vergessen. Er bezahlte dafür und hat sie für immer weggenommen.

Vergebung kostet viel, weil man dabei immer einen Preis bezahlen muß. Sie ist die Willensentscheidung, mit der sich die verletzte Person dazu entschließt, den Preis zu bezahlen, wie hoch er auch sein mag. Man lehnt es ab, in der Vergangenheit zu leben und das Unrecht immer wieder durchzudenken und nachzuspielen. Vergeben heißt nicht so tun, als wäre nichts geschehen und sich jeder Beurteilung zu enthalten. Es bedeutet vielmehr, daß man die Dinge so betrachtet, wie sie tatsächlich sind, daß man sich entschließt, den Preis zu bezahlen, und es nicht zuläßt, daß der Umgang mit dem anderen von vergangenem Versagen beeinflußt wird. Nur wenn mir bewußt wird, wieviel mir vom Herrn Jesus vergeben worden ist, werde ich imstande sein, ebenso zu vergeben und das Versagen meines Freundes mit Augen voller Gnade zu betrachten.

Wir neigen dazu, Groll zu hegen und unsere Verbitterung über jemanden zu nähren. Ich werde nie ein Paar vergessen, deren Ehe sich in Auflösung befand. Der Zankapfel war ein Versprechen des Mannes, das er seiner Frau im Zusammenhang mit dem Wohnungsumbau gemacht, aber nie eingelöst hatte. Die Angelegenheit war sicher nicht unüberwindbar, und seine Erklärung war zumindest teilweise einleuchtend, obwohl er keine Ausreden suchte und um Vergebung bat. Schließlich wandte ich mich an die Frau und sagte: »Mir scheint, Sie stehen vor einer klaren Wahl. Sie können sich entschließen zu vergeben und zu vergessen, oder Sie können die Beziehung zerstören.« Ihre Antwort war eiskalt und endgültig: »Ich möchte lieber daran denken.« Das war der Todesstoß für ihre Ehe. Die Alternative zu Vergebung ist Verbitterung und Groll. Beides versklavt und tötet. Das Gefängnis der Verbitterung ist ein schrecklicher Ort. Vergebung fällt nicht leicht, aber so schwierig sie auch sein mag, bringt sie doch den Segen von wiederhergestellten und wachsenden Beziehungen mit sich und führt zu einem engeren Wandel mit dem Herrn. Gute Freunde können vergeben.

Die Freude der Liebe

Liebe ist unentbehrlich, aber sie kann nicht ohne die Wahrheit oder im Widerspruch zu ihr existieren. Man kann die Liebe sehr anschaulich mit einem Fluß vergleichen, der zwischen den Ufern der Wahrheit und der Erkenntnis dahinfließt. Solange er im Flußbett bleibt, ist er ein Strom des Lebens, der überall, wohin er fließt, Segen bringt. Wenn die Ufer aber einstürzen, wird er zu einer zerstörenden Flut, die alles fortschwemmt, was auf ihrem Weg liegt. Dieser Vergleich ist nicht nur treffend, sondern auch biblisch.

Obwohl die heutige Welt die »Liebe« liebt, schenkt sie der Wahrheit Gottes kaum Beachtung. Deshalb hinterläßt, was »Liebe« genannt wird, eine Spur der Zerstörung. Eines der kürzesten Bücher der Bibel beschreibt diese Ausgewogenheit ausgezeichnet: »*Und dies ist die Liebe, daß wir nach seinen Geboten wandeln*« (2. Joh. 6). Diese Ausgewogenheit von Wahrheit, Erkenntnis und Liebe ist auch die Botschaft des sechsten Verses, des großartigen Hoheliedes der Liebe. Liebe geht mit Wahrheit nicht nur einher, sie freut sich auch daran.

Liebe und Erkenntnis

Die Liebe »freut sich nicht über die Ungerechtigkeit«. Dieser markante Satz deutet auf einige wichtige Aspekte der Liebe. Erstens freut sich die Liebe nie über die eigene Sünde. Sie kann sich niemals darüber freuen, »ungestraft davongekommen« zu sein; Ungerechtigkeit ist ihr zuwider.

Zweitens freut sich die Liebe nicht über die Sünde anderer. Es mag komisch klingen, aber man kann sich »stellvertretend« an den Sünden erfreuen, die andere begehen. Man braucht nur an die große Beliebtheit der Klatschzeitschriften zu denken, an das breite Publikum der schmutzigen und unmoralischen Filme und Fernsehprogramme, oder daran, wie rasch sich Nachrichten verbreiten, daß jemand in Sünde gefallen ist. Es ist auch möglich, sich über Ungerechtigkeit zu freuen, wenn wir erfahren, daß sich Sünde in das Leben eines Menschen eingeschlichen hat, den wir nicht leiden können, und daß dadurch sein Ruf zerstört worden ist. Der Gebrauch Deines Telefons, die Zeitschriften, die Du liest, die Filme, die Du ansiehst — hast Du je bedacht, daß dies Prüfsteine für Deine Liebe sind?

Eine dritte Botschaft dieses Satzes besagt, daß Liebe niemals Sünde akzeptiert, obwohl sie den Sünder liebt. Die Liebe muß mit sicheren Schritten eine Gratwanderung zwischen zwei Extremen machen. Ein Extrem wäre, den Sünder zusammen mit seiner Sünde abzuweisen. Das andere, den Sünder anzunehmen und seine Sünde scheinbar zu vergeben. Die Liebe tut keines von beiden, denn wahre Liebe ist eine Liebe, die unterscheiden kann, eine Liebe, die klare Richtlinien hat. »*Die Liebe sei ungeheuchelt. Verabscheut das Böse, haltet fest am Guten*« (Römer 12,9).

Liebe und Wahrheit

Liebe kann niemals Freude an der Sünde haben, weil beide ihrem Wesen nach vollkommen verschieden sind. Die Liebe »freut sich mit der Wahrheit«. Wie siamesische Zwillinge, die dasselbe Wesen und dieselbe Freude miteinander teilen. Weil sie miteinander verbunden sind, kann die Liebe der Wahrheit gegenüber nie gleichgültig sein. Wenn die Wahrheit triumphiert, freut sich die Liebe. Wenn die Wahrheit leidet, trauert die Liebe mit, denn die Liebe liebt die Wahrheit.

Man kann die Wichtigkeit dieser Tatsache nicht überbetonen: Liebe verlangt nach Wahrheit, nach Gottes Wahrheit. Das heißt, daß Liebe niemals behauptet, biblische Lehre sei unwichtig. Nicht einmal Freundschaft ist so wichtig wie die Wahrheit Gottes. Wir werden oft aufgefordert, unter dem »Banner der Liebe« jenen die Hände zu reichen, die zentrale Wahrheiten des Wortes Gottes leugnen. Eine solche Ökumene hat aber nichts mit Liebe zu tun und ist auch nicht ehrlich. Sie ist in Wirklichkeit auch keine Liebe, weil sie die Menschen betrügt und sie vom rettenden Glauben an den Herrn Jesus Christus wegführt. Dinge von ewiger Bedeutung stehen hier auf dem Spiel. Menschen in der Meinung lassen, es gebe viele Wege zu Gott, und daß wir alle eine glückliche geistliche Familie seien, unterwegs in denselben Himmel, wird die Betrogenen in die Hölle bringen. Eine solche Einheit ist auch nicht ehrlich, weil sie bloß eine Fassade ist. Die Liebe freut sich, wenn die Wahrheit Gottes geschätzt und verkündet wird.

Die Liebe freut sich auch, wenn die Wahrheit gelebt wird. Lehrmäßige Orthodoxie ohne praktischen Gehorsam kann das Herz Gottes nicht erfreuen. Die Liebe redet nicht nur Liebe, sondern praktiziert sie auch. Der Irrtum eines gottlosen Lebens widerspricht der Liebe ebenso wie der Irrtum unbiblischen Denkens.

Amy Carmichael war eine Frau, die wußte, was es heißt, zu lieben. Fünfundfünfzig Jahre lang diente sie dem Herrn in Indien, wo sie ihr Leben für ihre adoptierten Kinder ausgoß, von denen sie viele aus großen Gefahren und schlimmen Umständen gerettet hatte. Diese Liebe kostete viel, denn sie verbrachte einen Großteil ihres Lebens in tiefem Leid. Eines ihrer Gedichte fängt das Verlangen des Gläubigen ausdrucksvoll ein:

»Der Du flickst das geknickte Rohr,
    mit Deiner geduldigen Liebe;
es ist Liebe, was mein Bruder braucht;
    mach' aus mir eine Liebende!
Auf daß geflickt dieses schwache Rohr
    für Dich erklingen kann,
sogar aus mir, o Herr,
    mach' eine wahrhaft Liebende!

Der Du entfachst den glimmenden Docht,
    mit Deiner brennenden Liebe;
schenk' doch Deiner Dienerin, was fehlt,
    mach' aus mir eine Liebende!
Auf daß entfacht dieser schwache Docht
    für Dich entflammen kann,
sogar aus mir, o Herr,
    mach' eine wahrhaft Liebende!«[6]

Anmerkungen

[1] H.A. Ironside, Notes on Philippians (New York: Loizeaux, 1946), S. 66.

[2] C.H. Spurgeon, Autobiography, Volume 1: The Early Years, 1834-1859 (Edinburgh: Banner of Truth, 1962), S. 208.

[3] Lewis B. Smedes, Love Within Limits (Grand Rapids: Eerdmans, 1979), S. 56.

[4] Henry Drummond, The Greatest Thing in the World (Old Tappan, N.J.: Revell, 1976), S. 32.

[5] Martin Lloyd Jones, Geistliche Krisen und Depressionen, Ursachen und Überwindung (Bad Liebenzell: Verlag der Liebenzeller Mission, 1983), S. 21-22.

[6] »Mender of broken reeds,
   O patient Lover,
'Tis love my brother needs,
   Make me a lover.
That this poor reed may be
   Mended and tuned for Thee,
O Lord, of even me,
   Make a true lover...

Kindler of smoking flax
   O fervent Lover,
Give what Thy servant lacks,
   Make me a lover.
That this poor flax may be
   Quickened aflame for Thee
O Lord, of even me
   Make a true lover.«

Frank C. Houghton, Amy Carmichael of Dohnavour (London: Hodder & Stoughton, 1974), S. 254.

12.
Liebe hört niemals auf

Das Feuer in ihrer Ehe war erloschen. Tatsächlich endete fast jeder Versuch, miteinander zu reden, in Streit oder Auseinandersetzungen. So entschloß sie sich eines Tages, mit niemand mehr zu sprechen, schon gar nicht mit ihrem Ehemann. Dieser war natürlich der Überzeugung, das Problem liege bei ihr. So schickte er sie in eine zehnwöchige Seelsorge-Behandlung zu dem besten Therapeuten der Umgebung. Das ganze war aber ein vollkommener Fehlschlag. Neun Wochen lang stand der Seelsorger einer Mauer des Schweigens gegenüber, bis er schließlich völlig verzweifelt und frustriert den Ehemann bat, seine Frau in der letzten Sitzung zu begleiten.

Die ganze Situation war eine weitere Katastrophe. Sie redeten miteinander, während die Frau zusah. Schließlich schob der Therapeut seinen Sessel zurück, schritt zielbewußt um den Schreibtisch herum, riß die Frau in seine Arme und gab ihr einen leidenschaftlichen Kuß. Sie wurde sofort lebendig. Sie begann zu lächeln und zu reden und überstürzte ihren Mann mit einer Flut von Informationen über die Ereignisse der letzten drei Monate.

Der Mann war erstaunt! Er zog den Arzt in das Nebenzimmer und kratzte sich verwirrt den Kopf: »Herr Doktor, ich verstehe das nicht. Was ist los? Was haben Sie getan?«

»Sehen Sie das denn nicht?«, war die Antwort. »Ihre Frau braucht diese Behandlung mindestens dreimal pro Woche — ich schlage vor, am Montag, Mittwoch und Freitag.«

Das machte seine Verwirrung noch größer. »Ich weiß nicht, Herr Doktor. Ich kann sie jeden Montag und Freitag herbringen, aber am Mittwoch geht es auf keinen Fall!«

Ehen gehen meist nicht durch einen plötzlichen Ausbruch kaputt, sie werden allmählich langweilig. Die Lebendigkeit weicht dem Ritual, und das Wachstum stagniert zur Eintönigkeit. Langeweile bringt wahrscheinlich mehr Ehen um als Untreue. Dasselbe geschieht auch in Freundschaften. Wir werden müde, wenn der Glanz erlischt. Vielleicht liegt es auch an der Kurzlebigkeit unserer Gesellschaft, daß wir nur flüchtige Beziehungen eingehen. Tatsächlich wird die Vorstellung, Ehe werde auf Lebenszeit geschlossen oder Freundschaften könnten dauerhaft sein, für genauso altmodisch gehalten wie eine Pferdekutsche.

In Anbetracht dessen ist es für uns wichtig zu erkennen, daß sich die letzten vier Merkmale der Liebe auf ihre Beständigkeit und Ausdauer beziehen. In den Versen 8 bis 13 zeigt uns Paulus, daß die Liebe dauerhaft ist, weil sie dazu bestimmt ist, in alle Ewigkeit bestehen zu bleiben. Der Vers 7 aber lenkt unseren Blick auf die gegenwärtige Natur der Liebe: daß sie ausharrt, erduldet, bestehen bleibt, egal wie lange sie warten muß, oder wie schwierig die Umstände sind.

Vince Lombardi, ein bekannter Trainer, wurde für seine Devise bekannt: »Wenn's hart hergeht, gehen die Harten d'ran.« Eine biblischere Devise wäre: »Wenn's hart hergeht, *bleiben* die Harten d'ran.«

Wir brauchen den Hinweis in Vers 7, daß wahre Liebe eine gewisse Härte besitzt, die feste Absicht durchzuhalten. Wahrscheinlich ist es sogar so, daß Liebe erst, wenn es schwierig wird zu lieben, in vollem Maß sichtbar wird. Sexuelle Anziehung schwankt, die Liebe aber dauert an und wächst. Verliebtheit vergeht, Liebe aber bleibt bestehen. Lockere Freundschaften gedeihen, wenn alles leicht geht, Liebe aber blüht, wenn es Mühe kostet. Wahre Liebe, *agape*-Liebe, hört niemals auf.

William Carey wird weithin als Vater der modernen Mission gepriesen. Als er zum Glauben an den Herrn Jesus kam, war er ein Schuster mit geringer Schulbildung. Aber sein Wunsch, den Herrn Jesus Christus in heidnischen Ländern verherrlicht zu sehen, führte ihn dazu, »Großes für Gott zu wagen und Großes von Gott zu erwarten«. Im Alter von 32 Jahren verließ er England, um in Indien eine missionarische Arbeit zu beginnen. Es erwarteten ihn eine große Aufgabe und gewaltige Hindernisse, angefangen von der Belastung durch eine psychisch kranke Frau und eine große Familie, bis hin zum Ausmaß der missionarischen Arbeit in Indien mit seinen zahlreichen Sprachen, der riesigen Bevölkerung und den stark vertretenen östlichen Religionen.

»Ich bin in einem fremden Land, allein, ohne christliche Freunde, mit einer großen Familie, aber ohne Mittel, sie zu versorgen«, schrieb er nach Hause. Vierzig Jahre lang diente er dem Herrn in Indien und erreichte tatsächlich Großes für Gott, vor allem auf dem Gebiet der Übersetzungsarbeit. Nach dem Grund seines Erfolges befragt, antwortete er: »Ich weiß zu schuften. Ich kann bei einer Arbeit durchhalten. Dem verdanke ich alles.«[1]

Das ist eine Eigenschaft der Liebe, die man betonen muß. Wenn meine Liebe zum Herrn Jesus etwas wert ist, dann wird sie mich dazu befähigen, in schwierigen Situationen durchzuhalten und auszuharren. Wenn ich jemand liebe, wird sich diese Liebe in einer Ausdauer zeigen, die sich standhaft weigert, auch nicht bei äußerst ungünstigen Umständen aufzugeben. Shakespeare sagt: »Das ist keine Liebe, die sich ändert, wenn Veränderung sie findet.« Paulus zählt in 1. Korinther 13,7 vier Eigenschaften der Liebe auf, mit denen er die Ausdauer der Liebe beschreibt. Er zeigt uns, was Liebe stets tut.

Unter dem Schutz der Liebe

Der erste Aspekt der Liebe in Vers 7 führt uns zu einem Wort mit einer so vielfältigen Bedeutung, daß man seinen Sinn unmöglich mit einem einzigen deutschen Wort wiedergeben kann. Die Übersetzung, die Liebe »erträgt alles«, vermittelt einen Teil der Bedeutung, ist aber dennoch ziemlich vage. Das Wort *stego* beinhaltet zumindest drei Bilder, wovon jedes einen anderen Gesichtspunkt der Liebe offenbart.

Zunächst besagt das Wort, *daß die Liebe stets beschützt*. Das Wort *stego* vermittelt die Vorstellung eines Daches oder einer Abdeckung, die Schutz vor der Witterung bieten, vor Sonne und Regen. In Markus 2,4 wird zum

Beispiel berichtet, daß die Freunde des Gelähmten ihren Freund zum Herrn Jesus brachten, indem sie das Dach *(stege)* abdeckten. In anderen Abschnitten beschreibt das Wort eine wasserdichte Abdeckung, die als Schutz dient. Liebe besitzt den Instinkt, Menschen zu beschützen. So wichtig Programme und Institutionen auch sind, verliert die Liebe doch nie den Einzelnen aus den Augen. Der Liebe liegt daran, eine Umgebung zu schaffen, wo Menschen beschirmt und umsorgt werden, wo man Nöte wahrnimmt und ihnen begegnet, und wo Leid ernstgenommen wird. Das ist weit schwieriger, als es klingt. Während ich gerade diese Worte schreibe, versuche ich, mit einem jungen Mann Kontakt aufzunehmen, der Schaden litt, weil ich allem Anschein nach zu beschäftigt war und seine persönliche Not nicht gesehen habe. Es ist nicht leicht, die Prioritäten immer recht zu setzen, aber das Prinzip ist wichtig: die Liebe beschützt Menschen.

Der zweite Gedanke, der hier enthalten ist: *die Liebe deckt Fehler stets zu.* Das Bild eines Dachs oder einer Abdeckung für das Wort *stego* führt zu der Bedeutung im übertragenen Sinn: »mit Stillschweigen übergehen, vertraulich behandeln, für sich behalten«. Auf diese Weise bedeckt die Liebe alle Schwächen und Verfehlungen anderer und umhüllt sie mit einem Mantel der Liebe. In ähnlicher Weise wurde mit dem Wort ein Schiff beschrieben, das wasserdicht war, und in diesem Sinn »bekommt Liebe keine undichte Stelle«. Dies alles will heißen, daß die Liebe Anvertrautes bewahrt und sich weigert, Dinge auszuplaudern, und daß sie keinen Gefallen daran findet, Sünden und Skandale zu bereden.

Es ist wichtig, daß wir das richtig verstehen. Es bedeutet nicht, daß die Liebe vor Sünde die Augen verschließt, oder daß man versucht, Sünde zu vertuschen, ohne mit ihr fertigzuwerden. In Wirklichkeit trifft genau das Gegenteil zu. Liebe tritt der Sünde entgegen, aber sie befaßt sich mit dem Problem, wenn es möglich ist, unter vier Augen, damit der Sünder wieder zu einem beständigen Wandel mit dem Herrn Jesus zurechtgebracht werden kann.

Die Worte des Herrn Jesus in Matthäus 18,15 schildern diese Strategie der Liebe. Er beginnt nicht mit den Worten: »Wenn dein Bruder sündigt, so sage es der Gemeinde«, oder: »Geh' zum Telefon und informiere andere«. Das Gebot lautet: »Wenn aber dein Bruder sündigt, so geh' hin, überführe ihn zwischen dir und ihm allein. Wenn er auf dich hört, so hast du deinen Bruder gewonnen.« Da persönliche Zurechtweisung leider nicht immer erfolgreich ist, zeigt der Herr in der Folge die Vorgangsweise auf, wie man eine Angelegenheit vor die Leiter einer Gemeinde bringt. Doch fällt es der Liebe nicht leicht, Sünde öffentlich bloßzustellen. Liebe trachtet vielmehr danach, wenn der Bruder sündigt, zu ihm hinzugehen, ihn mit der Liebe des Herrn Jesus Christus zu bedecken und seine Gemeinschaft mit dem Herrn wiederherzustellen, wie wir es am Dienst Nathans an David gesehen haben.

Eine schöne Illustration finden wir auch in der Reaktion Josefs, als er bemerkte, daß Maria schwanger war. Er wollte sie nicht bloßstellen oder zum Gespött machen; er konnte jedoch die scheinbare Sünde nicht einfach übersehen. Deshalb, da er *»gerecht war und sie nicht öffentlich bloß-*

stellen wollte, gedachte (er) sie heimlich zu entlassen« (Matthäus 1,19). Das ist der Weg der Liebe: sie ist entschlossen, Kritiksucht, Nörgelei und Gerede über andere abzulegen und wünscht sich stattdessen, daß Fehler zugedeckt werden, indem sie vor Gott bereinigt werden.

Es fällt nicht schwer, Menschen als Sünder und Versager zu sehen. Es ist leicht, ihre Unzulänglichkeiten und Mängel immer wieder lebendig werden zu lassen, ob in unseren Gedanken, in der Art und Weise, wie wir ihnen gegenübertreten, oder wenn wir mit anderen über sie sprechen. Liebe nimmt hingegen die Gnade Gottes ernst und betrachtet die Menschen als solche, denen durch das Blut Jesu Christi Vergebung zuteil geworden ist. Sie läßt es nicht zu, daß sich das Bild von Sünde und Versagen ins Gedächtnis einprägt, als würde sie die schäbigen Einzelheiten niemals vergessen.

Diese vergebende Liebe hatte der Herr Jesus auch im Umgang mit den Seinen. Er hatte Petrus nicht nur vergeben, sondern ihm auch in besonderer Weise die Möglichkeit geschenkt, Ihm dort zu dienen, wo er versagt hatte, und zwar, was das öffentliche Bekenntnis und Zeugnis betrifft. Der Herr sagte nicht: »Petrus, du hast versagt! In Zukunft sei bitte ein stummer Zeuge.« Petrus, der den Herrn verleugnet hatte, wurde der Verkündiger zu Pfingsten. Auch bei einem großen Glaubensheld wie Noah gab es Versagen, doch schätze ich die Art und Weise, wie ihn seine zwei Söhne Sem und Jafet behandelten, als er entblößt und betrunken in seinem Zelt lag. Sie warfen nicht nur eine Decke über seine offensichtliche Sünde, sondern vermieden es, auch nur hinzusehen, damit sich das Bild des Versagens ihres Vaters nicht in ihre Erinnerung einprägen würde (siehe 1. Mose 9, 20-23).

Dieser Gedanke zieht sich durch das ganze Wort Gottes: *»Haß erregt Zänkerei, aber Liebe deckt alle Vergehen zu«* (Sprüche 10,12). *»Wer Vergehen zudeckt, strebt nach Liebe; wer aber eine Sache immer wieder aufrührt, entzweit Vertraute«* (Spr. 17,9). *»Meine Brüder, wenn jemand unter euch von der Wahrheit abirrt und jemand ihn zurückführt, so wißt, daß der, welcher einen Sünder von der Verirrung seines Weges zurückführt, dessen Seele vom Tode erretten und eine Menge von Sünden bedecken wird«* (Jakobus 5, 19-20). *»Von allen Dingen aber habt untereinander eine anhaltende Liebe, denn die Liebe bedeckt eine Menge von Sünden«* (1. Petrus 4,8).

Mit der Aussage, die Liebe »erträgt alles«, ist noch ein letztes Bild verbunden. Das Wort *stego* wurde nicht nur für ein Dach, das bedeckt, verwendet, sondern auch für die Stützen, die das Dach tragen. So erhielt es die Bedeutung »tragen« oder »unterstützen«. Von dem Gedanken aus, etwas »fern- oder abhalten«, erlangt das Wort auch die Bedeutung »etwas aushalten«, und es wurde in diesem Sinn zum Beispiel für eine Eisfläche verwendet, die stark genug war, eine ganze Armee, die darüber schritt, auszuhalten und zu tragen. Im Zusammenhang mit Liebe ist dieser Gedanke sehr tiefsinnig. *Liebe unterstützt Menschen stets.* Sie merkt, wenn Leute unter der Last zusammenbrechen, und sie springt ein, um sie zu stärken und zu ermutigen. Ein anderes Wort, aber einen ähnlichen Gedanken verwendete Paulus, als er den Galatern schrieb: *»Einer trage des anderen Lasten, und so werdet ihr das Gesetz des Christus erfüllen«* (Galater 6,2).

Die Schauspielerin Celeste Holm machte die Bemerkung: »Wir leben von Ermutigung, und ohne sie sterben wir — langsam, traurig und verärgert.« Das Bild, das uns mit den Worten: »sie erträgt alles« vermittelt wird, stellt die Liebe als Ermutiger und Beschützer dar. Sie beschützt Menschen stets; sie schirmt Fehler stets vor öffentlicher Bloßstellung ab; sie unterstützt immer. Was für eine Herausforderung liegt doch in dieser einen Eigenschaft der Liebe!

Die Ausdauer der Liebe

Vor einigen Jahren erzählte man sich eine Geschichte aus Wales von zwei Leuten, beide 74 Jahre alt, die jeweils zum ersten Mal heirateten. Das war interessant, aber nicht weiter aufsehenerregend, bis die ganze Geschichte bekannt wurde. Die beiden waren ihr Leben lang Nachbarn gewesen und gingen nach einem Streit, den sie mit 32 Jahren als Verliebte hatten, getrennte Wege. Seit damals schrieb David Thomas 42 Jahre lang jede Woche einen Liebesbrief, in dem er sich für seine Schuld an dem Streit entschuldigte, und schob ihn jedes Mal unter die Tür seiner Nachbarin. Mit derselben Hartnäckigkeit verbrannte Rachel Jones jeden Brief und lehnte es ab, mit ihrem Nachbarn auch nur zu sprechen. Aber eines Tages, anstatt den Brief unter die Tür zu schieben, faßte David allen Mut zusammen und klopfte an. Rachel öffnete, und er bat sie, seine Frau zu werden. Sie sagte ja, und die Hochzeit folgte.

Ich weiß nicht, was beeindruckender ist, ihre Unreife oder ihre Ausdauer. Doch gab es dank 42 Jahre währender Ausdauer wenigstens ein Happy-End. Paulus sagt, daß Ausdauer immer ein Kennzeichen der Liebe ist. Die drei übrigen Beschreibungen der Liebe im Vers 7 des Hoheliedes der Liebe betonen dies.

Das Vertrauen der Liebe

Zunächst heißt es, die Liebe »glaubt alles«. Sofort erheben sich Fragen: Ist die Liebe leichtgläubig? Ist die Liebe naiv? Glaubt die Liebe tatsächlich an die Lehren eines falschen Lehrers, ohne auf die Wahrheiten des Wortes Gottes zu achten? Ist also Jonestown ein Denkmal der Liebe, wo Hunderte von Menschen allen Betrügereien von Jim Jones Glauben schenkten und dafür sogar in den Tod gingen? Glaubt die Liebe den Versprechen eines Verführers oder Scharlatans? Verschließt die Liebe ihre Augen, wenn ein Freund die Wahrheit verdreht, oder nimmt sie ihn auch dann beim Wort, wenn aller Anschein deutlich dagegen spricht?

Natürlich kann das nicht der Sinn des Textes sein, da uns im Vers 6 gesagt wurde, daß sich die Liebe »mit der Wahrheit freut«. Ja, die Liebe besteht sogar auf der Wahrheit, und das zwingt sie zu manchen harten Entscheidungen. Ohne Erkenntnis und Wahrheit ist die Liebe bloße Gefühlsduselei oder ein gut getarntes Übel. Nehmen wir an, ich bin ein Bankangestellter, und es tritt jemand mit einer Not an mich heran. Ich selbst kann dieser Not nicht Abhilfe leisten, aber meine Bank hat so viel Geld, daß ein paar Hundert Dollar nicht sehr ins Gewicht fallen. Ist es nun Liebe, wenn ich Geld nehme, das jemand anderem gehört, um einer Not zu begegnen? Ist das Liebe gegenüber meinem Arbeitgeber oder den Kunden? Ich brauche Richtlinien!

Wenn wir als Eltern einer Person Vertrauen schenken, die unser Kind in ein Lehrprogramm einbinden möchte, uns aber nicht die Zeit nehmen nachzuforschen und nicht entdecken, daß das Programm äußerst unmoralisch ist, lieben wir dann unser Kind wirklich? Offensichtlich nicht! Handelt es sich um Liebe, wenn ich einem gewandten Vertreter vertraue, der sich später als Betrüger herausstellt, und dabei meine Familie in den finanziellen Ruin stürze? Auf keinen Fall! Liebe braucht Wahrheit, wenn sie wirklich Liebe sein will. Liebe und Naivität sind nicht gleich. Ich handle nicht in Liebe einem Betrüger gegenüber, wenn ich ihm seine Lüge abnehme und sie nicht hinterfrage, und dabei ermutige ich ihn, in seinem sündigen Lebensstil fortzufahren.

Was uns der Heilige Geist aber lehren möchte, ist die Tatsache, daß es zwei Wege gibt, wie man an Menschen herantreten kann. Ich kann zynisch und mißtrauisch sein und verlangen, daß andere mein Vertrauen erst einmal verdienen müssen. In einer Welt wie der unseren, die voll von falschen Behauptungen und Ansprüchen ist, scheint es bloßer Selbstschutz zu sein, wenn man sich eine Haltung aneignet, die sagt: »Mein Lieber, zeig' erst mal, was du wert bist, bevor ich dir zuhöre!« Innerhalb des Leibes Christi zerstört eine solche Haltung jedoch die Gemeinschaft. Sie erzeugt Gesetzlichkeit und Härte und errichtet Barrieren. Die andere Haltung ist voller Gnade und möchte das Beste glauben. Sie bekämpft Mißtrauen und strebt danach, die Umstände und die Leute positiv zu sehen. Sie ist nicht naiv, aber auch nicht zynisch oder pessimistisch. Sie möchte vertrauen, anstatt zu mißtrauen. Sie spricht aus Mangel an Beweisen frei und legt Ereignisse möglichst günstig aus. Nur wenn wir einer solchen Gesinnung Raum geben, werden wir frei von Zynismus und fähig, Menschen wahrhaftig anzunehmen.

Der Optimismus der Liebe

Und doch kommt es vor, daß Vertrauen enttäuscht wird und Menschen versagen. Die schwierigsten Probleme im Leben sind Probleme mit Menschen. Wie handelt die Liebe in solchen Situationen? Die Antwort lautet: wenn das Vertrauen der Liebe enttäuscht wird, dann tritt die Hoffnung in Erscheinung, denn die Liebe »hofft alles«. Wenn die Liebe über den Charakter eines anderen Menschen nichts weiß, dann ist sie entschlossen, das Beste zu glauben. Wenn sie Negatives weiß, dann hat die Liebe die feste Absicht zu hoffen.

Zwei Dinge sind es, die Hoffnung geben — die Gnade Gottes und die Macht Gottes. Menschlich gesprochen, ist Versagen oft endgültig. »*Wo aber die Sünde überströmend geworden, ist die Gnade noch überschweng-*

licher geworden« (Römer 5,20). Es mag menschlich gesehen keinen Ausweg geben, aber der Herr weiß einen. Ich muß ein unerschütterliches Vertrauen entwickeln, daß der Herr Menschen verändern kann und will, egal wie aussichtslos die Situation auch scheint. Ein solcher Optimismus gehört zum Wesen der Liebe.

Amy Carmichael drückt es mit kraftvollen Worten in einer kleinen Broschüre aus:

»Wenn ich nicht alle Menschen, bei denen sich auch nur eine Schwäche zeigt, mit Augen der Hoffnung betrachte, wie es unser Herr tat, als Er, kurz nachdem Seine Jünger gestritten hatten, wer der Größte unter ihnen wäre, Seinen Tadel in jene sanftmütigen und weichherzigen Worte faßte: *'Ihr aber seid es, die mit mir ausgeharrt haben in meinen Versuchungen'*, so weiß ich nichts von der Liebe auf Golgatha.«[2]

Thomas Edison zählt zu den größten Erfinderpersönlichkeiten des zwanzigsten Jahrhunderts. Ihm werden Hunderte von Erfindungen zugeschrieben, die wir heute für ganz selbstverständlich erachten, das tägliche Leben aber wesentlich bequemer machen. Nur wenige seiner Errungenschaften waren Siege, die leicht gewonnen wurden. Sie erforderten hartnäckige Ausdauer trotz vieler Fehlschläge. Nach dem Geheimnis seines Erfolges befragt, antwortete er: »Ich lasse es niemals zu, daß mich irgendwelche Umstände entmutigen. ... Die drei wichtigsten Dinge, um irgendetwas von Wert zu erreichen, sind erstens harte Arbeit, dann Durchhaltevermögen und drittens gesunder Hausverstand.« Das ist auch die Sprache der Liebe. Es hat nicht viel mit Romantik zu tun, wenn man den Entschluß faßt, sich nicht entmutigen zu lassen, und die feste Absicht hat, weiterzumachen und die Hoffnung nicht aufzugeben. Aber Liebe kann optimistisch sein, wenn sie in der Macht und in der Gnade Gottes ruht.

Die Geduld der Liebe

Das letzte Zeitwort sagt von der Liebe, sie »erduldet alles«. Wir hatten damit begonnen, daß die Liebe langmütig ist, und wir schließen mit der Einsicht, daß sie in Schwierigkeiten bestehen bleibt und durchhält. Das Wort 'erdulden' setzt sich im Griechischen aus zwei Wörtern zusammen, die gemeinsam 'darunter bleiben' bedeuten. Erdulden ist die Fähigkeit, unter der Last zu bleiben und sich schwierigen Umständen zu stellen, ohne davonzulaufen oder den leichten Ausweg zu suchen.

Wir leben in einer Zeit, in der sich die Menschen ihrer Verantwortung entziehen. Ehen zerbrechen, weil ein Partner die Last einfach nicht tragen will. Dienste in der Gemeinde werden nicht ausgeführt, weil Menschen, die von sich behaupten, einem gekreuzigten Heiland zu folgen, nicht »festgenagelt« werden wollen. »Was bringt mir das?« ist zur Bundeshymne geworden. Wenn wir prüfen wollen, ob wir weltlich gesinnt sind, sollten wir wissen, daß sich dies genauso in unserer Einstellung zur Verantwortung zeigt wie in unserer Haltung zu bestimmten Vergnügungen. Wahre Liebe besitzt Stehvermögen. Sie steht zu ihren Verpflichtungen und hält durch, besonders dann, wenn es viel einfacher wäre, aufzugeben und dem Druck zu entgehen. »*Die meisten Menschen rufen ihre eigene Frömmigkeit aus; aber einen zuverlässigen Mann, wer findet ihn?*« (Sprüche 20,6). »*Ein zerbrochener Zahn und ein wankender Fuß, so ist das Vertrauen auf den Treulosen am Tag der Not*« (Sprüche 25,19).

Noch etwas sollten wir beim Wort 'erdulden' beachten. Es ist zunächst keine positive oder negative Eigenschaft. Es bedeutet, daß wir in schwierigen Situationen nicht resignieren oder uns geschlagen geben, wie ein Soldat, der in der Hitze des Gefechtes trotz massivem Widerstand ausharrt und vorwärts stürmt, um den Sieg zu erlangen. William Barclay erfaßt den Sinn dieses Wortes so:

»Es ist nicht die Fähigkeit dazusitzen, den Kopf zu beugen und die Anfechtung passiv zu erdulden, bis der Sturm vorübergeht. ... Es ist der Geist, der Belastungen tragen kann, nicht in Resignation, sondern in strahlender Hoffnung. Jemand hat es 'eine männliche Beständigkeit in Trübsal' genannt. ...

Hypomone läßt einen Mann aufrecht stehen und dem Sturm trotzen. Es ist die Tugend, die die härteste Prüfung in Sieg verwandeln kann, weil sie hinter der Pein das Ziel sieht. George Mattheson, der mit Blindheit geschlagen und in der Liebe enttäuscht worden war, schrieb ein Gebet, in dem er bittet, daß er Gottes Willen annehmen möge 'nicht in dumpfer Resignation, sondern in heiliger Freude, nicht nur ohne Murren, sondern mit einem Loblied'. Nur *hypomone* kann einen Menschen dazu befähigen.«[3]

Der Weg der Liebe

An diesem Punkt stehen wir vor dem Problem, das uns der kleine Junge nahebringt, der mit seinem Freund in einen Vergnügungspark ging. Seine Mittel waren begrenzt, und so wählte er die einzelnen Fahrten sehr sorgfältig aus. Sein Freund drängte ihn, mit ihm im Karussell zu fahren, doch der kleine Knabe weigerte sich hartnäckig. Also sprang der Freund allein auf und hatte eine herrliche Fahrt. Am Weg zu weiteren Erlebnissen wandte er sich an seinen Freund und fragte ihn, warum er nicht mitgefahren sei. »Schau, es ist ganz einfach. Du verbrauchst dein ganzes Geld, steigst aus, wo du eingestiegen bist, und bist doch nirgendwo gewesen!«

Das ist die Gefahr, wenn wir uns mit 1. Korinther 13 beschäftigen, dieses Kapitel aber nicht auf unser Leben anwenden. Vielleicht sind uns die fünfzehn Merkmale der Liebe geläufiger, und doch wirken sie sich nicht auf unsere Freundschaften und Beziehungen aus. Tatsächlich unterscheidet sich dieser Maßstab von den menschlichen Vorstellungen von Liebe so sehr, daß wir vielleicht geneigt sind aufzugeben. »Wo kann ich so lieben lernen?«

Drei Gedanken müssen wir uns einprägen:

I Liebe ist nicht eine von vielen Möglichkeiten, sondern eine unbedingte Forderung

Es gibt mindestens drei Hinweise, daß die Liebe eine absolute Notwendigkeit ist. Erstens ist es ein Befehl des Herrn Jesus und das Kennzeichen eines Jüngers. »*Ein neues Gebot gebe ich euch, daß ihr einander liebt, damit, wie ich euch geliebt habe, auch ihr einander liebt. Daran werden alle erkennen, daß ihr meine Jünger seid, wenn ihr Liebe untereinander habt*« (Johannes 13, 34-35).

Zweitens ist die Liebe der Schlüssel für Beziehungen innerhalb des Leibes Christi und für den Dienst außerhalb. Ohne Liebe kann ich keinen wirkungsvollen Dienst tun, denn ohne Liebe, so sagt uns 1. Korinther 13, erreiche ich nichts, bin ich nichts und nützt es mir nichts. Wenn ich ohne Liebe diene, lebe ich im Widerspruch zum Vorbild des Herrn Jesus. Das Werk des Herrn kann nur auf dem Weg des Herrn ausgeführt werden. Wenn ich irgendetwas Geringeres als *agape*-Liebe zum Maßstab für meine Freundschaften nehme, dann werden meine Freundschaften kein christliches Niveau erreichen.

Drittens ist die Liebe notwendig, weil sie das Ziel des geistlichen Wachstums ist. Die Freude des Himmels liegt nicht nur darin, bei Christus zu sein, sondern Ihm gleich zu sein. Unser Gott ist Liebe, und eines Tages werde ich in der Liebe vollendet sein. Für mein Leben hier und jetzt heißt das, daß das Zunehmen der Liebe ein Zeichen von Reife ist. »*Seid nun Nachahmer Gottes als geliebte Kinder! Und wandelt in Liebe, wie auch der Christus euch geliebt und sich selbst für uns hingegeben hat als Gabe und Schlachtopfer, Gott zu einem duftenden Wohlgeruch*« (Epheser 5, 1-2).

Diese Tatsachen zeigen mir, daß ich den Forderungen von 1. Korinther 13, 4-7 nicht ausweichen darf, indem ich diesen Text bloß als Beschreibung der vollkommenen Liebe Christi betrachte. Der Text ist nicht über Ihn geschrieben, sondern an mich. Auch kann ich ihn nicht als Maßstab für »Superchristen« ansehen. Hier sehe ich den Willen Gottes für mein Leben. Es ist ein Befehl, kein Luxus!

II Eine solche Liebe ist Gottes Liebe, nicht die Liebe von Menschen

Das Fleisch wird niemals Liebe hervorbringen, von der Paulus schreibt, und auch nicht die allerbesten Vorsätze der Welt. *Agape*-Liebe ist Teil der Frucht des Geistes, wie wir in Galater 5, 22-23 sehen. Die Frucht (Einzahl!) des Geistes weist neun Aspekte des Christus-ähnlichen Wesens auf. Die Liebe Gottes ist nicht das Ergebnis von Gesetzlichkeit oder eigener Anstrengung, sondern ist vielmehr »*ausgegossen in unsere Herzen durch den Heiligen Geist, der uns gegeben worden ist*« (Römer 5,5). Wenn immer wir in bewußter Gemeinschaft mit dem Herrn Jesus Christus leben, wirkt der Heilige Geist in uns. Wenn wir unseren Blick auf Christus richten, nimmt die Liebe Christi in unserem Leben Gestalt an. Wir können wahre Liebe nicht durch eigene Anstrengungen erarbeiten. *Agape* ist das Werk Gottes in unserem Leben. Wir müssen mit der Quelle der Liebe in Verbindung sein, wenn die Liebe von uns auf andere überströmen soll.

III Wenn wir lernen wollen, wie man liebt, müssen wir im Geist wandeln

»*Wandelt im Geist*«, schreibt Paulus in Galater 5,16, »*und ihr werdet die Lust des Fleisches nicht erfüllen.*« Das ist eine allgemeine Feststellung, wie unser Leben aussehen soll. Wir sollen in Abhängigkeit vom Heiligen Geist leben, geleitet durch den Geist Gottes, während Er uns durch das Wort Gottes lehren möchte und uns führt, als der Geist, der in uns wohnt. In Vers 25 von Galater 5 wird Paulus noch deutlicher. *»Wenn wir durch den Geist leben, so laßt uns durch den Geist wandeln.«* Das Wort für 'wandeln' ist noch genauer als jenes in Vers 16 und bedeutet, mit dem Heiligen Geist »in Reih und Glied gehen« oder »Schritt halten«. Es wird zum Beispiel in Römer 4,12 verwendet, wo wir aufgerufen werden, *»in den Fußstapfen des Glaubens (zu) wandeln, den unser Vater Abraham hatte«.* Es sollte daher nicht nur der grundsätzliche Weg unseres Lebens sein, im Geist zu wandeln, sondern unsere ständige Erfahrung. Jeden Schritt sollen wir im Geist tun. So wird die Frucht des Geistes in unserem Leben sichtbar werden.

Was ist erforderlich, um jeden Schritt im Geist zu tun? Da der Heilige Geist der Autor der Bibel ist, erfordert es, daß wir im Gehorsam zum Wort Gottes leben. Der Heilige Geist, der die Schriften inspiriert hat, wird uns nie unabhängig vom Wort Gottes führen oder uns gar vom Wort wegführen. Das zweite Erfordernis ist die Abhängigkeit vom Heiligen Geist. Mit dem Heiligen Geist »in Reih und Glied« zu marschieren bedeutet, daß ich mich auf ihn verlasse und Seiner Führung vertraue. Mit der Hilfe des Geistes zu wandeln heißt, im Glauben zu wandeln und nicht auf das Fleisch zu vertrauen. Gehorsam und Vertrauen sind die Lösung.

Ohne Praxis lernt man jedoch nicht zu gehen. Kein neugeborenes Baby ist jemals aus seiner Wiege gesprungen und durch die Gegend gerannt. Langsam aber sicher macht es Erfahrungen und erlernt Schritt für Schritt die Fähigkeit zu gehen. Es fällt unzählige Male hin, aber kein Sturz ist endgültig, und mit der Erfahrung nimmt die Geschicklichkeit und die Leistungsfähigkeit des Kindes zu. Fortschritt im geistlichen Wachstum geht ebenso vor sich. Es gibt Stürze und Beulen, aber je mehr wir im Geist wandeln, im Vertrauen und im Gehorsam, umso größer wird unser geistlicher Wirkungsbereich, und umso besser lernen wir, was es heißt, in Liebe zu leben.

Nur nicht aufgeben!

Anmerkungen

[1] F. Deaville Walker, William Carey (Chicago: Moody 1980), S. 126, 232.

[2] Amy Carmichael, If (Fort Washington, Penna.: Christian Literature Crusade, o.J.), S. 26.

[3] William Barclay, Begriffe des Neuen Testaments, Wuppertal, Aussaat Verlag, 1979.

13.
Das Bleibende und das Vorübergehende

Als seine unglaubliche Karriere mit siebzehn Jahren begann, war er ein Flüchtling, der ganze 100 Dollar besaß, aber einen unstillbaren Hunger nach Erfolg hatte. Als seine Familie ihr Land verlassen mußte, verloren sie ihren ganzen Reichtum, und jetzt stand er in Südamerika in einer neuen Welt vor einem Neubeginn. Innerhalb von fünf Jahren hatte er nicht nur seine erste Million gemacht, sondern auch seine Fähigkeiten weiterentwickelt und sich den Ruf eines unbarmherzigen, entschlossenen und furchtlosen Mannes erworben.

Er lebte in Luxus, umgeben von schönen Frauen und gab sich weltlichen Vergnügungen und einem hedonistischen Lebensstil hin. Am Höhepunkt seiner Macht im Jahre 1973 betrug sein geschätztes Vermögen mehr als eine Milliarde Dollar, umfaßte einen enormen Aktienbesitz, eine unbezahlbare Kunstsammlung und die teuerste Jacht der Welt. Seine Ehen und außerehelichen Affären waren Gesprächsstoff für die Weltpresse, und im Jahr 1968 überraschte er die Welt durch seine Hochzeit mit der Witwe eines ermordeten amerikanischen Präsidenten. Aristoteles Onassis drückte seine Philosophie in einem Satz aus: »Was heute wirklich zählt, ist Geld. Leute mit Geld sind der Adel von heute.«

Dann brach seine Welt zusammen. Sein Sohn Alexander starb 1973 im Alter von 24 Jahren bei einem Flugzeugabsturz, und mit ihm starb für seinen Vater auch der Sinn des Lebens. »Onassis schien mit dem Tod Alexanders jede Hoffnung verloren zu haben. Tatsächlich war Alexander seine Hoffnung, und er erzählte allen, daß er selbst keinen Sinn im Leben sehen konnte.« So heißt es in einer Biographie.[1] Das *Time*-Magazin ließ einen Geschäftspartner zu Wort kommen: »Er alterte von einem Tag auf den anderen. Plötzlich war er ein alter Mann. Bei Geschäftsverhandlungen war er entgegen seiner sonstigen Art geistig abwesend, unvernünftig und gereizt.«[2]

Sein Gesundheitszustand verschlechterte sich rapide, und es verbreiteten sich Gerüchte, daß Schuldgefühle und Trauer über seinen Sohn seinen geschäftlichen Scharfsinn abgestumpft hatten. Verschiedene Faktoren, wie der offensichtliche Verlust seines Interesses, das arabische Ölembargo und einige ungewohnte schlechte Entscheidungen, reduzierten sein Vermögen innerhalb eines einzigen Jahres von einer Milliarde Dollar auf ungefähr 200 bis 500 Millionen Dollar. Das ist noch immer eine beeindruckende Summe, doch war es ein fürchterlicher Verlust innerhalb eines Jahres. Bald darauf starb auch Onassis selbst.

Man kann sich des Eindrucks nicht erwehren, daß Onassis durch den Tod seines Sohnes mit einem Schlag bewußt geworden war, daß all seine Macht und all sein Reichtum ihn nicht vor dem Tod bewahren konnten. Er hatte sein Leben in Dinge investiert, die nicht bestehen bleiben würden und konnten. Und jetzt, im Angesicht des Todes, waren all seine Errungenschaften nichts als Hohn. Wie jemand schrieb, war er »ein Mann, der stolz darauf war, alles zu bekommen, was er sich im Leben jemals wünschen würde, und doch war er oft mürrisch, menschenfeindlich und bitter. Um jeden Preis befolgte er sein Leben lang einen Leitspruch seiner Religion — das eigene Wohl zu sichern; und doch wollte er in Wirklichkeit nur das eine, was er nicht erwerben konnte — die Gnade der Götter.«[3]

Während meiner Kindheit erinnerte mich ein Spruch an einer Wand in unserem Haus immerfort an eine lebensverändernde Wahrheit:

»Es ist ein Leben nur, schnell wird's vergeh'n.
Nur, was für Ihn getan, das wird besteh'n.«

Das ist ein großartiger Spruch, den wir an die Wand im Denken eines Kindes nageln sollen, weil er eine Tatsache bewußt macht, die so klar ist, daß wir leicht dazu neigen, sie zu vergessen. Unser ganzes Leben lang stehen wir in dem Kampf zu entscheiden, ob wir für die Vergänglichkeit oder für die Ewigkeit investieren. Weil die Anforderungen des Lebens uns so stark belasten, nehmen wir uns oft nicht die Zeit, um in Ruhe zu überlegen, ob wir unsere Kräfte nicht für Dinge einsetzen, die offensichtlich nur zeitlich sind.

Dieses Syndrom hat Charles Hummel »die Tyrannei des Dringlichen« genannt.[4] Wie er aufzeigt, ist es die große Zahl der Dinge, die »getan werden müssen«, die die wirklich wichtigen Dinge verdrängt — solche, die getan werden sollten, die man aber aufschieben kann. Es ist dringend, ans Telefon zu gehen, den Rasen zu mähen, bevor die Gäste kommen, an einem Mitarbeitertreffen teilzunehmen oder ein Geschäft abzuschließen; alle diese Dinge müssen *sofort* getan werden. Andererseits ist es offensichtlich wichtig, Zeit mit meiner Frau und meinen Kindern zu verbringen, meine Freunde im Krankenhaus zu besuchen, Zeit mit dem Herrn in Seinem Wort zu verbringen oder einem Freund nachzugehen, der ins Schleudern gekommen ist und Ermutigung und Ermahnung braucht. Aber alle diese Dinge, die von ewiger Bedeutung sind, können verschoben werden. Jedes von ihnen fordert etwas von unserem wertvollsten Gut, der Zeit.

Zeit ist nur im Blick auf die Ewigkeit von Bedeutung. In Psalm 90,12 betete Mose: »*So lehre uns denn zählen unsere Tage, damit wir ein weises Herz erlangen!*« Es ist das Bleibende und das Ewige, was wirklich wichtig und sogar dringend ist. Deshalb müssen wir lernen, über unsere Aktivitäten nachzudenken und sie im Licht der Ewigkeit einzuschätzen, und dann die Dinge nach dieser Wichtigkeit erledigen.

Das wirkt sich unmittelbar auf unsere Freundschaften aus, da die Bibel uns sagt, daß in dieser Welt nur zwei Dinge ewig sind: das Wort Gottes und Menschen. Nur wenn wir mit Hilfe des Wortes Gottes unser Leben in Menschen investieren, ist es eine Investition für die Ewigkeit. Wenn wir lieben, leben wir für die Ewigkeit. Diese Gedanken geben uns eine neue Sicht für unsere Freundschaften und Beziehungen, wenn wir erkennen, daß Freunde nicht nur Gaben Gottes sind, damit unser Leben schöner wird, sondern daß sie Gelgenheiten sind, die Gott uns gibt, damit wir für die Ewigkeit investieren können.

Die Korinther hatten begonnen, den Geistesgaben einen enormen Wert beizumessen, besonders der aufsehenerregenden Gabe des Redens in Sprachen. Ihre Ansichten über das Reden in fremden Sprachen hatte die Gemeinde gespalten und Überheblichkeit und Minderwertigkeit entstehen lassen. Geistesgaben sind von großem Nutzen, wenn sie so gebraucht werden, wie Gott es beabsichtigt hat, aber sogar die großartigste Gabe ist nur zeitlich. Liebe aber ist ewig; die Liebe bleibt. Das ist die letzte große Wahrheit, die Paulus in 1. Korinther 13, dem großartigen *agape*-Kapitel, weitergeben möchte. Nachdem er die Handlungsweise der Liebe in den Versen 4 bis 7 beschrieben hatte, zeigt er am Schluß in den Versen 8 bis 13 die Beständigkeit der Liebe auf. Wieder geht es nicht um Theorie, sondern darum, wie wir sehen werden, einige besondere Mißstände in der Versammlung in Korinth zu beseitigen und dadurch auch uns einige praktische Richtlinien zu geben, wie wir Prioritäten setzen sollen.

»Die Liebe vergeht niemals; seien es aber Weissagungen, sie werden weggetan werden; seien es Sprachen, sie werden aufhören; sei es Erkenntnis, sie wird weggetan werden. Denn wir erkennen stückweise, und wir weissagen stückweise; wenn aber das Vollkommene kommt, wird das, was stückweise ist, weggetan werden. Als ich ein Kind war, redete ich wie ein Kind, dachte wie ein Kind, urteilte wie ein Kind; als ich ein Mann wurde, tat ich weg, was kindlich war. Denn wir sehen jetzt mittels eines Spiegels, undeutlich, dann aber von Angesicht zu Angesicht. Jetzt erkenne ich stückweise, dann aber werde ich erkennen, gleich wie auch ich erkannt worden bin. Nun aber bleibt Glaube, Hoffnung, Liebe, diese drei; die größte aber von diesen ist die Liebe.« (1. Korinther 13, 8-13)

Die Liebe bleibt

Das Thema des letzten Abschnittes des Hoheliedes der Liebe erklingt mit den einleitenden Worten *»die Liebe vergeht niemals«*. Dieser Satz ist gewissermaßen eine Überleitung von der vorangegangenen Beschreibung der Liebe zum anschließenden Vergleich, und daher wählt Paulus ein griechisches Wort *(pipto)*, das reich an Inhalten ist, die alle zusammen die Wahrheit gut vermitteln, daß Liebe von bleibender Qualität ist.

Die Festigkeit der Liebe

Die erste Bedeutung des Wortes *pipto* ist »stürzen« oder »zusammenbrechen«. In der berühmten Erzählung des Herrn von dem klugen Mann, der sein Haus auf einen Felsen baute, und von dem törichten, der das Fundament im Sand legte, erhob sich der Sturm gegen beide Häuser, *»der Platzregen fiel nieder, und die Ströme kamen, und die Winde wehten und stürmten gegen jenes Haus«* (Matthäus 7, 25-27). Das Fundament ist entscheidend. Über das Haus des klugen Mannes lesen wir: *»und es fiel (pipto) nicht; denn es war auf den Felsen gegründet«* (Vers 25). Dem törichten Mann ging es ganz anders: *»und es fiel (pipto), und sein Fall war groß«* (Vers 27). In ganz ähnlicher Weise wird das Wort in Lukas 13,4 verwendet, wo der Herr einen Turm in Siloa bei Jerusalem beschreibt, der umstürzte und dabei achtzehn Menschen erschlug.

Das Bild ist sehr anschaulich. Die Liebe stürzt nicht ein und geht nicht zu Bruch. Im Gegenteil, sie ist stabil. Das steht in völligem Gegensatz zu der heutigen Ansicht, die ein Filmstar so ausdrückte: »Wenn zwei Menschen für den Rest ihres Lebens zusammenbleiben, ist das beinahe abnorm.« Wir leben in einer Zeit schwankender Beziehungen und Freundschaften, die auf Sand gebaut sind. Das Problem liegt einfach beim Fundament. Liebe ist fest, wenn sie auf einem festen Fundament ruht, und das einzige ausreichende Fundament für die Liebe und für das Leben ist der Herr Jesus Christus. Menschliche Liebe wird sich unweigerlich ändern, weil Menschen sich ändern. *Agape*-Liebe ruht auf dem unveränderlichen Christus, der *»derselbe (ist) gestern und heute und in Ewigkeit«* (Hebräer 13,8), und daher besitzt sie Festigkeit.

Die Beständigkeit der Liebe

Ein gegensätzlicher Gedanke zum Wort *pipto* ist die Beständigkeit oder das Fortbestehen. Das Wort beschreibt eine Handlung, die ein abruptes Ende findet. In weltlichen Quellen werden Soldaten, die im Krieg fallen, oder ein sinkendes Schiff mit diesem Wort beschrieben. In beiden Fällen findet der normale Lauf der Dinge ein Ende. Genauso lesen wir im Neuen Testament über die Sterne, die »vom Himmel fallen« (Matthäus 24,29; Offenbarung 6,13). Wie das genau aussehen wird, wissen wir nicht, aber eines ist sicher, sie werden zu leuchten aufhören. Sie »vergehen«.

Die Liebe vergeht niemals. Sie bleibt tätig, weil sie mit den Umständen fertig wird und sich nicht geschlagen gibt. Der Schlüssel für ihre Beständigkeit liegt darin, daß sie bedingungslos ist. Sie fordert nicht bestimmte Dinge als Voraussetzung, um dann mit Liebe zu reagieren. In seinem Buch *»Wie man überwindet«* zählt Lloyd Ahlem fünf Merkmale einer Person auf, die andere emotionell unter Druck setzt. Ein solcher Mensch will andere durch seine Gefühle, seine Beziehungen oder durch andere Dinge manipulieren, mit dem Ziel, andere zu zwingen, so zu handeln, wie er es möchte. Anders ausgedrückt praktiziert er also eine vollendete Form von bedingter Liebe. Es ist sehr nützlich, wenn wir unsere Handlungen im Licht der Beschreibung Ahlems beurteilen.

1. Er möchte, daß du deine Probleme so löst, wie er es sich vorstellt. Eine solche Liebe sagt: »Das sind deine Nöte, und so lautet mein Rat. Befolge ihn, andernfalls ...« Nun, die Analyse mag richtig sein, aber die Einstellung ist es nicht, da sie etwas aufzwingt. Diese Gefahr besteht besonders, wenn wir ein echtes Anliegen für Menschen haben. Wir möchten sie lieber nach unseren Vorstellungen verändern, als zuerst unsere bedingungslose Liebe für sie zu unterstreichen.

2. Er möchte deine Probleme lieber heute als morgen lösen. »Verändere dich zuerst, dann werde ich dich annehmen.« Aber der Heilige Geist hat es nicht immer eilig. Die Geduld des Heilands mit den Seinen ist unglaublich. Sie änderten sich, weil Er sie angenommen hatte. Liebe wird immer diesen Weg gehen.

3. Er ist seinem Wesen nach richtend und spricht zuerst auf die Schwä-

chen von anderen an, anstatt auf ihre Stärken und Begabungen. Liebe ist voller Gnade, so wie es unser Herr war.

4. Er läßt nicht mehrere Meinungen zu. »Lassen wir es dabei bewenden!« — damit wird nicht viel Raum gegeben für Fragen, für Entfaltungsmöglichkeiten oder für ein unterschiedliches Verständnis schwieriger Themen. Bedingte Liebe neigt dazu, dem anderen wenig Spielraum einzuräumen.

5. Er akzeptiert dich nie so richtig, wie du bist. Du mußt immer noch eine Stufe hinaufsteigen oder noch ein Ziel erreichen, bis du es geschafft hast. Bedingte Liebe ist nie zufrieden.[5]

Eine solche Liebe kann nie beständig sein. Gottes Liebe ist konstant und bedingungslos, weil sie Seinem Wesen und nicht dem unseren entspringt. Daher muß auch unsere Liebe dem Heiligen Geist entspringen, der in uns wirkt, anstatt davon abhängig zu sein, was andere tun, oder wie sie unseren Nöten begegnen.

Die Frische der Liebe

Ein letzter Gedanke in dem Satz, »die Liebe vergeht niemals«, ist die Unverwelklichkeit der Liebe. Eine abgeschnittene Blume wird bald die Blüte und allmählich auch ihre Blätter verlieren. »ALLES FLEISCH IST WIE GRAS UND ALLE SEINE HERRLICHKEIT WIE DES GRASES BLUME. DAS GRAS IST VERDORRT, UND DIE BLUME IST ABGEFALLEN (ekpipto), ABER DAS WORT DES HERRN BLEIBT IN EWIGKEIT« (1. Petrus 1, 24-25). Im Gegensatz zur vergänglichen Herrlichkeit der Schöpfung ist das Wort Gottes unvergänglich und ewig frisch. »Es ist aber leichter, daß der Himmel und die Erde vergehen, als daß ein Strichlein des Gesetzes wegfalle (pipto)« (Lukas 16,17). Das Wort Gottes ist unvergänglich und unveränderlich.

So auch die Liebe: sie »vergeht niemals«. Eine Liebe, die ihre Quelle im lebendigen Gott hat, bleibt frisch, lebendig und vital. Wahre Liebe wird nicht alt — sie reift. Die Zeit ist kein Feind der Liebe, weil das Wesen Gottes ihre Quelle ist. Was Er jemals war, ist Er auch noch heute, und daher ist an Gott alles ewig frisch. Daraus lernen wir, daß unsere Liebe keine wahre *agape*-Liebe sein kann, wenn sie »verwelkt« oder ihre Vitalität verliert. Wahre Liebe wird in den Himmel kommen, ohne sich geändert zu haben. Wie Gottes Wort nicht vergeht und sich niemals ändert, so ändert sich auch Seine Gabe der Liebe nie. Wenn daher Seine Liebe in unserem Leben am Werk ist, wird all mein Handeln von ewigem Wert sein. Die Liebe verliert nie an Bedeutung.

Der vorübergehende Wert der Geistesgaben

Manchmal wird eine Wahrheit durch einen Vergleich klarer, und daher vergleicht Paulus nun die absolute Bedeutung der Liebe mit der relativen Bedeutung der Geistesgaben. Vielleicht wundern wir uns, was die Gedanken über die Gaben mit der Botschaft über die Liebe zu tun haben. Es gibt zwei Gründe dafür. Erstens wußte Paulus, daß die Korinther auf bestimmte Gaben besonderen Wert legten. Er leugnet diese Bedeutung nicht, aber er möchte den alles überragenden Wert der Liebe aufzeigen. Sie konnten sich nichts Wichtigeres als jene Gaben vorstellen, vor allem das Reden in Sprachen. Der Heilige Geist aber möchte, daß wir die Wichtigkeit der Liebe sehen. Das ist von größter praktischer Bedeutung. Viele Christen hätten gern bestimmte sichtbare Gaben eines Evangelisten oder Lehrers, mit denen sie in der Öffentlichkeit großartig dienen könnten. Solche Gaben sind großartig, aber die Liebe ist größer.

Der zweite Grund für den Vergleich liegt darin, daß Paulus damit sagen möchte, daß Geistesgaben, wenn sie für die Ewigkeit zählen sollen, in Liebe gebraucht werden müssen. Paulus zeigt uns nun der Reihe nach auf, daß Geistesgaben vergänglich, Stückwerk und nur von vorbereitendem Charakter sind, damit wir erkennen, daß die Liebe im Vergleich dazu keine dieser Beschränkungen kennt.

Geistesgaben sind vergänglich (Vers 8)

Paulus hat uns gezeigt, daß die Liebe bleibt — nicht so die Geistesgaben. Der dreieinige Gott hat sie als Mittel für die Bedürfnisse der Gemeinde, des Leibes Christi, bereitgestellt. In Kapitel 12 hat Paulus betont, daß sie »zum Nutzen gegeben« sind. Ein Gläubiger, der seine Gabe in der rechten Weise gebraucht, tut dies nicht zu seiner eigenen Erbauung, sondern zur Auferbauung der Versammlung. Wenn die Gemeinde entrückt werden wird, um für immer beim Herrn zu sein, werden die Gaben zur Auferbauung nicht mehr benötigt.

Daher schreibt Paulus: »*Seien es aber Weissagungen, sie werden weggetan werden; seien es Sprachen, sie werden aufhören; sei es Erkenntnis, sie wird weggetan werden.*« Der Verweis auf die Erkenntnis in diesem Zusammenhang muß sich auf die Gabe der Erkenntnis in 1. Korinther 12,8 beziehen. Paulus hätte auch jede andere Gabe nehmen können, um zu zeigen, daß Gaben zeitlich sind, aber diese drei waren den Korinthern besonders wichtig. Die Gabe der Weissagung, jene gottgegebene Fähigkeit, die Offenbarungen Gottes als Sprachrohr zu verkünden, war für die frühe Gemeinde von besonderer Bedeutung, als es das geschriebene Wort Gottes noch nicht gab. Paulus widmete dieser Gabe das vierzehnte Kapitel, damit die Korinther sie mehr schätzten. Auf der anderen Seite rückt er in diesem Kapitel die Gabe der Sprachenrede ins rechte Licht, jene Gabe, die von den Korinthern offensichtlich höher bewertet wurde als jede andere. Sie befanden sich in einem schwerwiegenden Mißverständnis über die echte Gabe und verwechselten die gottgegebene Fähigkeit, in einer lebenden fremden Sprache zu reden, die man nicht gelernt hat, mit einer selbsterzeugten ekstatischen Erfahrung. Aber auch der echten Gabe der Sprachenrede wurde eine übertriebene Bedeutung beigemessen. Worum es bei der Gabe der Erkenntnis geht, ist weniger klar. Offenbar ist es eine gottgegebene Fähigkeit, die Wahrheiten Gottes zu verstehen, miteinander in Verbindung zu bringen und einzuordnen. Auf Grund ihrer griechischen Herkunft waren die Korinther auf Erkenntnis besonders stolz (1. Korinther 8,11), und daher gab es gerade auf diesem Gebiet Probleme.

Paulus möchte vor allem darauf hinweisen, daß auch die echten Gaben, die den Korinthern so viel bedeuteten, nicht ewig bestehen. Es ist aber interessant, daß sie nach den Worten des Paulus nicht in gleicher Weise vergehen werden. Weissagungen und Erkenntnis werden weggetan werden; Sprachen werden aufhören. Wir sollten diese Unterscheidung nicht leichtfertig übergehen, da sie sorgfältig getroffen wurde und zwei Dinge anspricht. Erstens, daß Weissagungen und Erkenntnis *weggetan* werden. Paulus verwendet das Wort *katargeo,* das hier so viel bedeutet wie »beiseite legen«, da sie keine Funktion mehr haben (beachte auch den Gebrauch dieses Wortes in den Versen 1. Korinther 6,13; 13,11 und 15,24). Das zweite Wort ist das sehr gebräuchliche Wort *pauo,* das »aufhören« bedeutet. Sprachen *hören auf.*

Der zweite Unterschied ist feiner, aber sehr wichtig. Von der Erkenntnis und den Weissagungen heißt es, daß sie *weggetan werden.* Das Zeitwort steht im Passiv und besagt, daß diese zwei Gaben durch jemand von außen beseitigt werden, und die Verse 9 und 10 lassen keinen Zweifel, daß es das Kommen »des Vollkommenen« ist, ein Hinweis auf das Wiederkommen des Herrn Jesus Christus. Aber die Sprachen hören von selbst auf. Das Zeitwort steht in der sogenannten »mittleren Form« (Medium), für die es in unserer Sprache keine genaue Entsprechung gibt. Im Zusammenhang mit dem Wort »aufhören« beschreibt sie eine Handlung, die von selbst und aus sich heraus aufhört. Zum Beispiel lesen wir in Apostelgeschichte 21,32 von den Soldaten: *»Dann hörten sie auf, den Paulus zu schlagen.«* Auch hier steht die mittlere Form; sie waren nicht von anderen zum Aufhören gebracht worden, sondern sie hörten von selbst auf.

Wir wohnen in der Nähe der kanadischen Rocky Mountains, und es macht mir Spaß, mit ein paar Freunden über die Skipisten zu jagen. Mit zunehmendem Alter fällt mir etwas auf. Die Skilifte stellen ihren Betrieb um 16 Uhr 30 ein, und viele meiner begeisterten Freunde hören erst auf, wenn die Lifte stehen. Sie werden zum Aufhören gebracht (passive Form!). Aber für mich ist es schon um 16 Uhr genug. Ich höre von selbst und aus mir heraus auf (mittlere Form) und brauche die restliche halbe Stunde, um mich zu erholen.

Im Zusammenhang mit den Gaben weist Paulus darauf hin, daß Weissagungen und Erkenntnis bis zur Entrückung der Gemeinde bestehen bleiben und dann vom Herrn Jesus bei Seiner Wiederkunft weggetan werden. Aber die Sprachenrede wird von selbst und aus sich heraus vor dieser Zeit aufhören, weil ihr Zweck erfüllt ist. 1. Korinther 14,22 sagt uns, daß *»Sprachen zu einem Zeichen, nicht für die Glaubenden, sondern für die Ungläubigen«* sind. Einen Vers davor wird eine Stelle aus dem Alten Testament zitiert, die sich auf Israel bezieht, und dadurch sehen wir, daß die ungläubigen Juden damit gemeint sind.

Die Sprachenrede war daher ein Zeichen, das Gott Seinem Volk Israel gegeben hatte. Als Jerusalem im Jahre 70 n.Chr. zerstört wurde, war dieser Zweck erfüllt, und die Sprachen hörten von selbst und aus sich heraus auf. So lesen wir auch, daß Chrysostomus im vierten Jahrhundert über die Sprachen in 1. Korinther 12 folgendes schreibt: *»Die ganze Stelle ist äußerst unklar und diese Unklarheit entsteht dadurch, daß sich einerseits viele in diesen Dingen nicht auskennen und daß andererseits vieles aufgehört hat und heute nicht mehr vorkommt.«*

Das ist für die heutige Diskussion über das Reden in Sprachen sicherlich von Bedeutung, für uns ist es aber ein Exkurs, den wir nicht weiter verfolgen können. Der Kern der Sache ist klar: alle Geistesgaben sind vergänglich, egal wie groß ihr gegenwärtiger Beitrag ist. Sie sind zeitlich und nicht ewig.

Geistesgaben sind Stückwerk (Verse 9 und 10)

Im zweiten Teil seiner Argumentation will uns Paulus zeigen, daß sogar jene Gaben, die bis zur Entrückung bleiben, nur Stückwerk sind. Es ist bezeichnend, daß von den Sprachen im Vers 9 nicht mehr die Rede ist: *»Denn wir erkennen stückweise und wir weissagen stückweise.«* Anscheinend war die Gabe der Sprachenrede nicht für das gesamte Zeitalter der Gemeinde bestimmt. Das Wort »stückweise« vermittelt den Gedanken, daß es sich um eine bruchstückhafte Erkenntnis handelt. Was wir auf der Basis der Offenbarung Gottes erkennen, ist nicht falsch, so daß es eines Tages korrigiert werden müßte, aber es ist bruchstückhaft, und es muß vervollständigt werden.

Ein Schüler in der ersten Klasse, der weiß, daß zwei und zwei vier ist, hat tatsächlich ein Wissen, es ist aber sehr bruchstückhaft. Es ist nicht falsch, weil er zum Beispiel noch nichts von der Differentialrechnung weiß. Aber es ist sicherlich noch nicht alles, was man wissen kann. So sind auch die Gabe der Prophetie, die Gottes Botschaft überbrachte, und die Gabe der Erkenntnis, die diese Botschaft erhellt hat, Gottes gute und vollkommene Gaben für unsere gegenwärtigen begrenzten Fähigkeiten. Die Offenbarung Gottes muß begrenzt sein, weil wir Grenzen haben. Wir können unmöglich alles über Ihn wissen.

Aber eines Tages wird das Vollkommene kommen, und das Bruchstückhafte der Gaben der Weissagung und der Erkenntnis wird weggetan werden. Es gibt verschiedene Meinungen darüber, worauf sich »das Vollkommene« bezieht, auf die Vollständigkeit der Schrift, die Vollendung der Gemeinde oder die Wiederkunft des Herrn. Am besten scheint dem Text jedoch jene Auslegung zu entsprechen, wonach »das Vollkommene« der ewige Zustand der Gläubigen ist, wenn sie in der Gegenwart Gottes für immer das Vorrecht genießen werden, Ihn »von Angesicht zu Angesicht« zu schauen. Alle unsere Begrenzungen werden beseitigt sein, und unsere Erkenntnis und Erfahrung werden nicht mehr bruchstückhaft sein. Das Stückwerk wird durch das Vollkommene ersetzt sein. Aber die Liebe wird bleiben.

Geistesgaben sind vorbereitend (Verse 11 und 12)

Am Höhepunkt seiner Argumentation streicht Paulus die dauernde Erhabenheit der Liebe über die Geistesgaben heraus, indem er das Verhältnis der Gaben zur Liebe mit dem Verhältnis von Kindergarten und Hochschule vergleicht. Das soll den Wert der Geistesgaben nicht herabsetzen. Aber sie sind vorläufig und vorbereitend, während die Liebe zum ewigen Lehrplan Gottes gehört.

Paulus illustriert dies mit drei Beispielen. Das erste ist das körperliche Wachstum. *»Als ich ein Kind war, redete ich wie ein Kind, dachte wie ein Kind, urteilte wie ein Kind.«* Vielleicht stehen das Reden, das Denken und das Urteilen für die Gaben der Sprachenrede, der Weissagung und der Erkenntnis. Wie auch immer, heißt das, daß manche Dinge zu einem bestimmten Grad unserer Reife sehr gut passen. Kindliche Dinge passen bestens zu einem Kind, sie sind sogar wesentlich. Ein Kind ist mit seinen Spielsachen vollkommen beschäftigt und hat Freude daran. Es hat kein Bedürfnis nach anderen oder besseren Dingen, weil sie für seine Bedürfnisse ausreichend sind. In gleicher Weise sind unsere gegenwärtigen Erfahrungen in der Gemeinschaft mit Gläubigen, verglichen mit dem Leben in der Ewigkeit, unsere geistliche Kindheit. Die Geistesgaben sind jetzt in unserer Erfahrung unentbehrlich, und sie genügen unseren gegenwärtigen Bedürfnissen, so wie Gott es will.

»Als ich ein Mann wurde, tat ich weg, was kindlich war.« Gewissermaßen geben wir kindliche Dinge nicht auf, sondern sie fallen einfach weg, wenn sie unseren Bedürfnissen nicht mehr entsprechen. Unsere Fähigkeit zu reden, zu denken und zu urteilen nimmt mit unserer Reife zu, und gleichzeitig legt man alte Verhaltensweisen ab. Heute freue ich mich, wenn ich einem begabten Bibellehrer zuhören kann. Sein Dienst fesselt mich, weil ich seine Gabe zur Erbauung nötig habe. Im Himmel wird aber alles ganz anders aussehen! Vielleicht habe ich als Kind meinen Freund um sein Feuerwehrauto beneidet, aber als Erwachsener reizt mich dieses Spielzeug nicht zur Eifersucht (höchstens sein neuer Sportwagen!). In Gottes Gegenwart werde ich mit großer Dankbarkeit darauf zurückblicken, daß andere Menschen mir mit ihren verschiedenen Geistesgaben gedient haben und zur Erbauung in meinem Leben beigetragen haben. Ihr Beitrag wird ein Teil der Vergangenheit sein. Die Liebe werde ich aber in alle Ewigkeit nie so betrachten. Es wird nie etwas Besseres als Liebe geben, obgleich auch die Liebe besser werden wird, wenn meine jetzigen Hindernisse aus dem Weg sein werden.

Das zweite Beispiel ist das eines Spiegels. Gaben kann man nicht nur mit dem Wachstum vergleichen, sondern auch mit dem Schauen. Im Altertum waren Spiegel weit davon entfernt, etwas Vollkommenes zu sein. Gewöhnlich bestanden sie aus einem blanken Metall und konnten bestenfalls ein trübes und verzerrtes Bild widerspiegeln. Das meint Paulus, wenn er sagt: *»Denn wir sehen jetzt mittels eines Spiegels undeutlich.«* In gleicher Weise ist unsere Erkenntnis der ewigen Dinge, so wie sie uns durch verschiedene Gaben vermittelt wird, trübe und unscharf. In Seiner Gnade offenbart uns Gott in der Bibel, was wir von uns aus nie hätten erfahren können.

»WAS KEIN AUGE GESEHEN UND KEIN OHR GEHÖRT HAT
UND IN KEINES MENSCHEN HERZ GEKOMMEN IST,
WAS GOTT DENEN BEREITET HAT, DIE IHN LIEBEN.
Uns aber hat Gott es geoffenbart durch den Geist.«

(1. Korinther 2, 9-10)

Es gibt so vieles, was wir nicht wissen; und so vieles, was wir wissen, ist auf Grund unserer begrenzten Fähigkeiten undeutlich.

»Dann aber von Angesicht zu Angesicht.« Was für ein herrlicher Gedanke! Wer würde es vorziehen, das trübe Bild eines Geliebten in einem Spiegel zu betrachten, wenn er sich nur umdrehen müßte, um ihm ins Angesicht zu schauen? Wer würde es im Himmel vorziehen, den Männern mit den größten Gaben zuzuhören, wenn er von Angesicht zu Angesicht dem Sohn Gottes gegenüberstehen kann, der ihn geliebt und sich für ihn hingegeben hat? Ich schätze die Gaben jetzt wegen des unscharfen Bildes, das sie mir von Ihm vermitteln. Obwohl ich Ihn nicht von Angesicht zu Angesicht gesehen habe, liebe ich Ihn und frohlocke *»mit unaussprechlicher und verherrlichter Freude«* (1. Petrus 1,8). Ich schätze den Spiegel, aber ich sehne mich nach der wahren Begegnung.

Das dritte Beispiel bezieht sich auf die Erkenntnis. *»Jetzt erkenne ich stückweise, dann aber werde ich erkennen, gleich wie auch ich erkannt worden bin.«* Die Geistesgaben sind der Schlüssel für meine gegenwärtige, stückweise Erkenntnis. Aber in Seiner Gegenwart werde ich in einer Weise erkennen, wie ich es jetzt nicht weiß und auch nicht wissen kann. Wir sind von Gott erkannt — vollständig, bis ins Innerste, durch und durch. Eines Tages werden wir genauso erkennen. Ich bezweifle sehr, ob wir Gott so kennen werden, wie Er uns kennt. Der Unterschied zwischen dem unendlichen Schöpfer und dem endlichen Geschöpf wird für immer gewahrt bleiben. Aber innerhalb unserer Grenzen als Geschöpfe wird unsere Erkenntnis vollständig und vollkommen sein. Ich werde nicht so viel wissen wie Gott, aber ich werde so viel wissen, wie ich wissen kann, und das in einer unmittelbaren, persönlichen und liebenden Kenntnis meines Gottes.

Paulus hat seinen Standpunkt klargemacht. Geistesgaben sind von sehr großem Wert. Sie begegnen den gegenwärtigen Bedürfnissen der Gemeinde, des Leibes Christi, und sie sind Seine Liebesgaben an uns. Da sie Gaben des Heiligen Geistes sind, sind sie von größtem Nutzen, wenn sie im Leben eines gehorsamen Gläubigen durch den Geist mit Vollmacht ausgerüstet werden. Aber sie sind nicht von endgültiger Bedeutung, weil es Gottes Absicht war, daß sie vergänglich, Stückwerk und vorbereitend seien. Die Liebe kennt auf der anderen Seite keine solchen Einschränkungen. Der Schluß, den wir daraus ziehen können, ist klar. Wir sollen Geistesgaben schätzen, aber es ist wichtiger, was wir in der Gemeinde durch unsere Liebe beitragen als durch unsere Gaben.

Der alles übersteigende Wert der Liebe

»Nun aber bleibt Glaube, Hoffnung, Liebe, diese drei; die größte aber von diesen ist die Liebe.« Paulus läßt die Lehre der Geistesgaben hinter sich und geht in seinem letzten Argument für die Bedeutung der Liebe auf die drei großen christlichen Tugenden des Glaubens, der Hoffnung und der Liebe ein. Den Wert dieser Tugenden kann niemand bestreiten, und ihrem Wesen nach sind alle drei ewig.

Der *Glaube* bleibt. In unserem gegenwärtigen Leben wandeln wir im Glauben und nicht im Schauen, und wir sehnen uns nach dem Tag, da der Glaube dem Schauen weicht. Aber wir werden in alle Ewigkeit Glauben und Vertrauen auf unseren Gott haben. Es wird immer Grund geben, Ihm zu vertrauen.

Die *Hoffnung* bleibt. Heute sind unsere Blicke gerichtet auf *»die glückselige Hoffnung und Erscheinung der Herrlichkeit unseres großen Gottes und Heilandes Jesus Christus«* (Titus 2,13). Doch auch im Himmel wird die Hoffnung nicht belanglos sein. In alle Ewigkeit wird uns eine strahlende Zukunft erwarten, mehr und mehr über Gott zu wissen und sich mehr und mehr an Ihm zu erfreuen.

Über allem aber bleibt die *Liebe*. Mein jetziger Glaube wird einer anderen Art von Glauben in der Gegenwart Gottes Platz machen. Meine gegenwärtige Hoffnung wird sich erfüllen und auf anderes richten. Die Liebe aber bleibt gleich. Natürlich wird sie unermeßlich reicher und tiefer werden, aber es bleibt dieselbe Liebe für denselben Herrn und Seine ewige Familie. All dem liegt die Erkenntnis zugrunde, daß die Liebe ein Wesenszug Gottes selber ist. Gott ist nicht ein Gott des Glaubens — Sein ganzes Tun beruht auf vollkommenem Wissen. Er ist auch nicht ein Gott, der Hoffnung hat. Auf Grund Seines ewigen Wesens hat Er die Zukunft in souveräner Weise in Seiner Hand. Aber Er ist ein Gott der Liebe. Sein ganzes Sein und Sein ganzes Tun ist von Liebe bestimmt, und deshalb *»ist die größte aber von diesen die Liebe«*.

Die Auswirkungen davon sind gewaltig. Wenn die Liebe bleibt, kann man Liebe nie verschwenden. Wenn ich mich einem Freund in Liebe zuwende, wird das Wesen Gottes sichtbar, und ich baue für die Ewigkeit. Wenn ich andererseits nicht in Liebe handle, verfehle ich nicht nur das Ziel Gottes für mein Leben, sondern säe dadurch auch Zerstörung. In diesem Zusammenhang schrieb Amy Carmichael sehr treffende Worte in einem Brief an ihre Mitarbeiter in Dohnavur:

»Lieblosigkeit ist tödlich. Sie ist ein Krebsgeschwür. Es mag sein, daß sie nur langsam tötet, aber sie tötet am Ende immer. Nehmen wir uns in acht vor ihr, daß wir ihr keinen Raum geben, so wie wir uns vor einer Kobra fürchten sollten! Sie ist tödlicher als eine Kobra. ... Ein giftiger Tropfen der Lieblosigkeit in meinem oder eurem Herzen, noch so unscheinbar, besitzt eine schreckliche Macht, sich auf unsere ganze Familie zu verteilen, denn wir sind ein Leib — wir sind Glieder voneinander. Wenn ein Glied leidet, so leiden alle Glieder mit. Niemand aber lebt sich selbst. Wenn Lieblosigkeit irgendwo entdeckt wird, laß' alles andere liegen und bring' es in Ordnung, wenn möglich sofort.«[6]

Eine große Stärke im Leben von Amy Carmichael war ihr tiefes Verständnis, daß nur das Ewige von letztendlicher Bedeutung ist. Im Licht der Ewigkeit wird die Liebe unendlich wichtig und ewig wertvoll. Ein biblischer Freund zu sein und andere zur Ehre Christi zu lieben, erfüllt nicht nur mein Leben mit Sinn und Segen, sondern es bringt auch einen Gewinn, der erst im Licht der Ewigkeit gemessen werden kann. Wenn die Liebe das Motiv Deiner Handlungen ist, dann wird alles, was Du tust, ewig sein.

Anmerkungen

[1] Frank Brady, Onassis: An Extravagant Life (Englewood Cliffs, N.J.: Prentice-Hall, 1977), S. 202.
[2] »Death of a Tycoon«, Time-Magazin, März 1975.
[3] Brady, S. 214.
[4] Charles Hummel, The Tyranny of the Urgent (Downers Grove, Ill.: Inter-Varsity, o.J.).
[5] Lloyd Ahlem, How to Cope (Glendale, California: Gospel Light, Regal, 1978), S. 73.
[6] Frank C. Houghton, Amy Carmichael of Dohnavour (London: Hodder & Stoughton, 1974), S. 250.

14.
Eine Gemeinde von Freunden

Zwei Jahre lang wurde Paulus als Gefangener in Cäsarea festgehalten und wartete darauf, nach Rom gebracht zu werden, wo der Kaiser seine Berufung anhören würde. Schließlich beschloß man, ihn unter Aufsicht eines römischen Hauptmannes namens Julius nach Rom zu senden. Das Schiff brach entlang der Mittelmeerküste in nördlicher Richtung auf. Nach einem Tag erreichten sie den alten Phönizierhafen Sidon, und Lukas berichtet: *»Julius behandelte den Paulus sehr wohlwollend und erlaubte ihm, zu den Freunden zu gehen, damit er ihrer Fürsorge teilhaftig wurde«* (Apostelgeschichte 27,3). Man überliest diese Feststellung sehr leicht, ohne über die Wahrheit, die dahinter liegt, nachzudenken. Es gab dort eine Gruppe von Christen, deren Spuren wahrscheinlich bis in die Zeit zurückreichen, als die ersten Christen nach der Steinigung des Stephanus von Jerusalem aus zerstreut worden waren (Apg. 11,19).

Soweit wir wissen, hatten diese Christen Paulus nie zuvor gesehen; es gibt keinen Bericht, daß Paulus je in ihrer Gegend war. Aber sie hatten den Herrn Jesus kennengelernt und waren daher seine Freunde in Christus. Lukas spricht auch tatsächlich von »den Freunden«, was offenbar eine Bezeichnung war, mit der sich die ersten Christen selbst bezeichneten. In Christus waren sie *die* Freunde. Der Apostel Johannes schließt seinen letzten kurzen Brief mit den Worten: *»Friede dir! Es grüßen dich die Freunde. Grüße die Freunde mit Namen«* (3. Johannes 15).

Diesen Gedanken sollten wir heute wieder aufgreifen! Die Gemeinschaft der Heiligen ist eine Gemeinschaft von *Freunden*. Es mag sein, daß wir uns früher nicht sehr gut gekannt haben, aber durch den Herrn Jesus sind wir nicht mehr Fremde oder nur Bekannte, sondern Freunde. Man sieht dies auch in den Evangelien, wie der Herr Jesus so unterschiedliche Männer zusammenstellt wie den ungestümen Petrus, den Zöllner Matthäus und den politischen Eiferer Simon. In Ihm verbunden, lebten, arbeiteten und beteten sie miteinander; sie starben sogar Seite an Seite. Gemeinschaft und Freundschaft spielten im Leben der neutestamentlichen Gemeinde eine wichtige Rolle, und die Christen übten eine gewaltige Wirkung auf die Menschen ihrer Zeit aus, da die Kraft ihrer Botschaft in der Reinheit ihrer Beziehungen sichtbar wurde. Tertullian, der frühe Verteidiger des Christentums, konnte die nichtchristliche Welt mit folgenden Worten herausfordern:

»Es ist unsere Fürsorge für die Hilflosen, unsere praktische Liebe, die vielen unserer Gegner in den Augen brennt. Sieh nur, sagen sie, sieh nur, wie sie einander liebhaben (sie selbst sind untereinander dem Haß ergeben). Siehe, wie sie bereit sind, füreinander zu sterben (sie selbst sind eher bereit, sich gegenseitig zu töten). So war dieses Wort Wirklichkeit geworden: *'Daran soll jedermann erkennen, daß ihr meine Jünger seid, wenn ihr Liebe untereinander habt.'*«[1]

Wahre Freundschaft, wie sie hier beschrieben wird, ist kein Zufallsprodukt. Sie wird aus einer innigen Liebe für den Herrn Jesus geboren und fließt über in unsere Beziehungen zu den Menschen. Wie wir gesehen haben, ist biblische Freundschaft einzigartig, weil sie auf *agape*-Liebe aufbaut, die in 1. Korinther 13 so wunderbar beschrieben wird, anhand der Freundschaft von David und Jonathan so lebhaft illustriert wird und in der Liebe des Herrn Jesus Christus für Seine Jünger und für uns so vollkommen verwirklicht ist. *»IHR SEID MEINE FREUNDE«*, sagt Er uns, und Er stirbt für uns als der Freund, der alle anderen weit übertrifft.

Wahre Freundschaft kostet viel. Sie gedeiht nicht in einer Umgebung, wo lockere Bekanntschaften, bequeme Beziehungen oder förmliche Atmosphäre herrschen. Es verlangt von mir, daß ich mich in Christus dazu verpflichte, selbst ein Freund zu sein, anstatt bloß einen Freund zu finden; daß ich den Nöten anderer begegne, anstatt in erster Linie nach Befriedigung meiner eigenen Bedürfnisse zu streben. Wahre Freundschaft ruft mich dazu auf, Beziehungen nicht nur auf Grund gegenseitiger Sympathie einzugehen, sondern weil ich mich verpflichtet habe, dem anderen dabei zu helfen, sein gottgegebenes Potential im Leben zu verwirklichen. Als Freund strebe ich danach, die Hand meines Freundes oder meiner Freundin im Herrn zu stärken. Wahre Freundschaft beruht auf einem Bündnis, in dem ich jemand meine Treue, meine Hingabe und meine Freundschaft erkläre. Wahre Freundschaft ist *agape*-Freundschaft, eine Freundschaft, die menschlich gesehen unmöglich ist, aber durch den Heiligen Geist, der in den Gläubigen wohnt, ermöglicht wird.

Das Wort Gottes gebraucht viele Ausdrücke, die betonen, daß wir miteinander verbunden worden sind, als wir mit dem Herrn Jesus Christus vereint wurden. So stellen wir miteinander die »Familie Gottes« dar, mit Gott als unserem Vater und untereinander als Brüder und Schwestern. Wir sind Glieder am »Leib Christi«, und es ist Gottes Absicht, daß *»keine Spaltung im Leib sei, sondern die Glieder dieselbe Fürsorge füreinander hätten«* (1. Korinther 12,25). Am deutlichsten teilt uns der Herr Jesus Seinen Plan für die Gemeinde in einer Reihe von Aussagen mit, in denen unsere gegenseitige Verantwortung betont wird. Für das Wort »einander« steht im Griechischen meistens das Wort *allelon;* wenn wir dieses »allelon-Prinzip« im Neuen Testament betrachten, bekommen wir ein gewaltiges Bild davon, wie wahre Freundschaft in der Praxis aussieht.[2] Hier ist eine Liste dieser »*allelon*-Gebote«, wobei Parallelstellen nicht angeführt sind. Was für eine Aufzählung!

In der Gemeinde des Christus sollen wir:

- einander die Füße waschen (Johannes 13,14)
- einander lieben (Johannes 13,34 und viele andere Stellen)[3]
- in der Bruderliebe herzlich zueinander sein (Römer 12,10)
- in Ehrerbietung einer dem anderen vorangehen (Römer 12,10)
- gleichgesinnt sein gegeneinander (Römer 12,16/15,5)
- nicht mehr einander richten (Römer 14,13)
- dem nachstreben, was zur gegenseitigen Erbauung dient (Römer 14,19)
- einander aufnehmen (Römer 15,7)
- einander ermahnen (Römer 15,14)

- einander grüßen (Römer 16,16)
- aufeinander warten (1. Korinther 11,33)
- füreinander sorgen (1. Korinther 12,25)
- einander dienen durch die Liebe (Galater 5,13)
- die Lasten des anderen tragen (Galater 6,2)
- einander in Liebe ertragen (Epheser 4,2)
- zueinander gütig sein (Epheser 4,32)
- einander vergeben (Epheser 4,32)
- zueinander in Psalmen, Lobliedern und geistlichen Liedern reden (Epheser 5,19)
- uns einander unterordnen (Epheser 5,21)
- einer den anderen höher achten (Philipper 2,3)
- einander nicht belügen (Kolosser 3,9)
- einander lehren (Kolosser 3,16)
- einander ermuntern (1. Thessalonicher 4,18)
- einander erbauen (1. Thessalonicher 5,11)
- Frieden untereinander halten (1. Thessalonicher 5,13)
- dem Guten gegeneinander nachstreben (1. Thessalonicher 5,15)
- aufeinander achthaben (Hebräer 10,24)
- nichts Übles gegeneinander reden (Jakobus 4,11)
- nicht gegeneinander seufzen (Jakobus 5,9)
- einander die Vergehungen bekennen (Jakobus 5,16)
- füreinander beten (Jakobus 5,16)
- einander dienen (1. Petrus 4,9)
- uns im Umgang miteinander mit Demut umkleiden (1. Petrus 5,5)

Eine Gemeinschaft von Freunden! Das ist das Ziel des Herrn für Seine Gemeinde, verwirklicht in vielen Versammlungen des ersten Jahrhunderts und auch heute noch möglich. Unsere Versammlungen sind oft zu groß, um mit allen Geschwistern tiefgehende und innige Freundschaften zu pflegen. Die Zahl solcher engen Freundschaften wird unweigerlich ziemlich gering sein. Aber die Prinzipien dieser innigen Freundschaften können auf alle unsere Beziehungen mit unseren Mitgläubigen ausgeweitet werden, so daß nach und nach alle Menschen erkennen werden, daß wir Seine Jünger sind, da wir Liebe untereinander haben.

Dieses Buch endet mit dem Wunsch und dem Gebet, daß wir die Freundschaft unseres ewigen Freundes tiefer erfahren und die biblischen Prinzipien der Liebe und Freundschaft verstehen lernen und anwenden, und daß wir so aufs Neue den Plan Gottes erfüllen und wahrhaftig Seine »Gemeinde von Freunden« sind.

Anmerkungen

[1] Zitiert in Michael Green, Evangelisation zur Zeit der ersten Christen, Hänssler-Verlag, Neuhausen-Stuttgart, 1977, S. 356.

[2] An manchen zitierten Stellen steht das griechische Wort *heautos*, das aber dieselbe Bedeutung hat wie *allelon*.

[3] Für »einander lieben« siehe auch folgende Stellen: Johannes 13,35/15,12.17; Römer 13,8; 1. Thessalonicher 3,12/4,9; 2. Thessalonicher 1,3; 1. Petrus 1,22/4,8; 1. Johannes 3,11.23/4,7.11-12; 2. Johannes 5.